云南土地资源
可持续利用研究

杨子生　杨诗琴　杨人懿　吴秋菊◎著

YUNNAN TUDI ZIYUAN
KECHIXU LIYONG YANJIU

经济管理出版社
ECONOMY & MANAGEMENT PUBLISHING HOUSE

图书在版编目（CIP）数据

云南土地资源可持续利用研究／杨子生等著. —北京：经济管理出版社，2022. 10
ISBN 978-7-5096-8763-5

Ⅰ．①云…　Ⅱ．①杨…　Ⅲ．①土地资源—土地利用—研究—云南
Ⅳ．①F323. 211

中国版本图书馆 CIP 数据核字（2022）第 187551 号

组稿编辑：任爱清
责任编辑：任爱清
责任印制：黄章平
责任校对：张晓燕

出版发行：经济管理出版社
　　　　　（北京市海淀区北蜂窝 8 号中雅大厦 A 座 11 层　　100038）
网　　　址：www. E-mp. com. cn
电　　　话：(010) 51915602
印　　　刷：唐山玺诚印务有限公司
经　　　销：新华书店
开　　　本：710mm×1000mm /16
印　　　张：13. 75
字　　　数：253 千字
版　　　次：2022 年 12 月第 1 版　　　2022 年 12 月第 1 次印刷
书　　　号：ISBN 978-7-5096-8763-5
定　　　价：89. 00 元

前　言

　　可持续发展思想与原理应用于土地利用领域，产生了当今土地利用规划、管理和决策的新准则——土地可持续利用，这是世界各国共同追求的土地利用战略目标。这是人类社会发展思想和理念的巨大进步，是对过去长期以来"先污染后治理""先破坏后整治"发展模式的根本性摒弃。国内外无数的土地资源开发利用经验与教训警示我们：人类必须与大自然和谐相处，开发利用土地资源必须以保护土地生态环境为前提，绝不能以牺牲植被和破坏生态环境为代价过度开垦土地。

　　云南位于我国西南部，是一个集"边疆、山区、民族、欠发达"特征于一体的山地高原省份，条件较好的坝区（平地）仅占6%，山区面积达94%，"山高坡陡石头多，出门就爬坡"的地形特征决定了云南"先天"的生态环境很脆弱，可耕地资源非常有限，长期以来对山区土地资源的不合理开发利用，极易导致山地人地关系的不协调，造成水土流失和生态退化，甚至酿成严重灾害。当前，省域水土流失、石漠化等重大生态环境问题依然严峻，干旱、洪涝、风雹、低温冷冻以及滑坡、泥石流等地质灾害呈频发、易发、多发之势。2007~2020年云南省农作物受灾面积合计1884.30万公顷，占同期农作物总播种面积的20%；由于云南位于青藏高原东部、云贵高原西部，地质构造复杂，地震活动频繁，河谷深切，岩土体破碎，地质环境条件脆弱，滑坡、泥石流、崩塌等地质灾害多发易发，2020年底云南省登记在册的地质灾害隐患点达23267处，是全国地质灾害最为严重的省份之一。与此同时，云南地处我国长江、伊洛瓦底江、怒江、澜沧江、红河和珠江六大水系的源头或上游，特殊的地理位置、多样的地形地貌、复杂的气候等自然环境条件，孕育了极为丰富的生物资源，使云南拥有"动植物王国"的美誉，不仅是我国乃至世界的天然基因库，更是我国西南乃至东南亚的生态安全屏障。国家高度重视云南生态环境保护和生态文明建设，习近平总书记明确要求云南努力成为我国生态文明建设排头兵，筑牢国家西南生态安全屏障。这既是云南省土地资源开发利用中肩负的重大战略任务，也是云南省土地资源可持续开发利用和经济社会可持续发展的基础，需要因地制宜地采取生态友好型土地资源开发利用，走保护与开发"双赢"之路。因此，深入开展云南土地资源可持续利用研究确实具有十分重要的意义。

近30年来，国内外对土地可持续利用领域的研究方兴未艾，从土地可持续利用的内涵、评价指标体系和评价方法等方面展开了众多的研究，成果不断涌现，其中的研究热点集中于土地可持续利用评价（或称土地利用可持续性评价）。尤其在土地可持续利用评价指标体系方面，国内外专家学者从不同的侧重点和角度进行了大量的研究，大致构建了"生产性—安全性—保持性—接受性—可行性""生态—经济—社会""经济—社会—环境—资源"和"压力—状态—响应"（PSR）或者"驱动—压力—状态—影响—响应"（DPSIR）四类指标体系，并开展了大量的实践或实证研究。从我国实际来看，尽管土地可持续利用评价的区域研究和实证分析成果较多，但从固有生态脆弱性较突出和土地利用可持续性水平较低的中西部山区来看，针对山区省份从时间与空间两个维度分析省域各县土地利用可持续性状况和时空变化特征的研究尚较缺乏，不利于山区省份土地可持续利用战略规划与管理。

为此，笔者在2007年开展的云南省山区生态友好型土地利用评价基础上，基于云南省三期（2000年、2010年、2020年）土地利用遥感解译结果，从生态、经济和社会三个可持续性原则出发，根据研究工作需要和基础数据，构建起山区省份县域土地利用可持续性评价指标体系、土地利用可持续性程度分级系统及定量的划分标准，推进山区土地利用可持续性评价的定性与定量结合化；同时进行具体评价实践，以县级行政区为评价单元，对云南省县域土地利用可持续性程度进行定量测算，确定云南省129个县（市、区）2000~2020年的土地利用可持续度等级，据此深入分析20年（2000~2020年）云南省及县域土地利用可持续性程度的时空变化特征，并研究制定云南土地资源可持续利用主导措施体系，为保障山区省份经济社会可持续发展寻求土地合理利用策略与措施，为促进土地可持续利用战略实施提供基本思路与方法，有益于进一步丰富和创新发展土地可持续利用理论体系。这不仅是保障山区省份经济社会可持续发展的基本需要，而且也是服务于山区巩固脱贫攻坚成果并实现与乡村振兴战略有效衔接的方式和路径，具有重要的理论与现实意义。

本书即为此项研究的基本成果。全书共分为六章。第一章为研究背景、内容与方法框架，从总体上阐述了本书的基本背景、现状、目的意义以及研究内容、方法与技术框架。第二章为土地资源可持续利用的基本概念与准则，在阐述国内外土地资源开发利用的经验教训与启示基础上，解析了可持续发展思想的基本内涵，并探讨了土地资源可持续利用的概念、内涵与准则。第三章为云南省概况与数据来源，阐述了云南省地理位置与行政区划、自然条件概况、社会经济概况，说明了本书涉及的基础数据来源，并阐述了 2000~2020 年云南省土地利用状况，为后续进行云南土地利用可持续性评价实践提供必要的条件。第四章为土地资源可持续利用评价指标体系与方法，在探讨土地利用可持续性评价的基本思路和内容基础上，构建了土地利用可持续性评价的指标体系和评判标准，论述了区域土地利用可持续性评价的方法模式，确定了土地利用可持续性各单项指标的测算方法和综合评价方法，进而建立了土地利用可持续性程度分级系统及其标准，为开展省域土地利用可持续性评价实践奠定基础。第五章为云南近 20 年土地利用可持续度的时空变化分析，在开展云南省土地利用可持续性评价实证研究、得出全省土地利用可持续性定量综合评价结果基础上，深入分析了云南省土地利用可持续性的总体特征与空间差异性以及近 20 年土地利用可持续度的变化状况特征。第六章为云南土地利用存在问题与可持续利用主导措施体系，深入分析了当前云南省土地资源开发利用中存在的主要问题，探讨了省域土地资源开发利用中肩负的重大战略任务，进而研究和制定了云南省土地资源可持续利用战略的主导措施体系，为提升云南省土地资源可持续利用水平、保障全省经济社会可持续发展提供基础支撑。

本书是我国土地资源可持续利用研究领域取得的研究成果之一，可为云南省乃至其他类似山区实施土地资源可持续利用战略、实现土地资源开发利用与生态环境保护"双赢"目标提供必要的参考和借鉴；也希望本书能够走向世界，为世界各国山区实施可持续发展和土地资源可持续利用战略提供参考和借鉴，为全球可持续发展战略做出贡献。

云南财经大学国土资源与持续发展研究所
中国自然资源学会土地资源研究专业委员会

2022 年 9 月 20 日于昆明

目录

第一章 研究背景、内容与方法框架 ………………………………… 1

第一节　研究背景、现状与目的意义 …………………… 1

第二节　研究内容、方法与技术框架 …………………… 6

本章参考文献 ………………………………………………… 10

第二章 土地资源可持续利用的基本概念与准则 ……………… 12

第一节　国内外土地资源开发利用的经验教训与启示 ……… 12

第二节　可持续发展思想的提出与基本内涵 …………… 28

第三节　土地资源可持续利用的概念与准则 …………… 31

本章参考文献 ………………………………………………… 35

第三章 云南省概况与数据来源 …………………………………… 38

第一节　地理位置与行政区划 ……………………………… 38

第二节　自然条件概况 ……………………………………… 41

第三节　社会经济概况 ……………………………………… 53

第四节　基础数据来源及其说明 ………………………… 59

第五节　土地利用状况 ……………………………………… 65

本章参考文献 ………………………………………………… 68

第四章 **土地资源可持续利用评价指标体系与方法** ················· 70

    第一节　土地利用可持续性评价的基本思路和内容 ············· 70

    第二节　土地利用可持续性评价的指标体系和评判标准 ·········· 72

    第三节　区域土地利用可持续性评价的方法模式 ··············· 78

    第四节　土地利用可持续性各单项指标的测算方法 ············· 79

    第五节　土地利用可持续性综合评价方法 ···················· 90

    第六节　土地利用可持续性分级系统及其标准 ················ 93

    本章参考文献 ··· 96

第五章 **云南近 20 年土地利用可持续度的时空变化分析** ········· 98

    第一节　土地利用可持续性定量综合评价结果 ················ 98

    第二节　土地利用可持续性的总体特征与空间差异性 ·········· 119

    第三节　近 20 年土地利用可持续度的变化状况 ··············· 153

    本章参考文献 ······································· 181

第六章 **云南土地利用存在问题与可持续利用主导措施体系** ········ 182

    第一节　土地资源开发利用中存在的主要问题 ··············· 182

    第二节　土地资源开发利用中肩负的重大战略任务 ··········· 193

    第三节　土地资源可持续利用战略的主导措施体系 ··········· 195

    本章参考文献 ······································· 208

第一章

研究背景、内容与方法框架

第一节 研究背景、现状与目的意义

一、研究背景

土地资源是人类赖以生存和发展的最基本的自然资源，人类的一切生产和生活均离不开土地。从某种意义上来讲，千百年来人类的经济活动过程也就是与土地打交道的过程。

国内外无数的土地资源开发利用经验与教训给予了我们许许多多的警示[1]，最主要的是：人类必须与大自然和谐相处，开发利用土地资源必须以保护土地生态环境为前提，绝不能以牺牲植被和破坏生态环境为代价过度开垦土地。人类如果不能合理开发利用土地，肆意糟蹋与毁坏帮助人类发展和进步的土地及其环境，必将在人类的足迹所过之处留下一片荒漠。

1987 年，世界环境与发展委员会（WCED）向联合国提交了报告书《我们共同的未来》（OCF）[2]，明确提出了环境和发展的新方法论"可持续发展"（Sustainable Development）——既不损害满足后代人要求的可能性和能力而又满足当代人需要的发展，并强调要重视加强全球性相互依存关系以及发展经济和保护环境之间的相互协调关系。

1992 年 6 月联合国在巴西里约热内卢召开的环境与发展大会通过的《21 世纪议程》中，正式提出了"环境友好"（Environmentally Friendly）的理念[3]。《21 世纪议程》的通过，被誉为与地球签订了"天人合一之约"——实施可持续发展战略。在 2005 年 10 月举行的中共十六届五中全会上，正式将"建设资源节约型和环境友好型社会"确定为我国国民经济与社会发展中长期规划的一项战略任务[4]。赵永新（2005）[5]认为，"环境友好型社会"这一理念是从国外

"引进"的。其实,"环境友好"这一思想可以说是我国传统思想文化的有机组成部分。我国古代思想家在人与自然的关系上大多主张谐调统一、天人合一,认为人类和万物一样,是天地自然而然的产物,作为一个宇宙生命的整体,则是同根同源;人既不是大自然的主宰,也不是大自然的奴隶,要做大自然的朋友,与环境友好相处,将仁爱之心泽及草木禽兽,达到天地万物、人我一体的境地,而至于天人调谐之境界[6]。当今的环境友好型社会建设,正是对我国古代"天人合一"的生态伦理观的继承和发展。同时,环境友好型社会建设也体现了人们对传统经济发展模式导致的资源过度索取、环境破坏、生态失调、可持续发展能力下降的严峻形势的深刻反思,反映了当代人对蓝天白云的向往、青山绿水的憧憬和可持续发展的追求。

随着可持续发展思想的提出和逐渐被接受,土地可持续利用的理念应运而生。可以认为,土地可持续利用是可持续发展思想应用于土地科学而产生的新概念。土地可持续利用已成为当今乃至未来世界各国土地资源开发利用的基本准则和战略。

近30年来,国内外对土地可持续利用领域的研究方兴未艾,从土地可持续利用的内涵、评价指标体系和评价方法等方面展开了众多的研究,成果不断涌现,其中的研究热点集中于土地可持续利用评价(或称土地利用可持续性评价)。

二、国内外土地可持续利用评价研究简况

自1993年联合国粮农组织(FAO)出版《可持续土地管理评价纲要》[7]以来,许多国家的专家学者结合各地实际开展了大量的土地可持续利用理论、方法与实证研究,研究成果至今仍不断出现。这些研究以土地可持续利用评价(或称土地利用可持续性评价)为主,尤其在土地可持续利用评价指标体系方面,国内外专家学者从不同的侧重点和角度进行了大量的研究,大致构建了"生产性—安全性—保持性—接受性—可行性""生态—经济—社会""经济—社会—环境—资源"和"压力—状态—响应"(PSR)或者"驱动—压力—状态—影响—响应"(DPSIR)四类指标体系:

(1)生产性—安全性—保持性—接受性—可行性框架评价体系。这是根据联合国粮农组织(FAO)《可持续土地管理评价纲要》[7]中的生产性、安全性、保持性、接受性和可行性五条评价标准而提出的。Meraman(2016)[8]认为,土地利用的可持续性评价指标选取是从"生产性—安全性—保持性—接受性—可行性"角度来构建的。基于这五条评价标准,我国专家学者根据研究区域的实际开展了大量的实践和探讨。例如,周国富(2006)[9]根据贵州省沿河县喀斯特地区土地利用的实际情况,从生产性、安全性、保持性、接受性和可行性五

个角度出发，构建了 14 个评价指标体系，以此分析沿河县土地可持续利用状况，对沿河县土地利用可持续性作出客观评价。孙茜等（2012）[10]在采用层次分析法的基础上选取五项标准构建土地可持续利用评价指标体系，研究评价河南省土地可持续利用发展状况，为河南省土地利用可持续性提供科学依据。邹富等（2015）[11]选取张家界市为研究区域，参考联合国粮农组织"生产性—安全性—保持性—接受性—可行性"准则，建立了 21 项张家界市土地可持续利用评价指标层次体系，为提升张家界市土地利用可持续性提出建议。

（2）生态—经济—社会框架评价体系。在我国，土地可持续利用最为常见的指标搭建框架为"生态—经济—社会"体系，绝大部分研究者在评价研究区域土地可持续利用情况时采用了这一框架评价体系。杨子生等（2007，2008）[1,12]以云南省为例建立的山区县域生态友好型土地利用评价（本质上为土地可持续利用评价）指标体系在突出生态友好型原则的基础上，从生态、经济和社会三个可持续性原则出发构建了山区县域土地可持续利用评价指标体系，并进行了具体实践。刘柠源（2015）[13]在研究评价武汉市都市农业土地可持续利用时，从生态、经济、社会三方面选取不同的评价指标构建综合评价指标体系，并探讨阻碍武汉都市农业土地可持续利用的障碍因子。王冠（2016）[14]选取天津市作为研究区域，从"生态、经济、社会"角度搭建指标框架。苏晨晨等（2018）[15]从生态、经济和社会三个方面选取 19 个因子建立了山东省龙口市土地可持续利用评价指标体系，综合分析龙口市土地可持续利用状况。黄佩（2018）[16]通过选取土地生态环境、经济效益、社会效益三大指标构建土地综合评价模型，综合评价阿坝州土地利用的可持续性。

（3）经济—社会—环境—资源框架评价体系。该评价体系也是较为普遍的一种土地可持续利用评价指标体系框架。赵旭（2012）[17]、赵旭等（2013）[18]从资源环境、经济发展和社会和谐方面构建城市土地可持续利用评价指标体系，采用灰色关联分析方法从时间和空间两个维度对湖南省城市土地可持续利用水平进行综合评价。韩锦辉等（2018）[19]从经济可行性、资源环境可持续性和社会可接受性三个方面选取 21 个指标构建了土地可持续利用评价指标体系，应用基于组合权重法和灰色关联分析法改进的 TOPSIS 法和障碍度模型对 2005~2014 年白城市土地可持续利用水平进行了评价。罗雅红等（2019）[20]以成都平原经济区为研究区域，选取资源、环境、经济和社会四个方面不同因子作为评价土地可持续利用水平的指标体系。焦世泰等（2019）[21]基于经济、社会、自然环境三维视角构建了土地资源可持续利用评价指标体系，运用因子分析法和多指标综合评价法对滇黔桂省际边界民族地区 28 个县（市、区）的土地资源可持续利用状况进行了综合评价。

（4）压力—状态—响应或驱动—压力—状态—影响—响应框架体系。Perei

等（1995）[22]、Dumanski 等（1998）[23]、Dumanski 等（2000）[24]从土地退化的角度出发，探讨土地退化对土地可持续利用的影响，构建了"压力—状态—反应"指标体系对土地质量进行评价分析，以此来研究生态系统中的土地可持续利用会发生何种变化。我国部分学者对压力—状态—响应或驱动—压力—状态—影响—响应框架体系也有一定的研究。谢花林等（2015）[25]从压力—状态—响应（PSR）三方面选取了不同因素构建土地利用可持续性评价指标，综合评价鄱阳湖生态经济区的土地可持续利用变化情况。张凤太等（2016）[26]构建了基于驱动力—压力—状态—影响—响应（DPSIR）概念框架的土地生态安全评价指标体系，借助灰色关联模型进行赋权，引入物元分析法对重庆市土地生态安全进行评价。何如海等（2020）[27]以压力—状态—响应（PSR）框架为基础，构建土地可持续利用评价指标体系，对2009~2018年合肥市土地可持续利用状况进行实证分析。王琦等（2021）[28]以压力—状态—响应（PSR）为评价标准，构建土地可持续利用评价指标体系，对郑州市县域2010年和2017年压力—状态—响应三者之间的时空变化特征和土地可持续利用健康性进行评价。

三、研究目的与意义

（一）研究目的与特色

从已有的土地利用可持续性评价（Land Use Sustainability Evaluation，LUSE）内容和数据手段来看，国内外研究文献大致分为四类：一是"已有调查和统计资料+现状或某一年定量 LUSE"，这是许多研究者的通常做法；二是"已有调查和统计资料+若干年土地利用可持续水平变化定量测度"；三是"遥感影像解译（RS 和 GIS）+某一年定量 LUSE"；四是"遥感影像解译（RS 和 GIS）+土地利用变化对土地可持续利用影响的定性描述与分析"。从研究区域来看，既有国家级、省级，也有市级、县级；既有较为发达的生态经济区，也有较为落后的生态脆弱区。从可持续发展的视角出发，最需要关注的是"先天"固有的生态环境较为脆弱、"后天"生态环境破坏和退化较为突出、经济社会尚较落后、可持续程度较低的山区。从研究现状来看，尽管已有学者开展了部分山区的土地可持续利用评价研究，但从总体上看，研究的不足和薄弱环节还较多，目前尚未见到针对山区省份开展基于遥感和 GIS 的持续多年的土地利用可持续性评价研究，相应地，尚未建立起针对山区的适用、可行、便于操作和应用的土地利用可持续性评价体系，因此，不利于山区土地可持续利用战略的实施。

有鉴于此，本书的特色在于将"遥感和 GIS+多期土地利用/土地覆被变化+

土地利用可持续性评价理论与定量实用方法"综合集成，立足于山区，以中国西南地区的典型山区省份——云南省为研究区域，基于云南省三期（2000 年、2010 年、2020 年）土地利用遥感影像解译结果，从生态、经济和社会三个可持续性原则出发，根据研究工作需要和基础数据情况，构建起山区省份县域土地利用可持续性评价指标体系、土地利用可持续性程度分级系统及定量的划分标准，推进山区土地利用可持续性评价的定性与定量结合化；同时进行具体评价实践，以县级行政区为评价单元，对云南省县域土地利用可持续性程度进行定量测算，确定云南省 129 个县 2000~2020 年的土地利用可持续度等级，据此深入分析近 20 年（2000~2020 年）云南省及县域土地利用可持续性程度的时空变化特征，旨在为山区省份土地可持续利用战略规划与管理提供基础依据。在理论上，本书不仅可推进土地利用变化研究的升华和发展，更能为促进土地可持续利用战略提供基本思路与方法，有益于进一步丰富和创新发展土地可持续利用理论体系。在现实上，可为云南省乃至类似山区找到定性判断和定量分析山区土地利用可持续性程度等级及其动态变化趋势的方法。

（二）研究意义

本书研究既有重要的理论意义，同时又具有重要的实际指导意义和价值。

在理论上，土地是由各种自然要素和人类活动因素共同构成的自然—人文综合体，随着人口增长和经济社会的发展，土地利用呈现不断的动态变化，相应地，从现在和未来的角度来看，土地利用可持续性程度（或土地可持续利用水平）也呈现动态变化，这种变化既有正向的、良性的，也有可能出现负向的、恶性的变化。另外，各地土地利用的自然条件、经济社会发展水平等各不相同，因此，土地利用可持续性程度及其影响因素的区域差异性是客观存在的。基于这一认识，客观地开展土地利用可持续性状况评价和动态变化分析，可因地制宜地推进土地可持续利用战略，这是土地可持续利用研究（特别是土地利用可持续性评价）的重要任务。本书研究着重从时间与空间两个维度分析山区省份各县土地利用可持续性状况和时空变化特征，为保障经济社会可持续发展寻求土地合理利用策略与措施，促进土地可持续利用战略提供基本思路与方法，有益于进一步丰富和创新发展土地可持续利用理论体系。

从现实意义来看，本书研究立足于山区，紧紧抓住山区的基本特征——生态环境的脆弱性开展山区土地利用生态、经济和社会可持续性综合评价，为山区土地可持续利用战略提供基础依据，进而保障山区经济社会的可持续发展。中国是世界上山区面积较大的国家，山区面积（含高原和丘陵）约占全国国土面积的 2/3 以上[29]，加强山区土地资源合理开发利用和可持续管理，成为保障国家粮食安全、经济安全和生态安全的根本途径。山区是具有一定海拔高度和坡度的特殊自然—人文综合体[30]，在山区土地资源开发与生态建设上，最值得关注的特点是山地生态环境的脆弱性。山地环境固有的脆弱性往往导致山地生态系统的不稳定性和生物生产力提高的困难性，并决定了山地生态系统反馈机制弱和破坏容易恢复难的特性[31]，从而制约着山区土地资源开发利用和山区经济社会的发展。山区土地资源的不合理开发利用，极易导致山地人地关系的不协调，造成水土流失和生态退化，甚至酿成严重灾害。长期以来，人们对山区土地资源的不合理开发利用，已不同程度地造成山地生态与环境的退化和山区经济的贫困化。从现实来看，在我国中西部地区，自然生态环境的脆弱性还决定了山区经济支撑系统的脆弱性。首先，山区经济通常主要是农业生产经济，建立在脆弱生态环境背景之上的农业生产活动必然是不稳定的[32]；其次，在脆弱生态环境下，生产力往往低下，环境恢复能力和生物资源再生能力弱，要提高环境恢复能力和生物生产力，需要进行更大的外部投入（包括资金、物质、能量等），而依赖于大量外部投入的经济系统常常是很脆弱的。深入开展山区省份土地利用可持续性状况评价和时空变化特征分析，为山区省份土地可持续利用战略规划与管理提供基础依据，不仅是保障山区省份经济社会可持续发展的基本需要，同时也是山区巩固脱贫攻坚成果并实现与乡村振兴战略有效衔接的方式和路径。

第二节　研究内容、方法与技术框架

本书基于三期（2000年、2010年、2020年）土地利用遥感解译结果，以云南省县域土地利用可持续性评价为研究核心，据此确定研究内容、方法与技术框架体系。

一、研究的思路

尽管国内外土地可持续利用研究现已取得了许多可喜的成果，但从总体上来看，研究的不足和薄弱环节还较多，例如，现有的土地可持续利用研究文献以理论和评价方法的探讨居多，典型区域土地利用可持续性时空变化研究较少；在现有研究的热点和核心领域——土地可持续利用评价中，尚未专门针对山区建立起适用、可行、便于操作的评价指标体系，也未涉及土地利用可持续性程度分级方面的研究，从而难以对土地利用可持续性程度等级做出定性判断和定量分析。因此，本书研究拟以典型山区省份——云南省作为研究区域，在讨论山区土地可持续利用的概念和内涵基础上，建立山区土地可持续利用的目标、评价指标体系及其评价方法，构筑山区土地利用可持续性程度分级系统及定量的划分标准，推进山区土地利用可持续性评价的定性与定量结合化；进而以县级行政区为评价单元，对云南省县域土地利用可持续性程度进行定量测算，确定全省 129 个县（市、区）2000~2020 年的土地利用可持续度等级，据此深入分析近 20 年（2000~2020 年）云南省及县域土地利用可持续性程度的时空变化特征，并研究制定云南土地资源可持续利用主导措施体系。

二、研究内容

（一）国内外土地资源开发利用经验教训分析与土地资源可持续利用概念和准则的界定

基于国内外土地资源开发利用经验教训与启示的深入分析，结合可持续发展思想基本内涵的探析，界定土地资源可持续利用的概念与准则，以此作为区域土地资源可持续利用评价与战略措施体系研究的基础。

（二）土地资源可持续利用评价指标体系与方法的构建

在土地利用可持续性评价基本思路和内容基础上，结合本次研究实际和云南特点，研究制定县域土地利用可持续性评价的指标体系和评判标准，探讨土地利用可持续性评价的方法模式，合理地确定土地利用可持续性各单项指标的测算方法和综合评价方法，并建立起相对客观、可行的土地利用可持续性程度分级系统及其标准，为开展 2000~2020 年云南省县域土地利用可持续性评价奠定基础。

（三）云南近 20 年土地利用可持续度的时空变化分析

依据已建立的土地利用可持续性各单项指标的测算方法和综合评价方法以及土地利用可持续性程度分级系统和分级标准，定量测算云南省 129 个县（市、区）2000 年、2010 年和 2020 年土地利用生态友好度、经济可行度、社会可接受度和总可持续度，进而全面分析云南省目前土地利用生态友好性、经济可行性、社会可接受性和总可持续性程度的总体特征与空间差异性特点，以及云南省近 20 年土地利用生态友好度、经济可行度、社会可接受度和总可持续度的变化特征，为研究制定云南省土地可持续利用措施提供基础依据。

（四）云南土地利用存在问题与可持续利用主导措施体系研究

根据 2000~2020 年云南省县域土地利用可持续性评价分析结果，结合土地资源特点和土地利用现状分析，客观地揭示云南省当前土地利用中存在的主要问题，明确省域土地资源开发利用中肩负的重大战略任务，进而研究制定相应的土地资源可持续利用主导措施体系，为推动云南省社会经济的可持续发展服务。

三、研究方法

（一）理论分析与实证研究相结合

紧紧抓住"土地可持续利用"这一重点和热点，广泛收集、整理相关文献与资料，深入了解土地可持续利用研究动态，在仔细梳理土地可持续利用相关理论基础上，选取云南省129个县（市、区）为评价对象，根据云南县域实际情况，因地制宜地选取涉及生态、经济和社会三个方面的土地利用可持续性评价指标，采用简洁、客观、可行的评价方法，分析评价2000~2020年云南省土地利用可持续度的时空变化特征。

（二）定性分析与定量评价相结合

本书在分析评价土地利用可持续性程度时，一方面采取合理的定性分析方法对土地利用可持续性程度（包括土地利用生态友好度、经济可行度、社会可接受度）进行定性的描述，建立定性的土地利用可持续性程度分级系统；另一方面采用定量评价方法，对全省各县2000~2020年土地利用可持续性程度进行定量的测算，用定量测算出的土地利用可持续性程度来支撑定性划分的区域土地利用可持续性程度分级系统，实现定性分析与定量评价的有机结合。

（三）比较分析方法

土地利用生态友好度、经济可行度、社会可接受度和土地利用总可持续度是动态变化的，会随着土地利用变化和社会经济的发展而发生相应的变化。本书采用比较分析方法，在纵向上，对研究期（2000年、2010年和2020年）土地利用可持续度进行时间上的对比，分析近20年间云南省土地利用可持续性程度的变化特征；在横向上，对云南省129个县（市、区）土地利用可持续性水平进行空间上的对比，分析不同县域或不同区域的土地利用可持续性程度变化特征，从而揭示不同时期和不同区域的土地利用可持续性程度变化态势。

四、技术路线框架

根据上述研究思路、内容和研究方法，本书研究工作的基本技术路线框架如图1-1所示。

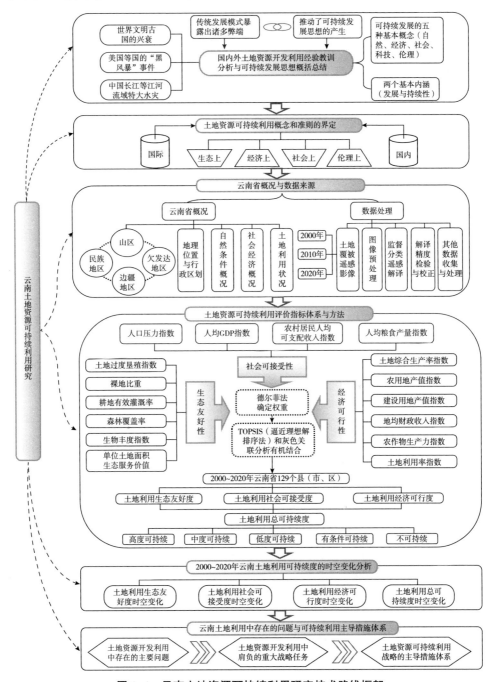

图1-1 云南土地资源可持续利用研究技术路线框架

本章参考文献

［1］杨子生，刘彦随. 中国山区生态友好型土地利用研究［M］. 北京：中国科学技术出版社，2007.

［2］The World Commission on Environment and Development（WCED）. Our Common Future［M］. Oxford，United Kingdom：Oxford University Press，1987.

［3］中国环境报社编译. 迈向21世纪——联合国环境与发展大会文件汇编［M］. 北京：中国环境科学出版社，1992.

［4］中共中央. 中共中央关于制定国民经济和社会发展第十一个五年规划的建议［A］//中国共产党第十六届中央委员会第五次全体会议文件汇编［M］. 北京：人民出版社，2005.

［5］赵永新. 解读"环境友好型社会"［N］. 人民日报，2005-11-03（5）.

［6］隋喜文. "环境友好"古今谈［N］. 人民日报，2006-01-06（4）.

［7］FAO. FESLM：An International Framework for Evaluating Sustainable Land Management［R］. Rome：World Soil Resources Report No. 73，Food and Agriculture Organization of the United Nations，1993.

［8］Meraman Mumtas. Sustainability Indicators for Assessing and Monitoring the Sustainable Land Management in the Commercial Rice Zone of the Lower Pak Phanang River Basin，Thailand［J］. Agriculture and Agricultural Science Procedia，2016，8（11）：77-83.

［9］周国富. 喀斯特地区县域土地可持续利用评价——以贵州沿河县为例［J］. 贵州师范大学学报（自然科学版），2006（1）：31-34.

［10］孙茜，张小虎. 基于层次分析法的河南省土地可持续利用评价［J］. 贵州农业科学，2012，40（4）：224-230.

［11］邹富，颜新国，刘赏，等. 张家界市土地资源可持续利用综合评价［J］. 吉首大学学报（自然科学版），2015，36（4）：64-70.

［12］杨子生，刘彦随，贺一梅，等. 山区县域土地利用生态友好性评价原理、方法及实践［J］. 自然资源学报，2008，23（4）：600-611.

［13］刘柠源. 武汉都市农业土地可持续利用评价研究［D］. 华中师范大学硕士学位论文，2015.

［14］王冠. 土地可持续利用评价——以天津市为例［J］. 中国房地产，2016（24）：21-31.

［15］苏晨晨，周奥，潘玉翠，等. 基于PCA的龙口市土地可持续利用评价［J］. 中国农业资源与区划，2018，39（12）：96-103.

［16］黄佩. 基于综合评价模型的阿坝州土地可持续利用评价［J］. 当代经济，2018（19）：89-91.

［17］赵旭. 基于灰色关联分析的城市土地可持续利用综合评价——以湖南省为例［J］. 南华大学学报（社会科学版），2012，13（5）：42-48.

［18］赵旭，叶剑平，薛姝. 基于改进灰色关联分析法的湖南省城市土地可持续利用评价［J］. 水土保持通报，2013，33（3）：265-269+324.

［19］韩锦辉，赵文晋，杨天通，等. 基于改进 TOPSIS 法的东北农牧交错区土地可持续利用评价及障碍因子诊断［J］. 水土保持研究，2018，25（3）：279-284.

［20］罗雅红，龚建周，姚昆. 成都平原经济区土地可持续利用水平变化及驱动因素分析［J］. 生态科学，2019，38（6）：8-14.

［21］焦世泰，王鹏，陈景信. 滇黔桂省际边界民族地区土地资源可持续利用研究——基于区域评价与空间区划视角［J］. 经济地理，2019，39（1）：175-184.

［22］Pieri C，Dumanski J，Hamblin A，et al. Land Quality Indicators. World Bank Discussion Paper 315［J］. General Information，1995，3（1-2）：37-75.

［23］Dumanski J，Gameda S，Pieri C. Indicators of Land Quality and Sustainable Land Management：An Annotated Bibliography［M］. World Bank，1998.

［24］Dumanski J，Pieri C. Land Quality Indicators：Research Plan［J］. Agriculture Ecosystems & Environment，2000，81（2）：93-102.

［25］谢花林，刘曲，姚冠荣，等. 基于 PSR 模型的区域土地利用可持续性水平测度——以鄱阳湖生态经济区为例［J］. 资源科学，2015，37（3）：449-457.

［26］张凤太，王腊春，苏维词. 基于物元分析-DPSIR 概念模型的重庆土地生态安全评价［J］. 中国环境科学，2016，36（10）：3126-3134.

［27］何如海，赵敏，余玉娟，等. 土地可持续利用评价及障碍因子诊断研究——以合肥市为例［J］. 福建农林大学学报（哲学社会科学版），2020，23（6）：47-54.

［28］王琦，何瑞珍. 郑州市县域土地可持续利用健康性评价［J］. 林业调查规划，2021，46（5）：7-14.

［29］刘彦随，杨子生，赵乔贵. 中国山区土地资源开发利用与人地协调发展研究［M］. 北京：中国科学技术出版社，2010.

［30］余大富. 山地学的研究对象和内容浅议［J］. 山地学报，1998，16（1）：69-72.

［31］钟祥浩. 推动山地学学科建设 促进山区可持续发展［J］. 山地学报，1999，17（1）：1-2.

［32］余大富. 川西山地农业系统［M］. 成都：成都科技大学出版社，1992.

第二章
土地资源可持续利用的基本概念与准则

　　土地资源可持续利用思想、概念与准则的提出，乃基于长期以来国内外土地资源开发利用中无数的宝贵经验与惨痛教训，正是这些经验与教训使人们得到了启示，认识到必须要按照科学规律来合理地开发利用和保护土地，才能使土地资源得以永续利用，保障经济社会的长远发展。

第一节　　国内外土地资源开发利用的经验教训与启示

一、世界文明古国的兴衰对我们的警示

　　——人类必须合理开发利用土地，不能糟蹋和毁坏帮助人类发展文明的土地及其环境，否则必将在人类的足迹所过之处留下一片荒漠！

　　美国学者 F. Carter 和 T. Dale 在 20 世纪 80 年代从地理学和生态学角度写了《表土与人类文明》一书，该书详细地分析了世界上几十种著名古代文明的兴衰，包括尼罗河谷、美索不达米亚平原、地中海地区、克里特、黎巴嫩、叙利亚、巴勒斯坦、希腊、北非、意大利与西西里、西欧以及著名的印度河流域文明、华夏文明和玛雅文明，发现"文明人主宰环境的优势仅仅只持续几代人。他们的文明在一个相当优越的环境中经过几个世纪的成长与进步之后迅速地衰落、覆灭下去，不得不转向新的土地，其平均生存周期为 40~60 代人（1000~1500 年）。大多数的情况下，文明越是灿烂，它持续存在的时间就越短。文明之所以会在孕育了这些文明的故乡衰落，主要是人们糟蹋或毁坏了帮助人类发

展文明的环境"[1]。F. Carter 和 T. Dale 在该书的最后勾画出让人十分沉重的人类文明历史轮廓："文明人跨越过地球表面，在他们的足迹所过之处留下一片荒漠"[1]。

（一）美索不达米亚平原上不合理的土地利用和农田灌溉导致了古巴比伦文明的衰落

美索不达米亚平原位于亚洲、非洲和欧洲交界处，这块广袤肥美的平原由发源于小亚细亚山地的幼发拉底河和底格里斯河冲积而成。公元前 4000 年，苏美尔人和阿卡德人在肥沃的美索不达米亚两河流域发展灌溉农业，由于幼发拉底河高于底格里斯河，人们易于用幼发拉底河的水灌溉农田，之后把灌溉水排入底格里斯河，再流入其中，因此，其农业很成功，在这两河流域建立了宏伟的城邦。公元前 20 世纪，阿摩利人征服了整个美索不达米亚平原，建立了古巴比伦王国，发展了光辉灿烂的古巴比伦文明。约公元前 540 年波斯人入侵，然而仅维持了 200 多年，于公元前 323 年被马其顿征服。巴比伦文明毁灭并被埋藏在沙漠之下将近两千年，已变成了历史遗迹。古巴比伦文明的败落曾被视为一个秘密，然而地理学和生态学对此却给我们做出了令人信服的答案：古巴比伦文明衰落的根本原因在于不合理的土地利用和农田灌溉。一方面，由于古巴比伦人对森林破坏很大，导致水上流失严重，加之地中海气候的特点，使河道和灌溉沟渠中的淤泥不断堆积，于是，人们不得不放弃因淤积而不能使用的灌溉沟渠，重新去开挖新的灌溉渠道，如此恶性循环的结果，使河水越来越难以流入农田；另一方面，古巴比伦人只知引水灌溉而不懂排水洗田，由于长期缺乏排水，致使美索不达米亚平原的地下水位不断上升，造成淤泥和农田严重盐渍化，给这片沃土罩上了一层又厚又白的"盐"外套，终于使古巴比伦葱绿的原野渐渐褪色，高大的庙宇和美丽的花园亦随着马其顿征服者的重新建都和人们被迫离开家园而坍塌[2]。

（二）水土流失和地力耗竭造成了玛雅文明的衰亡

玛雅文明是在中美洲热带低地森林中发展起来的一种农业文明，曾经盛极一时，然而在不到 1000 年里便全部毁灭，民族和文明消亡了，文化仅作为历史留在了遗迹中。到了 20 世纪中叶以后，探险家在此发现用巨大石块建造的雄伟壮观的神殿庙宇，才让后人得知了玛雅文明的存在[2]。据有关资料，最新的科学证据已揭示了玛雅文明衰落的原因：由于人口压力不断增加，对森林和生态环境破坏越来越大，使水土流失日益严重，地力日渐耗损，最终耕地生产能力全部耗竭，玛雅文明也随之衰亡。

（三）土地利用不当造成了地中海地区古文明的衰落

地中海地区的土地多为起伏不平的丘陵坡地，夏干冬雨的气候易使植被覆盖较低的冬季出现严重水土流失现象，而那里的人们只知开垦土地，缺乏保护水土、防治水土流失的知识和技能，从而造成了这一地区许多灿烂的文明过早地消亡。例如，地中海的米诺斯文明是世界上最古老的文明之一，在公元前1600年以后就已达到了最辉煌的时期，然而，仅仅过了200年，米诺斯文明就繁荣尽逝[2]。到希腊人征服了这片土地时，米诺斯文明的中心城市迈锡尼、泰雷斯四周已基本上都是裸石地，土壤已流失殆尽，再不能生长农作物了。

（四）以牺牲植被和生态为代价的土地开发利用活动导致了撒哈拉沙漠的形成与扩展

撒哈拉沙漠是当今世界最大的不毛之地，然而它在过去曾经是生命的绿洲，在未沦为沙漠之前，这里曾经风调雨顺，河川涌动，植被茂盛，动物成群，人类在此生存繁衍。但是，由于人们长期不断毁林开垦种植，草原被过度啃食，使植被遭到严重破坏，生态环境渐渐退化，水蚀、风蚀频繁发生，沙化土地迅速增多，最终导致了沙漠的形成。

更为不幸的是，到了20世纪60年代，由于人口的激增驱使西非地区大规模地扩大农作物种植面积，农田的增加使牧场面积更加减少，而牲畜数量却有增无减，故只能进一步扩大放牧范围，这一连锁式的土地开发利用活动使原本多样性的植被被严重破坏，持续的单一块茎作物耕种又使土地肥力下降，土壤表层板结，于是，土地失去了调节气候的功能，风蚀和水蚀频频发生，干旱日益突出。1958~1975年，非洲发生了持续大干旱，干旱区面积近1800万平方千米，约占全非洲土地总面积的60%，使撒哈拉沙漠向周围扩展，其东南部原本脆弱的环境急剧恶化，植被完全被毁，成为大片荒漠；北部也因沙漠的扩展，使牧场每年退化约1000平方千米，尼罗河三角洲每年被沙漠吞掉约13平方千米。沙漠扩展的结果，导致20世纪80年代中期非洲撒哈拉地区出现了一场巨大的饥荒，在干旱荒漠区的几个国家中，至少有上百万人被饥饿和四处蔓延的疾病夺去了生命，有上千万人背井离乡，沦为"生态难民"[3]。

（五）世界文明古国的兴衰对我们的启示

纵观世界古老文明，它们都在兴盛繁荣和辉煌了十多个世纪之后毁灭了，或者埋藏在沙漠下，或者遗留在荒野中，成为历史陈迹，其主因在于人们糟蹋或毁坏了支撑文明生长的环境[4]。这就给我们后人提供了两个警示：

第一，人类必须合理开发利用土地，不能糟蹋和毁坏帮助人类发展文明的土地及其环境，否则必将在人类的足迹所过之处留下一片荒漠！

第二，开发利用土地决不能以牺牲植被和生态环境为代价，不能超出土地生态系统的承载极限，不能掠夺式地利用；必须要制定合理的开发利用方向和用地结构，必须要采取科学的整治和保护措施，尤其是山地丘陵区的水土保持措施和平原区的排灌措施，切实防止水土流失、土地沙化和盐渍化等土地退化现象。

二、美国等国的"黑风暴"对我们的警示

——人类必须与大自然和谐相处、和谐发展，绝不能以牺牲植被和生态环境为代价过度开垦土地！

(一) 震惊世界的美国"黑风暴"事件

1934 年 5 月 12 日，美国东部和加拿大西部的辽阔土地被一场巨大的风暴所席卷。风暴从美国西部土地破坏最严重的干旱地区刮起，狂风卷着黄色的尘土，遮天蔽日，向美国东部横扫过去，形成一个东西长 2400 千米、南北宽 1500 千米、高 3200 米的巨大的移动尘土带，空气中含沙量达 40 吨/立方千米。风暴整整持续了 3 天，掠过了美国 2/3 的大地，3.5 亿吨肥沃土壤被刮走，风过之处，水井、溪流干涸，牛羊死亡，人们背井离乡，一片凄凉[5]。

(二) "黑风暴"事件的起因

"黑风暴"也称沙尘暴或沙暴，在美国已发生过若干起，主要是由美国拓荒时期开垦土地造成植被破坏而引起的。在 16~17 世纪欧洲人入侵之前，美国中部大平原地区被游牧的印第安人和牛群所占据，虽然那时印第安人放火烧掉了部分森林，并破坏了部分草原，但从总体上来看，在 19 世纪以前这里的土地利用一直适合于其环境条件。从经济和生态学观点来看，美国大平原地区主要适宜放牧而不是耕作。然而，18 世纪数次多雨年份的延长，促使新移民对大平原的生产能力产生了盲目的乐观心理，在雨水多的年份，人们不顾生态安全限度，一再扩大农场和牛群，耕地大幅度增加，植被不断被破坏。当周期性地重现干旱年份时，就会发生沙尘暴。据 20 世纪 20 年代的研究，美国至少有 8000 万公顷的土地受到加速侵蚀的损害，有 2000 万公顷的生产性土地已被弃耕[6]。

（三）美国"黑风暴"事件后的行动

20世纪30年代的沙尘暴是美国生态史上的重要转折点。严重的沙尘暴，使整个地区崩溃，督促着政府采取了许多富有深远意义的行动。在1934年5月史无前例的沙尘暴过去之后，美国于1935年成立了著名的土壤保持局，开展了大量的土壤保持研究和实践，使美国土壤保持科学技术得到了巨大发展，一直居世界领先地位。

（四）沙尘暴在苏联、中国等国家的重演

人类的拓荒并未因为沙尘暴的发生而偃旗息鼓，沙尘暴也未因此而销声匿迹。1934年美国发生的"黑风暴"事件于1963年又在苏联发生了。1954~1960年，数十万拓荒者在哈萨克斯坦北部、西伯利亚西部和俄罗斯东部新开垦了4000万公顷土地进行耕作。起初的结果很让人满意：由于大幅度增加了耕地面积，全国谷物产量比过去6年猛增了50%！但是，到了1963年就暴露出了严重的生态后果：1963年的春天，这里发生了较为严重的沙尘暴，300万公顷作物因干旱而全部损失，狂风将已经干裂的宝贵表土层刮走。1962~1965年，共有1700万公顷土地被沙尘暴损害，400万公顷土地颗粒无收！这促使苏联于1965年起使用新设计的机械将作物根茬留在地里，并增加休闲面积，注意造林和恢复植被[6]。

南美的一些国家也因毁林垦荒、植被破坏而多次受到过风蚀的侵袭。

进入20世纪90年代以来，沙尘暴又在我国肆虐。1993年5月一场罕见的沙尘暴袭击了新疆、甘肃、宁夏和内蒙古部分地区，沙尘暴经过时最高风速达34米/秒，最大风力达12级，能见度最低时为0。这场沙尘暴造成85人死亡、31人失踪、264人受伤、12万头（只）牲畜死亡或丢失、73万头（只）牲畜受伤、37万公顷农作物受灾，4330间房屋倒塌，直接经济损失达7.25亿元！此后的几年，沙尘暴一直不断地骚扰着我国西北部地区和内蒙古一带：1994年4月，河西走廊上空发生了强沙尘暴；1995年3月，甘肃敦煌市出现沙尘暴；1995年5月16日，沙尘暴袭击了银川市；1995年5月30日，沙尘暴又一次袭击了敦煌、金昌等10多个县（市）；1998年4月，沙尘暴席卷了新疆阿勒泰、塔城、昌吉、吐鲁番、金昌等地，农作物损失惨重；2000年春，沙尘暴竟又12次袭击了首都北京！2002年3月18~21日，新疆、青海、甘肃、内蒙古、宁夏、陕西、山西、河北、北京、天津、辽宁西部、黑龙江西南部以及山东、河南、湖北、四川等地的部分地区先后出现了大范围沙尘天气，这是自20世纪90年代以来覆盖我国范围最广、强度最大、影响最严重的沙尘暴，这场沙尘暴席

卷了我国北方 10 个省（区、市）的 170 万平方千米土地，影响人口达 1.5 亿人，影响了甘肃、内蒙古、宁夏、山西、陕西、河北、天津和北京等地 140 多个县的 36.8 万公顷耕地和 4100 万公顷草地！据国家林业局防治荒漠化管理办公室的权威数据，由于全球气候变暖和毁林开荒、过度放牧等人为因素的影响，我国荒漠化土地的面积正以年均 2460 平方千米的速度扩展，全国荒漠化土地面积已接近国土总面积的 40%。目前，全国沙化土地面积已约相当于 5 个云南省的土地面积，仅 1994~1999 年扩展的沙化面积就相当于整个北京市的土地面积。与此相关，北方地区强沙尘暴天气发生次数已由 20 世纪 50 年代的 5 次、60 年代的 8 次上升到 90 年代的 23 次，且波及的范围越来越广，造成的损失越来越大。我国每年因荒漠化造成的直接经济损失达 540 亿元[7]。

近年来，我国的防沙治沙工作取得一定成效，荒漠化和沙化持续扩展的趋势得到初步遏制，《中国的环境保护（1996-2005）》白皮书[8]显示，截至 2004 年底，全国荒漠化土地为 263.62 万平方千米，沙化土地面积为 173.97 万平方千米。与 1999 年相比，5 年里全国荒漠化土地面积净减少 3.79 万平方千米，沙化土地面积净减少 0.64 万平方千米；土地荒漠化和沙化程度有所减轻，重度、极重度荒漠化面积减少 24.59 万平方千米；沙化面积由 1995~1999 年的年均扩展 3436 平方千米转变为 2000~2004 年的年均净减少 1283 平方千米。第五次全国荒漠化和沙化监测结果显示，截至 2014 年，全国荒漠化土地面积 261.16 万平方千米，沙化土地面积 172.12 万平方千米。与 2004 年相比，10 年间全国荒漠化土地面积净减少 2.46 万平方千米，年均减幅 0.093%；沙化土地面积净减少 1.85 万平方千米，年均减幅 0.106%。但是，当前我国的荒漠化和沙化形势仍很严峻，主要表现在以下五个方面[9]：

（1）荒漠化和沙化面积大、分布广。我国有 30 个省份的 920 个县（旗、区）分布有沙化土地。全国现有荒漠化土地 261.16 万平方千米，占国土面积的 27.20%；全国沙化土地仍达 172.12 万平方千米，占国土面积的 17.93%。此外，还有明显沙化趋势的土地 30.03 万平方千米，占国土面积的 3.12%。

（2）少数省（区）和地区土地沙化仍呈扩展之势。

（3）荒漠化土地和沙化土地缩减幅度小，恢复速度缓慢，需要治理的荒漠化土地和沙化土地立地条件更差，治理难度越来越大。

（4）在经济利益的驱动下，乱樵采、乱开垦、乱放牧、乱采挖、乱用水资源等问题仍没有得到根本解决。

（5）在全球气候变暖的背景下，干旱等不利的气候因素加速荒漠化和引起沙尘天气的可能性仍然存在。

（五）沙尘暴对我们的启示

沙尘暴通常发生于气候较干燥的春夏交替之际，其形成固然与大气环流、地貌形态和气候因素有关，但更与人为的生态环境破坏密不可分。人口的快速增长带来不合理的农垦、过度放牧、过度樵采、单一耕种，这些不合理的土地开发利用行为必然导致植被和地表结构的破坏，使草原萎缩，土地沙化，生态系统失衡，为沙尘暴的发生提供了充足的沙源。由于这种造沙的速度远快于人们治沙的速度，从而为沙尘暴的发生提供了条件。

沙尘暴是沙漠化加剧的象征。沙尘暴的发生是人口、资源与环境综合作用的结果，其中不合理开发利用土地是重要原因。沙尘暴的肆虐和横行，给我们提出以下三个警示：

（1）人类必须控制发展，人类的欲望必须与地球的有限资源相适应，做到人与自然和谐相处、和谐发展。

（2）必须高度警惕西部大开发变成"大开荒"，必须遵循生态经济规律，真正做到"在开发中保护，在保护中开发"，以生态环境建设为基础，科学地开发利用资源，合理地发展经济，把西部建设成为"天蓝、山绿、水清、人富"的秀美山川。

（3）虽然云南无沙漠和大面积集中连片的沙地，也尚未发生明显的沙尘暴，但也是水土流失、土地沙化和石漠化严重的省份。据调查，云南省荒漠化土地分布于 100 个县（市），其中集中分布于 31 个县（市）的 106 个乡（镇）[10]；截至 2016 年底，云南省石漠化土地面积达 235.2 万公顷，占全国石漠化土地总面积的 23.4%[11]，仅次于贵州省，居全国第二位。至于水土流失，据 2018 年调查，云南省水土流失面积达 103390 平方千米，占土地总面积的 26.24%[12]，规模和强度均较为突出。因此，必须采取以水土保持为核心的生态建设型土地可持续利用综合措施，真正做到按生态经济规律合理地开发利用土地资源。

三、中国长江等江河流域特大水灾对我们的警示

——长江流域的生态环境破坏已很严重，危机四伏，必须扭转长期以来不合理的开发利用行为，切实加强以水土流失防治为核心的生态环境建设和保护。

（一）中国 1998 年的长江特大洪水灾害

1998 年是全世界的炎黄子孙难以忘怀的一年。这年夏季中国南方出现了罕

见的多雨天气,持续不断的大雨以逼人的气势铺天盖地地压向长江,使长江经历了自 1954 年以来最大的洪水灾害。洪水一泻千里,几乎全流域泛滥成灾。加上东北的松花江、嫩江泛滥,全国包括受灾最重的江西、湖南、湖北和黑龙江 4 省在内,共计有 29 个省(市、自治区)遭受了这场灾难,受灾人口上亿人[13]。一次又一次的洪峰,持续不断的高水位,无处栖身的灾区人民,至今回想起仍让人胆战心惊。南北持续达 3 个月的特大水灾成为我国历史上颇为悲壮的一页。农田受灾面积达 2229 万公顷,成灾面积达 1378 万公顷,因灾死亡 4150 人,倒塌房屋 685 万间,直接经济损失达 2551 亿元[14]。

(二)长江特大洪水的成因

1998 年洪水的成因是多方面的,既有气候异常导致的大范围强降水以及地质地貌等自然因素,更有人为因素。在人为因素中,既有水利工程技术的问题,同时也有人为破坏生态环境所产生的后果。尤其是不合理的土地开发利用导致了土地覆被的不良变化,对于洪水的肆虐起到了巨大的推波助澜作用。两者的叠加形成了 1998 年长江中流量、高水位、多险情、大灾难的洪水特点。后者主要体现为不合理土地开发利用所导致的森林破坏、水土流失加剧。总的来看,根据作者多年从事土地利用和水土流失研究的体会,我们非常赞同卜兆宏等[15]的观点,即降雨是长江水患的诱因,围湖造田使水域面积减小是洪水的次因,而中上游山地丘陵区严重的水土流失才是长江洪水的主因。主要体现在以下三个方面:

1. 1998 年中流量、高水位、多险情、大灾难的长江洪水表明,降雨是长江水患的诱因

一般而言,无雨或少雨会发生旱灾,连降暴雨则会出现洪灾,因此,人们通常会将降雨误认为是发生洪灾的主因。但是,通过查阅历年降雨和洪峰流量资料记录就会发现,在降雨或洪峰流量相同的情况下,过去未必出现洪灾,现在却出现了洪灾或灾情更大。与 1954 年历史上最大的长江洪水相比,1998 年长江流域降雨量比 1954 年要小(1998 年 6~8 月全流域平均雨量约为 670 毫米,比 1954 年的 706 毫米约少了 36 毫米),长江流量也比 1954 年小(以大通站为例,该站实测 30 天、60 天洪量 1998 年分别为 2027 亿立方米和 3951 亿立方米,比 1954 年小 7.6% 和 6.2%;总入流 30 天、60 天洪量 1998 年分别为 2193 亿立方米和 4175 亿立方米,比 1954 年小 14.9% 和 14.8%;最大流量 1998 年为 82300 立方米/秒,比 1954 年的 92600 立方米/秒小 11.12%),但洪水水位却比 1954 年高(如沙市站 1998 年最高水位为 45.22 米,比 1954 年高 0.55 米;监利站 1998 年最高水位为 38.31 米,比 1954 年高 7.74 米;螺山站 1998 年最高水位

为 34.95 米，比 1954 年高 1.78 米；九江站 1998 年最高水位为 23.03 米，比 1954 年高 0.95 米)，持续时间也比 1954 年长，灾情也更大[16]。因此可以认为，降雨因素只是长江水灾的诱因，而不是主因。

2. 围湖造田等不合理土地利用活动使水域面积减小，降低了调洪能力，加大了水患威胁，这是长江洪水的次因

湖泊、沼泽等湿地是流域来水的"汇"和调节库，发挥着蓄泄河川、维持流域水量平衡、降解污染物等多种作用，素有"地球之肾"的美誉，还具有提供多种资源、调节气候、美化环境、保护生物多样性、维持生态平衡等多方面功能。但长期以来我国对湿地保护未给予重视，围湖造田、排干沼泽、湿地开荒等不合理的开发利用历来被作为成功经验加以推广。对长江中下游不合理的垦殖已有近千年历史，枝城至武汉 500 千米的江段已基本围垦完毕，使调蓄洪水的能力大大降低。20 世纪 50 年代以来，有 1/3 以上的湖泊被围垦，围垦总面积达 13000 多平方千米。因围垦而消亡的湖泊达 1000 多个，围垦使湖泊蓄水容积减少 500 亿立方米以上，这一数字相当于在建三峡库容的 5.8 倍！湖泊面积和库容的减少直接导致江河来水无处存放，因而相同流量的水量会出现比过去更高的水位。洞庭湖是我国唯一良好的调蓄湖泊，但据报道，1925 年洞庭湖面积达 6000 平方千米，到 1949 年只有 4350 平方千米，1958 年又减少到 3141 平方千米，到 1978 年湖泊面积仅存 2691 平方千米，不足 1925 年时的 1/2；湖泊容水量由 1949 年的 293 亿立方米下降到 1978 年的 174 亿立方米，下降了 40.6%；由于泥沙淤积，洞庭湖底每年平均抬高 3.6 厘米；围垦和淤积的共同作用使洞庭湖所损失的库容占其总库容的 1/5；与 1937 年相比，洞庭湖出水口城陵矶水位抬高了约 2 米，在相同水位下，汇洪水量减少了 2.5 万立方米/秒，从而加大了水患的潜在威胁[17]。对于孤立的、有入口而无出口的浅平湖沼来说，由于其在汛期也处于高水位，甚至因汛期较早而比长江洪水水位还高，因此其调节长江洪水的能力非常有限。为此，我们只能将围湖造田等不合理土地利用活动使水域面积减小归为长江水患的次因。

3. 长期以来对森林的破坏和不合理的开垦与耕作导致长江中上游山地丘陵区严重的水土流失，应该说是长江洪水的主因

森林是陆地上最重要的生态系统，它以其复杂的立体结构，能够有效地阻留降水，不仅使降雨发生再分配，还大大减弱了降水对地面侵蚀的动能。森林土壤表面的地被覆盖和良好结构增加了林地渗入和保水功能，从而使森林具有巨大的涵养水源、调节径流和减少水土流失的作用。森林素有"绿色水库"之称，其涵养水源的能力比裸露地高 7 倍以上。据测算，每 6666.67 公顷（10 万亩）森林所含蓄的水量约相当于一座 200 万立方米库容的水库[18]，正如俗话所

说："山上栽满树，等于修水库；水多它能吞，水少它能吐。"然而，长期以来，长江中上游地区乱砍滥伐、毁林开荒等不合理土地开发利用活动导致了森林的严重破坏，使森林面积锐减，这一方面直接导致暴雨后不能蓄水于山，使洪峰来势凶猛，峰高流急，增加了水灾频率；另一方面也加重了水土流失，使河道泥沙淤积，河床抬高，行洪断面缩小，降低了调洪蓄水能力。

特别需要指出的是，对森林的破坏固然会加重水土流失，但水土流失最严重的往往是不合理开垦和耕作所形成的顺坡耕地。长江中上游地区大多为人口众多的古老农业区，由于人口压力大，土地垦殖率往往很高。但这里多为山高坡陡的山地丘陵区，可耕地少，于是人们不得不"向山地要粮"，陡坡开垦非常广泛。据统计，长江上游约有70%的耕地是没有水土保持措施的顺坡耕地，尤其是>25°陡坡地的垦殖较为普遍。金沙江、雅砻江和岷江流域坡度>25°的旱地约占34%，有些地区则超过40%。据2000年土地利用变更调查[10]，金沙江下游的昭通地区耕地总面积达647780.8公顷，土地垦殖率达28.88%，这对于以"山高坡陡石头多，出门就爬坡"的中山山原区而言，显然已是过度垦殖；其中没有水土保持措施的顺坡耕地达553925.2公顷，占总耕地的85.5%，>25°陡耕坡地达133922.2公顷，占总耕地的20.67%；该地区威信县>25°陡耕坡地占总耕地的比例高达60.55%。坡耕地由于表土受到人为剧烈扰动，尤其在汛期旱作物收获翻耕后受频繁暴雨打击和地表径流冲刷，流失进入长江的泥沙量巨大。据杨子生等（2002）[19]对云南金沙江流域（系长江上游的重要组成部分）土壤流失量测算结果，该流域坡耕地水土流失面积达1355438.1公顷，占耕地总面积的66.12%和该流域水土流失总面积的23.44%；坡耕地年均土壤侵蚀量达15025.78万吨，占全部土地侵蚀总量的62.55%；坡耕地平均侵蚀模数达7330.0吨/平方千米·年，是全部土地平均值的4.1倍；坡耕地年均侵蚀深度达5.9毫米，比全部土地平均侵蚀深度大311%。长江宜昌站测定结果[20]亦表明，水土流失主要物质来源于耕地，占入江泥沙量的60%~78%。

由于长期不合理开发利用土地，长江上游水土流失越来越严重，20世纪50年代水土流失面积为29.95万平方千米，90年代初期达到39.3万平方千米，占流域面积的39.1%，年均土壤侵蚀量达15.68亿吨[20]。长江上游携带大量泥沙的洪水，沿上游一泻而下，在中下游沉积下来，抬高河床，淤积湖泊，这是长江水患的重要因素。据报道[20]，长江上游以年均6.8亿吨的泥沙输入中下游，大部分沉积在荆江段和洞庭湖内，洞庭湖平均每年入湖淤积量高达0.984亿吨，湖底每年平均抬高3.6厘米，沙洲面积已达12万公顷，且每年以666.7公顷的速度扩大，使汇洪水量大幅度减少，加大了水患威胁。尤其需要指出的是，湖泊淤积害在中下游，而祸起中上游，如洞庭湖的泥沙淤积量中约80%来自长江中上游。另据报道，长江河道河床每年以1厘米的速度在抬高；由于长江夹带泥沙在长江入海口大量沉积，导致长江入海口北湖航道近于闭塞，行洪能力大大降低。

长江上游水土流失不仅造成中下游的淤积，还削弱了"土壤水库"的调蓄作用。据史学正等（1998）[21]推算，按土壤平均厚度78厘米计算，长江上游100万平方千米地区土壤孔隙之和达1973亿立方米，但土壤水库的总库容量（即土壤总孔隙容量）随着土壤侵蚀的加剧而损失严重。在长江上游35.2万平方千米的流失区中，按年均土壤侵蚀总量14.78亿吨计算，其平均侵蚀模数达4200吨/平方千米·年，相当于每年剥蚀4.0毫米的土层，即每10年减少21.97亿立方米的蓄水能力！加之植被破坏后土壤裸露，雨滴直接打击在土壤表面，使土壤结构破坏，严重地阻碍了雨水渗入土壤水库，从而加剧了洪水的下泄。

正是由于年复一年流入长江的大量泥沙淤高了江河湖库底层，使长江的荆江段成为"悬河江"，洞庭湖成为"悬湖"，江河湖库的洪水容量大幅度下降，使较大比例的长江径流水无处存放，加上水土流失区"土壤水库"破坏所导致的洪水快速剧烈下泄，于是，当降雨依然按其规律运行，人们仍按常规对待山地丘陵区的水土流失时，长江水患就必然会频繁发生，而洪水水位则破历史纪录上涨。1998年荆江段的洪险主因也在于荆江南面分洪河道和西洞庭湖被泥沙大量淤积，使其增流68亿立方米洪水[15]。可见，给江河湖库提供淤积沙源的山地丘陵区水土流失才是长江水灾的主要原因。

这里还需要阐明的是，在我们所见的诸多文献中，大多都认同这样的观点：长江流域水灾的严重性主要是流域内生态系统的失调所致。这毫无疑问是对的。然而，在谈到生态环境恶化、水土流失问题时，人们以往的提法大多是"森林资源的急剧下降，导致了严重的水土流失""森林植被减少，导致生态环境恶化"……诚然，森林作为陆地上最大的生态系统，它的存在的确对提高生态环境质量、控制山区水土流失起着重大的作用，因此，将森林状况与生态环境质量、水土流失状况联系起来的观点无疑是正确的。但不能忽视的是，由于习惯性的提法，往往给人以错觉，似乎生态环境恶化的唯一原因是森林的破坏和减少，而忽视了其他重要原因，因而往往造成政策上的顾此失彼。我们如此说，绝非要否认森林的作用，而是要正确认识森林的作用。就长江上游地区而言，造成生态环境恶化的因素除了森林减少之外，还有水土流失这一重要因素，这两个方面同时存在，两者同等重要，既有关联又分别独立存在，即森林植被的减少为水土流失提供了一定的条件，但又不是造成水土流失的唯一条件；而水土流失既与森林植被覆盖状况有关，更取决于人类活动对地表的破坏程度。以水土流失严重的昭通地区和东川区（原东川市）为例，1975～1988 年，森林覆盖率分别由 6.7% 和 4.8% 提高到 9.6% 和 6.6%，如果加上灌木林，林木覆盖率分别为27.3% 和 13.3%（林业部门调查数据），按一般规律，当林木覆盖率达到一定程度时，水土流失就应得到相应的控制或减轻，但实际上昭通地区和东川区水土流失非但没有减少，反而越来越严重，成为长江上游著名的水土流失区，1988年应用遥感技术调查水土流失面积占土地总面积比重分别达 59.54% 和 68.51%，年均土壤侵蚀量分别达 5811.36 万吨和 879.53 万吨。从河流年平均含沙量来看，以昭通地区洒渔河箐口塘站实测数为例，20 世纪 50～80 年代每 10 年平均含沙量的变化情况分别是：50 年代 2.08 千克/立方米、60 年代 2.22 千克/立方米、70 年代 2.87 千克/立方米、80 年代 3.19 千克/立方米；每 10 年最大断面平均含沙量的变化情况分别是：50 年代 19.5 千克/立方米、60 年代 35.0 千克/立方米、70 年代 45.7 千克/立方米、80 年代 91.7 千克/立方米。之所以出现这种反常现象，就是因为没能贯彻因害设防的原则，造林一般都是在水土流失不很严重的土地（疏林地、残次林地、荒草地等）上，而水土流失严重的坡耕地尤其是陡坡耕地没有进行综合治理和退耕还林。因此，在 20 世纪 90 年代初云南省实施"长防林"一期工程时，云南省林业厅何应武[22]（1991）就撰文指出，尽管"长防林"建设可以把森林覆盖率提高到一定水平，但由于退耕还林比重极小，它解决不了坡耕地上严重的水土流失问题，因而充其量只能解决原来发生在林业用地上的那一部分水土流失（其分量只占全部水土流失的一小部分），要解决主要矛盾，必须对水土流失最严重的坡耕地进行综合治理。这是非常切合实际的正确观点。近几年来我们也一直进行金沙江流域坡耕地水土流失的研究，深感坡耕地水土流失综合治理的重要性不亚于"长防林"建设，甚至远比"长防林"重要。因此，包括云南金沙江流域在内的长江上游生态环境建设应当包括两大重点内容，一是坡耕地综合治理，二是植被恢复重建，两者应当双管齐下，同时进行。

（三）中国 1998 年特大洪水之后的行动：绿色的长征——退耕还林（草）工程

1998 年的中国特大洪水，唤醒了人们的生态意识，从觉醒到行动，中国政府做出了一项前无古人的重大壮举，那就是中国绿色的长征——退耕还林（草）工程。尽管古人已有"仁者爱山，智者爱水"之说，但数千年来非常讲求"天人合一"，并孕育了世界上独一无二的山水文化与山水美学，新中国成立后，政府也曾制定过一系列有关植树造林、退耕还林、治理水土流失方面的方针、政策、法律与法规，然而，正如国家林业局周生贤在为孙杰等《绿色的长征——中国退耕还林纪事》[18]所作的"序言"中指出，把退耕还林作为一项国家发展战略，以国家重点工程的形式推出，不能不说是中共中央、国务院作出的一项重大战略决策，在中国历史上和世界历史上均称得上是中国政府的一大创举、一项伟业，工程之浩大壮阔确实史无前例。国务院明确将退耕还林工程列入我国国民经济与社会发展"十五"计划，不仅标志着中国生态建设史上的重大转折，更标志着中国社会经济的历史性跨越。

（四）近 50 年我国水灾状况

1998 年的特大洪水是我国水灾中的典型之一。从总体上来看，在近 50 年中，水灾年年均有发生，只是受灾规模和强度有所不同而已。水利部《中国水旱灾害防御公报 2020》[23]显示，1950～2020 年全国洪涝灾害受灾面积达67640.85 万公顷，年均受灾 952.69 万公顷，其中，1954 年、1956 年、1960年、1963 年、1964 年、1983～1985 年、1988～1991 年、1993～1998 年、2002～2003 年、2005～2007 年、2010 年、2012 年、2013 年洪涝灾害受灾面积均达1000 万公顷以上（见表 2-1）；因水灾死亡人口 283540 人（不含因灾失踪人口），年均因水灾死亡人口 3994 人；倒塌房屋 12281.57 万间，年均倒塌房屋172.98 万间；1990～2020 年因水灾直接经济损失 48354.11 亿元，年均直接经济损失 1559.81 亿元。

表 2-1   1950~2020 年全国洪涝灾情统计

年份	受灾面积（万公顷）	成灾面积（万公顷）	因灾死亡人口（人）	因灾失踪人口（人）	倒塌房屋（万间）	直接经济损失（亿元）
1950	655.90	471.00	1982	—	130.50	—
1951	417.30	147.60	7819	—	31.80	—
1952	279.40	154.70	4162	—	14.50	—
1953	718.70	328.50	3308	—	322.00	—
1954	1613.10	1130.50	42447	—	900.90	—
1955	524.70	306.70	2718	—	49.20	—
1956	1437.70	1090.50	10676	—	465.90	—
1957	808.30	603.20	4415	—	371.20	—
1958	427.90	144.10	3642	—	77.10	—
1959	481.30	181.70	4540	—	42.10	—
1960	1015.50	497.50	6033	—	74.70	—

年份	受灾面积（万公顷）	成灾面积（万公顷）	因灾死亡人口（人）	因灾失踪人口（人）	倒塌房屋（万间）	直接经济损失（亿元）
1961	891.00	535.60	5074	—	146.30	—
1962	981.00	631.80	4350	—	247.70	—
1963	1407.10	1047.90	10441	—	1435.30	—
1964	1493.30	1003.80	4288	—	246.50	—
1965	558.70	281.30	1906	—	95.60	—
1966	250.80	95.00	1901	—	26.80	—
1967	259.90	140.70	1095	—	10.80	—
1968	267.00	165.90	1159	—	63.00	—
1969	544.30	326.50	4667	—	164.60	—
1970	312.90	123.40	2444	—	25.20	—
1971	398.90	148.10	2323	—	30.20	—
1972	408.30	125.90	1910	—	22.80	—
1973	623.50	257.70	3413	—	72.30	—
1974	643.10	273.70	1849	—	120.00	—
1975	681.70	346.70	29653	—	754.30	—
1976	419.70	132.90	1817	—	81.90	—
1977	909.50	498.90	3163	—	50.60	—
1978	282.00	92.40	1796	—	28.00	—
1979	677.50	287.00	3446	—	48.80	—
1980	914.60	502.50	3705	—	138.30	—
1981	862.50	397.30	5832	—	155.10	—
1982	836.10	446.30	5323	—	341.50	—
1983	1216.20	574.70	7238	—	218.90	—
1984	1063.20	536.10	3941	—	112.10	—
1985	1419.70	894.90	3578	—	142.00	—
1986	915.50	560.10	2761	—	150.90	—
1987	868.60	410.40	3749	—	92.10	—
1988	1194.90	612.80	4094	—	91.00	—

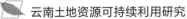

续表

年份	受灾面积 （万公顷）	成灾面积 （万公顷）	因灾死亡人口 （人）	因灾失踪人口 （人）	倒塌房屋 （万间）	直接经济损失 （亿元）
1989	1132.80	591.70	3270	—	100.10	—
1990	1180.40	560.50	3589	—	96.60	239.00
1991	2459.60	1461.40	5113	—	497.90	779.08
1992	942.33	446.40	3012	—	98.95	412.77
1993	1638.73	861.04	3499	—	148.91	641.74
1994	1885.89	1148.95	5340	—	349.37	1796.60
1995	1436.67	800.08	3852	—	245.58	1653.30
1996	2038.81	1182.33	5840	—	547.70	2208.36
1997	1313.48	651.46	2799	—	101.06	930.11
1998	2229.18	1378.50	4150	—	685.03	2550.90
1999	960.52	538.91	1896	—	160.50	930.23
2000	904.50	539.60	1942	—	112.61	711.63
2001	713.78	425.34	1605	—	63.49	623.03
2002	1238.42	743.90	1819	—	146.23	838.00
2003	2036.57	1299.98	1551	—	245.42	1300.51
2004	778.19	401.71	1282	—	93.31	713.51
2005	1496.75	821.67	1660	—	153.29	1662.20
2006	1052.19	559.24	2276	—	105.82	1332.62
2007	1254.89	596.90	1230	—	102.97	1123.30
2008	886.78	453.76	633	232	44.70	955.44
2009	874.82	379.58	538	110	55.59	845.96
2010	1786.67	872.79	3222	1003	227.10	3745.43
2011	719.15	339.30	519	121	69.30	1301.27
2012	1121.81	587.14	673	159	58.60	2675.32
2013	1177.75	654.08	775	374	53.36	3155.74
2014	591.94	283.00	486	91	25.99	1573.55
2015	613.21	305.38	319	81	15.23	1660.75
2016	944.33	506.35	686	207	42.77	3643.26

续表

年份	受灾面积（万公顷）	成灾面积（万公顷）	因灾死亡人口（人）	因灾失踪人口（人）	倒塌房屋（万间）	直接经济损失（亿元）
2017	519.65	278.12	316	39	13.78	2142.53
2018	642.70	313.12	187	32	8.51	1615.47
2019	668.04	—	573	85	10.30	1922.70
2020	719.00	—	230	49	9.00	2669.80
平均	952.69	—	3994	199	172.98	1559.81

注：1950~2018 年数据来源于水利部，2019~2020 年数据来源于应急管理部国家减灾中心；"—"表示没有统计数据；因灾失踪人口系从 2008 年开始作为指标统计。

资料来源：水利部：《中国水旱灾害防御公报 2020》。

水灾在所有自然灾害中属于灾情最严重的一类自然灾害。据《中国统计年鉴 2021》[24]，全国水灾（含地质灾害和台风）受灾面积占所有自然灾害受灾总面积的 55.42%。

（五）特大洪水对我们的启示

（1）任何土地开发利用必须以不破坏生态环境为基础。目前大江大河流域的生态环境问题还很突出，必须彻底扭转长期以来乱砍滥伐、毁林开荒、陡坡耕种、围湖造田等诸多不合理开发利用行为。

（2）切实加强大江大河流域的生态环境建设和保护已经非常迫切，而大江大河流域生态建设应当以水土流失防治为核心，坚持坡耕地综合治理和植被恢复重建并举，尤其应将坡耕地综合治理放在首位，它具体包括>25°陡坡耕地的退耕还林（草）工程和以"坡改梯"为重点的<25°坡耕地整治工程，两者缺一不可。

四、国内外土地资源开发利用经验教训对我们的基本启示

上述国内外土地资源开发利用的经验教训给予我们以下三个基本警示：

（1）人类必须与大自然和谐相处，开发利用土地资源必须以保护土地生态环境为前提，绝不能以牺牲植被和破坏生态环境为代价过度开垦土地。

（2）如果人类不能合理开发利用土地，肆意糟蹋与毁坏帮助人类发展和进步的土地及其环境，必将在人类的足迹所过之处留下一片荒漠！

（3）未来的土地利用必然走可持续发展之路。

第二节 可持续发展思想的提出与基本内涵

可持续发展理论（Sustainable Development Theory）是当今世界各国在经济社会发展和资源开发、环境保护中特别关注的重大理论，对于指导土地资源可持续利用具有重要的现实意义。

一、可持续发展思想的提出

可持续发展思想是在传统发展模式暴露出诸多弊端并再也难以为继的背景下提出的。传统发展观基本上是一种工业化发展观，表现为对经济高速增长目标的努力追求，这种观念必然是以牺牲自然环境、过度利用资源为代价的，导致了日益严重的全球性资源与环境问题，危及人类自身和后代的生存与发展。面对世界经济高速增长而引发的一系列环境问题和社会问题，人们不得不反思自己对待自然的态度和行为，重新确定发展的方向，调整发展的战略。

1980 年，联合国环境规划署（UNEP）发表了著名的报告书《世界自然资源保护大纲》，强调环境和发展相互依存的关系，"保护自然环境是持续性发展的必要条件之一"。自此，"可持续发展"概念便问世并逐渐传播开来。

1987 年，世界环境与发展委员会（WCED）向联合国提交了报告书《我们共同的未来》（OCF）[25]，明确提出了环境和发展的新方法论"可持续发展"（Sustainable Development）——既不损害满足后代人要求的可能性和能力而又满足当代人需要的发展，并强调要重视加强全球性相互依存关系以及发展经济和保护环境之间的相互协调关系。

1989 年，联合国发表了《环境署第 15 届理事会关于"可持续发展"的声明》（以下简称《声明》）。《声明》指出："可持续的发展是指满足当前需要而又不削弱子孙后代满足其发展需要之能力的发展，而且决不包含侵犯国家主权的含义。"会议提出的"可持续发展"观念迅速被世界各国普遍接受，成为国际社会所公认的发展思路。

1991 年 10 月，UNEP 等世界组织在世界各地共同发行了《保护地球——可持续生存战略》一书。对 WCED 定义的"可持续发展"概念重新具体定义为"在作为支持生活基础的各生态系统内容能力限度范围内，持续生活并使人们生活质量得到改善"。

1992 年 6 月，为纪念联合国人类环境会议召开 20 周年，在巴西首都里约热内卢召开了由 183 个国家代表参加的"联合国环境与发展大会"（UNCED），这是人类历史上空前的关于可持续发展的国际环境会议。会议发表了著名的《里约环境与发展宣言》（27 项原则）及其行动计划《21 世纪议程》。可以说，该行动计划为人类奔向可持续发展的光明大道指明了方向。

1992 年 6 月，我国政府签署了以可持续发展为核心的《21 世纪议程》等文件，标志着中国政府对可持续发展理论的确认和对全球可持续发展的参与。

二、可持续发展的基本概念

自 20 世纪 80 年代中期以来，国内外对"可持续发展"作出了近百种不同的定义，但归纳起来主要有以下五种类型[26,27]：

（1）从自然属性定义可持续发展。"认为可持续发展是寻求一种最佳的生态系统以支持生态的完整性，即不超越环境系统更新能力的发展，使人类的生存环境得以持续"。这是由国际生态学联合会和国际生物科学联合会在 1991 年 11 月联合举行的可持续发展专题讨论会的成果。

（2）从社会属性定义可持续发展。1991 年，由世界自然保护同盟、联合国环境规划署和世界野生生物基金会共同发表的《保护地球——可持续生存战略》中给出的定义，认为"可持续发展是在生存不超出维持生态系统涵容能力之情况下，改善人类的生活品质"。并提出人类可持续生存的九条基本原则。主要强调人类的生产方式与生活方式要与地球承载能力保持平衡，可持续发展的最终落脚点是人类社会，即改善人类的生活质量，创造美好的生活环境。

（3）从经济属性定义可持续发展。认为可持续发展的核心是经济发展，是在"不降低环境质量和不破坏世界自然资源基础上的经济发展"。

（4）从科技属性定义可持续发展。认为可持续发展就是要用更清洁、更有效的技术方法，以保护环境质量，尽量减少能源与其他自然资源的消耗。着眼点是实施可持续发展，科技进步起着重要作用。

（5）从伦理方面定义可持续发展。认为可持续发展的核心是目前的决策不应当损害后代人维持和改善其生活标准的能力。

综观各类定义，从总体上来看，"可持续发展"的概念以世界环境与发展委员会（1987）在《我们共同的未来》中的定义较为普及，即可持续发展是指既能满足当代人的需要又不对子孙后代满足其需求的能力构成危害的发展。也就是通常所说的"决不能吃祖宗饭，断子孙路"。其基本特征是公平性（Fairness）、持续性（Sustainability）和共同性（Common）[28]。其主要内容可概括为生态可持续性、经济可持续性和社会可持续性三个方面，其中生态环境可持续性（资源的可持续利用和良好的生态环境）是基础，经济可持续性（同时重视数量和追求质量的集约型经济增长）是前提，社会可持续性（谋求社会的全面进步）是目标。

三、可持续发展的基本内涵

可持续发展的内涵有两个基本方面：即发展（Development）与可持续性（Sustainability）（见图2-1）。发展是前提和基础，可持续性是关键，没有发展，也就没有必要去讨论是否可持续了；没有持续性，发展就行将终止。这里的"发展"应包括两方面的含义：一是它至少应含有人类社会物质财富的增长，因而经济增长是发展的基础；二是发展作为一个国家或区域内部经济和社会制度的必经过程，它以所有人的利益增进为标准，以追求社会全面进步为最终目标。"可持续性"也有两方面的含义：一是自然资源的存量和环境的承载能力是有限的，这种物质上的稀缺性和在经济上的稀缺性相结合，共同构成经济社会发展的限制条件；二是在经济发展过程中，当代人不仅要考虑自身的利益，而且应该重视后代人的利益，既要兼顾各代人的利益，更要为后代发展留有余地。

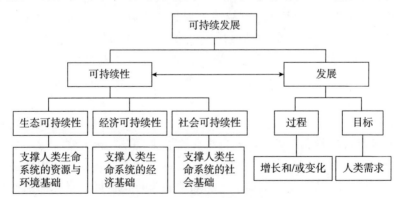

图 2-1　可持续发展的内涵

也就是说，可持续发展是发展与可持续性的统一，两者相辅相成，互为因果。放弃发展，则无可持续性可言，只顾发展而不考虑可持续性，则将丧失长远发展的根基。可持续发展战略追求的是近期目标与长远目标、近期利益与长远利益的最佳兼顾，经济、社会、人口、资源、环境的全面协调发展。

可持续发展理论认为，经济可持续发展是基础，生态（环境）可持续发展是条件，社会可持续发展则是目的。该理论一方面鼓励经济增长，强调经济增长的必要性；另一方面认为，可持续发展的标志是资源的永续利用和良好的生态环境，最终的目标是谋求社会的全面进步。

第三节 土地资源可持续利用的概念与准则

土地利用是指人类根据土地的自然特点，按照一定的经济、社会目的，采取一系列生物、技术手段，对土地进行长期性或周期性的经营管理和治理改造活动[29]。它是人类活动作用于自然环境的主要途径之一，是历史时期土地覆被和全球环境变化的最直接和主要的驱动因子，是土地利用者——人和利用对象——土地之间相互作用关系的表现[30]。自人类开始种植农作物与定居以来，便开始了土地利用的历史[31]。随着可持续发展思想的提出和逐渐被接受，土地可持续利用的理念应运而生。可以认为，土地可持续利用是可持续发展思想应用于土地科学而产生的新概念[32]。

1990 年 2 月，印度农业研究会（ICAR）、美国农业部（USDA）和美国Rodale 研究所在新德里举行了首次国际土地持续利用研讨会，此次会议正式提出了土地可持续利用的思想。之后，国内外众多学者和研究机构对土地持续利用的概念、基本原则、评价纲要等有了明确的表述。1993 年联合国粮农组织（FAO）颁布了《可持续土地利用管理评价纲要》[33]，这在土地可持续利用研究上具有里程碑的意义，该纲要提出的土地可持续利用的概念、基本原则、评价标准和评价程序已经成为指导全球研究的纲领性文件。但该纲要仅为一个高度概括的基本框架，因不同国家和地区的自然条件和社会经济状况有着明显差异，所面临的问题也很不相同，因而即使土地可持续利用的基本思想和原则一致，其研究的内容和方法、实施途径也必然存在差异。

土地可持续利用（Sustainable Land Use），也称土地持续利用、土地资源可持续利用，或称（可）持续土地利用，与持续土地管理（Sustainable Land Management）的内涵基本一致[34]。总体上来看，目前国内外关于土地持续利用的完整定义尚不多见[35]。由于学者们的学科背景、研究领域与重点不同，对土地持续利用的内涵界定也各有侧重。

一、国际上较有代表性的土地可持续利用概念

1990 年美国学者 Young 从土地科学角度出发将土地可持续利用定义为"获

得最高收获产量，并保护土地赖以生产的资源，从而维持其永久生产力的土地利用"[36]；Hart 和 Sands 从系统科学角度出发，将土地持续利用定义为"利用自然和社会经济资源，生产当前社会经济环境价值超过商品投入的产品的同时，能维持将来的土地生产力及自然资源环境"[37]。

联合国粮农组织（1993）在《可持续土地利用管理评价纲要》中认为，"如果预测到一种土地利用在未来相当长的一段时期内不会引起土地适宜性的退化，那么认为这样的土地利用是可持续的"[38]。这一含义的核心体现在土地可持续利用是土地适宜性在时间方向上的延伸，是可持续发展思想在土地评价领域的体现[38]。实际上，联合国粮农组织在 1976 年出版的《土地评价纲要》一书中提出的土地评价原则之一就是"适宜性是指可持续利用而言"，尽管当时的"可持续"仅指土地利用不引起"环境退化问题"[39]。

目前，国际上普遍接受的"土地可持续利用"概念是联合国粮农组织《可持续土地利用管理评价纲要》中对持续土地管理所下的定义："持续土地管理是将技术、政策和能够使社会经济原则与环境考虑融为一体的行为结合起来，以便同时实现保持或提高生产力与服务（生产性，productivity）、降低生产风险（安全性，security）、保护自然资源潜力及防止土壤退化（保护性，protection）、经济上可行（可行性，viability）和社会可接受（可接受性，acceptability）。"[33]多数国家的专家学者基本上根据这一定义中的五大目标（或原则、准则）来开展土地可持续利用研究工作。

二、国内较有代表性的土地可持续利用概念

20 世纪 90 年代中期以来，随着土地可持续利用概念的出现和国际上研究的蓬勃展开，我国许多学者对土地可持续利用开展了大量研究，论文、专著不断涌现。土地可持续利用已成为我国土地科学研究的热点领域之一，研究工作异常活跃，学者们从生态、经济、社会、空间、技术、人地协调与世代伦理等诸多方面对土地可持续利用的概念和内涵进行了深化和拓展。彭建等[34]（2002）将国内土地可持续利用的概念归纳为以下四个主要类别：

1. 关注生态、经济与社会的定义

代表性论述有：傅伯杰等（1997）指出，土地可持续利用就是实现土地生产力的持续增长和稳定性，保证土地资源潜力和防止土地退化，并具有良好的经济效益和社会效益，即达到生态合理性、经济有效性和社会可接受性[40]。陈百明和张凤荣（2001）认为，"土地可持续利用可以理解为在生态（自然）方面具有适宜性，经济方面具有获利能力，环境方面能实现良性循环，社会方面

应具有公平性和公正性的土地利用方式"[38]。谢俊奇（1998）指出，"可持续土地利用就是使土地资源得到科学合理的利用、开发、整治和保护，实现土地资源的永续利用与社会、经济、资源环境的协调发展，不断满足社会经济长期发展的需要，达到最佳的社会、经济和资源环境效益。可持续土地利用的目标是在社会上具有公平性和可接受性，在资源环境方面具有可持续性，在经济上具有充分性"[41]。

2. 侧重经济学、土地供需关系的定义

代表性论述有：魏杰（1996）认为，土地资源可持续利用，从经济学角度来讲，是指土地不断地被高效使用。它包括两个方面：从外延上来讲，要从总量一定的土地上生产出尽可能多的工业效益和农业效益；从内涵上来讲，要尽量延长土地资源持续利用周期，延长土地使用寿命。土地资源可持续利用实际上是从新的视角使土地资源得到更好、更有效的利用[42]。谢经荣等（1996）认为，由于不同发展水平国家面临的土地问题不同，土地持续利用的定义不同。我国土地持续利用可定义为能够满足当前和未来人们粮食需求和社会协调、平衡发展的土地使用结构和利用措施[43]。刘彦随（1999）将我国土地持续利用定义为，"能够满足当前和未来人口的持续增长及其对粮食的基本需求，并促使社会经济的协调发展和生态环境质量不断改善的土地利用战略和措施"[44]。尹君（2001）指出，可持续性土地利用就是在土地利用过程中，保证土地资源永续利用情况下，使土地资本（包括人力资本即知识技术、人造资本、自然环境资本）总量不断增长[45]。

3. 着重技术、人地协调的定义

代表性论述有：刘黎明等（1998）认为，可持续土地利用包括自然系统和经济系统的持续发展，具体可表达为通过技术与行政手段使一个区域的土地利用类型的结构、比例、空间分布与区域的自然特征和经济发展相适应，使土地资源充分发挥其生产与环境保护功能，既能满足人类经济生活与环境的需求，又能不断改善资源本身的质量特征[46]。郝晋珉（1996）从系统协调的角度提出，"土地可持续利用就是作为生态系统的功能（生物产品的生产、环境保护与保护生物和基因资源）和人类直接联系的非农利用功能（人类生产、生活的空间，提供生产资料，人类文化遗产，名胜古迹）在生态系统、生态经济系统和区域空间中的协调"[47]。

4. 考虑世代伦理的定义

余海鹏等（1998）、梁长青等（1998）按照可持续发展的一般原理，将土地可持续利用定义为"不断提高人群生活质量和环境承载力的，既满足当代人又不损害子孙后代满足其需求能力，高效、持久的土地资源利用方式"[48,49]。

曲福田（2000）认为，土地资源可持续利用是"在特定的时期和地区条件下，对土地资源进行合理的开发、使用、治理、保护，并通过一系列的合理利用组织，协调人地关系及人与资源、环境的关系，以期满足当代人与后代人生存发展的需要"[50]。于静波（1997）认为，土地可持续利用是"不对后代人满足其需求能力构成危害的土地利用。从生态方面来看，土地资源可持续利用是指无退化的开发；从社会经济观点来看，则意味着可开发利用土地为人类提供基本需求，遵循各代人之间的平等性，确保对后代人的足够供给"[51]。

三、土地可持续利用的基本概念、内涵与准则

从上述各类定义可以看出，与联合国粮农组织（1993）的定义相比，我国学者更注重探讨土地可持续利用的本质内涵。我们认为，既然土地可持续利用是 20 世纪 90 年代可持续发展思想应用于土地科学而产生的新概念，与可持续发展一样，土地可持续利用实际上是用以指导土地利用的一种新思想、新理念，在具体定义上，我们倾向于采用世代伦理型的定义，可以表述为：**土地可持续利用是指既能满足当代人需要又不损害子孙后代满足其需求能力的永续性土地利用方式与措施。**

这一定义的内涵非常丰富，充分表达了土地利用上的可持续发展观。该定义强调，在土地利用过程中，任何土地资源开发利用方式和措施都要贯彻可持续发展的思想，要求做到以下四点：

（1）生态上要保护资源与环境，避免资源退化、生态破坏和环境恶化。

（2）经济上要具有合理性，能够为土地利用或经营者带来收益，确保经济发展的可持续性。

（3）社会上要能够为人类提供基本需求，满足其生存和发展的需要。

（4）伦理上要充分体现公平性，包括代内公平和代际公平，使当代人之间和当代人与后代人之间能够得到公平、合理的发展。

这一定义与联合国粮农组织（1993）在《可持续土地利用管理评价纲要》中提出的可持续土地利用和管理的五条原则或标准（即生产性、安全性、保护性、可行性、可接受性）是相符的。从总体上说，土地可持续利用的基本准则或目标也就是联合国粮农组织（1993）制定的这五条原则或标准。需要指出的是，这五条原则实际上包括了土地利用可持续性的三个基本方面，即生态可持续性（Ecological Sustainability）、经济可持续性（Economical Sustainability）和社会可持续性（Societal Sustainability）[52]，因此，我们可以将土地可持续利用的基本准则简化为三个方面，即土地利用的生态可持续性、土地利用的经济可持

续性和土地利用的社会可持续性。

需要说明的是，尽管土地可持续利用的概念是 20 世纪 90 年代可持续发展思想应用于土地科学领域而产生的，但土地持续利用的思想渊源较深，尤其是 20 世纪 30 年代以来，国际上广泛开展了土地资源合理利用研究，国内在土地可持续利用概念提出之前亦进行了许多土地资源合理利用方面的研究。所谓合理利用，也就是合乎科学原理（包括生态学原理、经济学原理、人类社会学原理、伦理学原理等）的土地利用。土地资源合理利用的结果表现为土地资源的可持续利用，两者具有相同的内涵与目标[53]。因此，可以认为，土地可持续利用和土地合理利用应是同一概念的不同表达方式。

本章参考文献

［1］Carter F and Dale T. 表土与人类文明［M］. 北京：中国环境科学出版社，1987.

［2］雷毅. 生态伦理学［M］. 西安：陕西人民出版社，2000.

［3］自然之友.《20 世纪环境警示录》：撒哈拉沙漠扩展导致上千万人沦为"生态难民"［EB/OL］. http：//www. people. com. cn/ GB/huanbao/57/20011221/632023. html1，2001-12-26.

［4］曲格平. 文明衰败的启迪［N］. 人民日报，2002-06-25（10）.

［5］自然之友.《20 世纪环境警示录》：1934 年持续长达 3 天的美国"黑风暴"事件［EB/OL］. http：//www. people. com. cn/GB/huanbao /56/20011126/613127. html1，2001-11-26.

［6］蔡运龙. 自然资源学原理［M］. 北京：科学出版社，2000.

［7］董峻. 我国每年因土地沙化造成直接经济损失超过 540 亿元［EB/OL］. http：//news. xinhuanet. com/newscenter/2006-06/17/content _4710789. htm，2006-06-17.

［8］国务院新闻办公室.《中国的环境保护（1996—2005）》白皮书［EB/OL］. 2006-06-05.

［9］国家林业和草原局. 中国荒漠化和沙化状况公报［EB/OL］. http：//www. forestry. gov. cn/main/58/content-832363. html，2015-12-29.

［10］杨子生，李云辉，邹忠，等. 中国西部大开发云南省土地资源开发利用规划研究［M］. 昆明：云南科技出版社，2003.

［11］国家林业和草原局. 中国·岩溶地区石漠化状况公报［EB/OL］. http：//www. forestry. gov. cn/main/304/20181214/161609692184868. html，2018-12-14.

［12］中华人民共和国水利部. 中国水土保持公报（2018 年）［EB/OL］. http：//www. mwr. gov. cn/sj/tjgb/zgstbcgb/201908/P020190820373213150528. pdf，2019-08-20.

［13］自然之友.《20 世纪环境警示录》：1998 年中国长江洪水［EB/OL］. http：//

www. people. com. cn/GB/huanbao/57/20020108/643415. html1，2002-01-08.

　　［14］国家林业局 .'98 洪水聚焦森林［M］. 北京：中国林业出版社，1999.

　　［15］卜兆宏，唐万龙，席承藩 . 强化治理山丘水土流失才是平原水患治本之策［M］//许厚泽，赵其国 . 长江流域洪涝灾害与科技对策 . 北京：科学出版社，1999：118-124.

　　［16］洪庆余 . 长江防洪与 '98 大洪水［M］. 北京：中国水利水电出版社，1999.

　　［17］李文华 .'98 洪水的生态学反思［M］//国家林业局 .'98 洪水聚焦森林 . 北京：中国林业出版社，1999：123-127.

　　［18］孙杰，赵承，王立彬 . 绿色的长征——中国退耕还林纪事［M］. 北京：中国时代出版社，2002.

　　［19］杨子生，梁洛辉，王云鹏 . 云南金沙江流域水土流失基本特征分析［J］. 山地学报（增刊），2002，20：10-17.

　　［20］李文华 . 长江洪水与生态建设［J］. 自然资源学报，1999，14（1）：1-7.

　　［21］史学正，梁音，于东升，等 . 调用"土壤水库"是防洪减灾的根本之策［N］. 中国科学报，1998-10-21.

　　［22］何应武 . 论长江上游地区水土流失及其综合治理［J］. 区域开发研究，1991（1）：49-53.

　　［23］中华人民共和国水利部 . 中国水旱灾害防御公报 2020［EB/OL］. http：//www. mwr. gov. cn/sj/tjgb/zgshzhgb/202112/P020211208612249749576. pdf，2021-12-08.

　　［24］国家统计局 . 中国统计年鉴-2021［M］. 北京：中国统计出版社，2021.

　　［25］The World Commission on Environment and Development（WCED）［M］. Our Common Future. Oxford：Oxford University Press，1987.

　　［26］北京大学中国可持续发展研究中心 . 可持续发展：理论与实践［M］. 北京：中央编译出版社，1997.

　　［27］国际环保产业促进中心 . 循环经济国际趋势与中国实践［M］. 北京：人民出版社，2005.

　　［28］尹继佐主编 . 可持续发展战略普及读本［M］. 上海：上海人民出版社，1998.

　　［29］左大康 . 现代地理学词典［M］. 北京：商务印书馆，1990.

　　［30］戴尔阜，吴绍洪 . 土地持续利用研究进展［J］. 地理科学进展，2004，23（1）：79-88.

　　［31］David Rhind. Ray Hudson. Land Use［M］. London：Methuen，1980：3-11.

　　［32］杨子生，刘彦随 . 中国山区生态友好型土地利用研究［M］. 北京：中国科学技术出版社，2007.

　　［33］FAO. FESLM：An International Framework for Evaluating Sustainable Land Management［R］. Rome：World Soil Resources Report No. 73，Food and Agriculture Organization of the United Nations，1993.

　　［34］彭建，王仰麟，吴健生，等 . 我国土地持续利用研究进展［J］. 中国土地科学，2002，16（5）：37-45.

　　［35］姜志德 . 土地资源可持续利用概念的理性思考［J］. 西北农林科技大学学报（社

会科学版），2001，1（4）：57-61.

［36］Young. T. A. Soil Changes Under Agroforestry［M］. Nairobi：International Center for Research in Agroforestry（ICRAF），1990.

［37］宇振荣，邱建军，王建武. 土地利用系统分析方法与实践［M］. 北京：中国农业科技出版社，1998.

［38］陈百明，张凤荣. 中国土地可持续利用指标体系的理论与方法［J］. 自然资源学报，2001，16（3）：197-203.

［39］FAO. A Framework for Land Evaluation［R］. FAO soil. Bulletin 32. Rome：Food and Agriculture Organization of the United Nations，1976.

［40］傅伯杰，陈利顶，马诚. 土地可持续利用评价的指标体系与方法［J］. 自然资源学报，1997，12（2）：112-118.

［41］谢俊奇. 可持续土地利用的社会、资源环境和经济影响评价的初步研究［J］. 中国土地科学，1998，12（3）：1-5.

［42］魏杰. 土地资源可持续利用：另一种审视［J］. 中国土地，1996（2）：29-31.

［43］谢经荣，林培. 论土地持续利用［J］. 中国人口·资源与环境，1996，6（4）：13-17.

［44］刘彦随. 区域土地利用优化配置［M］. 北京：学苑出版社，1999.

［45］尹君. 可持续土地利用内涵及其评价指标体系研究［J］. 河北农业大学学报，2001，24（1）：78-81.

［46］刘黎明，林培. 黄土高原持续土地利用研究［J］. 资源科学，1998，20（1）：54-61.

［47］郝晋珉. 土地利用控制［M］. 北京：中国农业出版社，1996.

［48］余海鹏，孙亚范，黄适富. 重庆市农业土地资源开发利用的可持续性评价［J］. 数量经济技术经济研究，1998（2）：27-30.

［49］梁长青，周寓康，彭补拙. 全球环境变化与中国土地可持续利用［J］. 中国人口·资源与环境，1998，8（3）：68-71.

［50］曲福田. 可持续发展的理论与政策选择［M］. 北京：中国经济出版社，2000.

［51］于静波. 我国土地资源持续利用的框架［J］. 国土与自然资源研究，1997（2）：29-31.

［52］Yang Zisheng，Liang Luohui. Traditional Land Use for Sustainable Land Use：The Case of Yunnan Province，China［C］//Saskia Sassen and Peter Marcotullio eds. Human Resource System Challenge Ⅶ：Human Settlement Development，in Encyclopedia of Life Support Systems（EOLSS）. Oxford，UK：Eolss Publishers，2004.

［53］钱海滨，薛永森，田彦军. 土地资源合理利用评价研究综述［J］. 中国土地科学，2001，15（2）：14-19.

第三章
云南省概况与数据来源

开展云南省土地可持续利用研究，需要切实了解和把握云南的基本省情，包括地理位置与行政区划、自然条件和社会经济状况；并基于遥感动态调查，揭示省域内土地利用的基本状况。

第一节　地理位置与行政区划

一、地理位置

云南省地处我国西南边陲，位于北纬 21°8′32″~29°15′8″、东经 97°31′39″~106°11′47″，北回归线横贯省域南部，基本属于低纬度内陆省份。全境东西最大横距 864.9 千米，南北最大纵距 900 千米，第二次全国土地调查云南省土地总面积为 383186.35 平方千米，约占全国陆地总面积的 4%，居全国第八位。

云南东部与贵州省、广西壮族自治区接壤，北部与四川省相连，西北隅紧倚西藏自治区，西部与缅甸接壤，南部与老挝、越南毗邻。从整个位置来看，北依广袤的亚洲大陆，南连位于辽阔的太平洋和印度洋的东南亚半岛，处在东南季风和西南季风控制之下，又受世界上面积最大、海拔最高的青藏高原的影响，位置特殊，从而形成了复杂多样的自然地理环境。

据统计，云南省有 25 个县（市）（即腾冲市、龙陵县、江城县、孟连县、澜沧县、西盟县、镇康县、耿马县、沧源县、金平县、绿春县、河口县、麻栗坡县、马关县、富宁县、景洪市、勐海县、勐腊县、瑞丽市、芒市、盈江县、陇川县、泸水市、福贡县、贡山县）分别与老挝、越南、缅甸接界。据国土资源部下发的最新国界和省界线量算结果，云南省与邻国的边界线长达 3235.2 千米，其中，中缅段 1996.2 千米，中老段 503.5 千米，中越段 735.5 千米[1]。自古云南就是中国连接东南亚各国的陆路通道。有出境公路 20 多条，15 个民族与境外相同民族在国境线两侧居住。与泰国和柬埔寨通过澜沧江—湄公河相连，并与马来西亚、新加坡、印度、孟加拉等国邻近，是我国毗邻周边国家最多、边境线最长的省份之一。

在长达 3235.2 千米的边境线和广袤的边疆域土上，云南省分布着 20 个国家一类口岸和 6 个二类口岸。这些口岸以瑞丽、河口、腾冲猴桥、磨憨和昆明机场为核心，形成了陆、水、空齐全，全方位开放的格局，有力地促进了我国同东南亚、南亚的客货运输和经济大循环的发展。

二、行政区划

据统计，截至 2020 年底，云南省辖 16 个州（市），其中省辖市 8 个（昆明市、曲靖市、玉溪市、保山市、昭通市、丽江市、普洱市、临沧市），民族自治州 8 个（楚雄彝族自治州、红河哈尼族彝族自治州、文山壮族苗族自治州、西双版纳傣族自治州、大理白族自治州、德宏傣族景颇族自治州、怒江傈僳族自治州、迪庆藏族自治州）。云南省共有 129 个县级行政单位，其中 17 个市辖区、17 个县级市、29 个民族自治县、66 个非民族自治县[2]（见表 3-1）。

表 3-1　云南省行政区划（2020 年）

州（市）名称	县级单位名称	县级单位数		
		市辖区	县级市	县
昆明市	五华区、盘龙区、官渡区、西山区、东川区、呈贡区、晋宁区、富民县、宜良县、石林县、嵩明县、禄劝县、寻甸县、安宁市	7	1	6
曲靖市	麒麟区、沾益区、马龙区、陆良县、师宗县、罗平县、富源县、会泽县、宣威市	3	1	5
玉溪市	红塔区、江川区、通海县、华宁县、易门县、峨山县、新平县、元江县、澄江市	2	1	6
保山市	隆阳区、施甸县、龙陵县、昌宁县、腾冲市	1	1	3
昭通市	昭阳区、鲁甸县、巧家县、盐津县、大关县、永善县、绥江县、镇雄县、彝良县、威信县、水富市	1	1	9

续表

州（市）名称	县级单位名称	县级单位数		
		市辖区	县级市	县
丽江市	古城区、玉龙县、永胜县、华坪县、宁蒗县	1	0	4
普洱市	思茅区、宁洱县、墨江县、景东县、景谷县、镇沅县、江城县、孟连县、澜沧县、西盟县	1	0	9
临沧市	临翔区、凤庆县、云县、永德县、镇康县、双江县、耿马县、沧源县	1	0	7
楚雄彝族自治州	楚雄市、双柏县、牟定县、南华县、姚安县、大姚县、永仁县、元谋县、武定县、禄丰县	0	1	9
红河哈尼族彝族自治州	个旧市、开远市、蒙自市、弥勒市、屏边县、建水县、石屏县、泸西县、元阳县、红河县、金平县、绿春县、河口县	0	4	9
文山壮族苗族自治州	文山市、砚山县、西畴县、麻栗坡县、马关县、丘北县、广南县、富宁县	0	1	7
西双版纳傣族自治州	景洪市、勐海县、勐腊县	0	1	2
大理白族自治州	大理市、漾濞县、祥云县、宾川县、弥渡县、南涧县、巍山县、永平县、云龙县、洱源县、剑川县、鹤庆县	0	1	11
德宏傣族景颇族自治州	瑞丽市、芒市、梁河县、盈江县、陇川县	0	2	3
怒江傈僳族自治州	泸水市、福贡县、贡山县、兰坪县	0	1	3
迪庆藏族自治州	香格里拉市、德钦县、维西县	0	1	2
全省	**8个省辖市、8个民族自治州；17个市辖区、17个县级市、29个民族自治县、66个非民族自治县**	**17**	**17**	**95**

资料来源：云南省统计局. 2021 云南统计年鉴 [M]. 北京：中国统计出版社，2022.

第二节　自然条件概况

一、地势地貌特征

在云南省土地面积中，山地约占 84%，高原、丘陵约占 10%，盆地、河谷约占 6%，平均海拔 2000 米左右，最高海拔 6740 米，最低海拔 76.4 米[3-5]。

(一) 地貌形态结构的基本特征

在组成云南土地自然环境的诸多因素中，地貌对于土地资源的分布、地域组合等空间配置状况都有十分突出的控制作用。云南地貌形态结构的基本特征，可以归纳为以下三点：

1. 总地势从西北向东南呈阶梯状下降

总体上，云南地势高耸，为平均海拔 2000 米左右的广大高原。但省内各地地形起伏很大，海拔高低悬殊。总地势大致呈西北高、东南低的特点。最西北部迪庆藏族自治州德钦县西部与西藏自治区的界山太子雪山的主峰卡瓦格博峰，峰顶海拔 6740 米，为云南省的最高点；省境东南部红河哈尼族彝族自治州的河口瑶族自治县境内元江与其支流南溪河交汇处，河面海拔 76.4 米，是云南省的最低点。最高点与最低点间的高差达 6663.6 米。即便在不大的范围内，地面也常存在很大的高差。如山峰多在海拔 5000~6000 米的太子雪山和梅里雪山的东侧即为澜沧江峡谷，平面相距 12.8 千米，江面只有海拔 2200 米左右，相对高差在 3000 米以上；又如在云南省海拔最低处的河口附近，红河的对岸即有山顶海拔 2000 米以上的山地耸立。这种在不大的范围内即出现近千米以至数千米的高差现象，在云南大多数的县都可见到，甚至在一个乡的范围内，地表有千米以上的高差，亦非罕见。

在总体的倾斜高原的大轮廓的基础上，云南的地势又有明显的阶梯式结构，具有从西北向东南逐级递降的特点。在云南省的西北部，耸立着有"世界屋脊"之称的青藏高原，其平均海拔在 4000 米以上。与之相连接的云南省西北角的迪庆藏族自治州的香格里拉和德钦一带，地表平均海拔接近 4000 米，山地多为高山和极高山，在地势上已属于我国地势从东到西三级阶梯中的最高一级，而且从地貌、自然景观和土地利用的特点而言，已属于青藏高原的东南边缘部分，从云南的地势上来看，这里构成最高一级阶梯（可称为第一阶梯）。在云南的普洱、文山以南的南部和东南部边缘，分割高原面约在海拔 1200~1400 米，盆地多在海拔 500~800 米，构成了云南高原地势的最低一级阶梯（可称为第三阶梯），它分别与缅甸北部的掸邦高原、泰国北部的清迈高原、老挝高原以及桂西山原等相连接，在高程上较为近似，地貌发育上也有密切联系。云南的大部分，即云南高原的主体，平均海拔为 2000 米左右，是云南地势之中的第二级阶梯，其范围很广，内部地势有一定的倾斜。

2. 层状地貌发达的多层性高原

层状地貌发达是云南地貌结构的显著特点。古夷平面的抬升和高原面的解体，形成了丘状高原面和分割高原面这两类地貌，而在这两类地貌中，层状地貌结构都较为发达，并对自然景观的特点、土地资源的构成和分布都往往有着重要的影响。层状地貌结构颇为复杂，各地差异甚多，按其成因和形态的不同，可以大致区分为四个层次，即高原面以上的高耸山体；丘状高原面和分割高原面；高原面以下的受到分割的剥蚀面，河谷的谷肩、盆地周围的剥蚀面；河谷和盆地，包括高原浅切河谷和高盆地及深切河谷和地盆地。

层状地貌的空间组合并不一致，可区分为两类组合：①高原面以上的高耸山体—高原面—剥蚀面—深切河谷和低盆地；②高原以上的高耸山体—高原面—剥蚀面—浅切河谷和高盆地。前者为高原的主要地貌组合，后者为丘状高原的主要地貌组合。这两类组合的分布往往有一些交错。

层状地貌结构明显地控制着土地资源的分布：山间盆地内地面平坦，冲积土层深厚，径流汇集，是高原内耕地、聚落和人口集中的处所，即为高原内的"坝区"；各级剥蚀面和阶台地，则是"山区"中的局部地势相对平缓，耕地、人口和聚落相对集中的地点，是发展山区林、果、畜业生产的基地。其他的山地，则大都为林、牧用地。

气候的垂直差异与土地资源的层状分布特点相结合，共同构成了在云南通常所说的"立体农业"的复杂内涵的自然基础。

3. 盆地众多，镶嵌于山地高原之中

云南境内没有较大的平原，但在广大的山地和高原中，镶嵌着大小不一、形态各异的山间盆地，在西南地区俗称为"坝子"。在一些河流的宽谷地带，同样具有四周高、中间低的特点，因而也可称为"坝子"。这些盆地的面积大小不一，大的盆地面积达数百平方千米，而小的盆地面积尚不足 1 平方千米。据 2012 年 1 月完成的云南省大于 1 平方千米坝子范围界线核定结果[4]，以县（市、区）为调查、核定和统计单位，云南省面积在 1 平方千米以上的坝子共计1599 个，坝子总面积为 24534.81 平方千米，占云南省土地总面积的 6.40%。其

中，面积大于 100 平方千米的坝子 52 个，占云南省坝子个数的 3.06%，其面积为 11644.92 平方千米，占坝区总面积的 47.46%；面积在 50~100 平方千米的坝子有 56 个，占云南省坝子个数的 3.30%，其面积为 3906.88 平方千米，占坝区总面积的 15.94%；面积在 10~50 平方千米的坝子有 266 个，占云南省坝子个数的 13.30%，其面积为 4901.66 平方千米，占坝区总面积的 19.98%；面积在 1~10 平方千米的坝子共 1365 个，占云南省坝子个数的 80.34%，其面积为 4078.35 平方千米，占云南省坝区总面积的 16.62%。按高程统计，海拔在 2500 米以上的坝子有 105 个，面积约 688.03 平方千米，占云南省坝区总面积的 2.80%。

山间盆地的分布有一定的规律。就云南省而言，以东部较多，西部和西南部较少；高原面解体程度不深的丘状高原为主的地区，山间盆地较多，并多有较大的盆地，而在高原面解体程度较深的分割高原（山原）为主的地区，盆地数目较少，面积也较小；在不同水系之间的分水岭两侧和河流的上游附近，山间盆地较多，而大江大河的干流两侧，很少有盆地分布；滇西边缘的德宏傣族景颇族自治州和滇西南边缘的西双版纳傣族自治州境内，山间盆地较为发达；盆地常循断裂带成群成带分布。从垂直向的层状分布而言，在云南的一些深切河谷底部，往往有坝子成串珠式分布，如元江谷地中的戛洒、漠沙、元江等坝子，怒江谷地中的上江、芒宽、罗明、潞江等坝子，怒江东侧支流枯柯河谷地中的柯街、湾甸、旧城等坝子，构成高原内的"低坝"层次，这些坝子的海拔较低，气温很高，常被称为"江边热坝"，其土地资源有突出的特点和优势，但这种坝子为数不多，面积也有限。高原内的坝子属于"高坝"层次，云南的大多数坝子都属于这一层次。因海拔较高，许多坝子大都气候温和，依照其海拔和气温高低的差异，又有"中坝"和"高坝"之分。

山间盆地内部地势大都平坦，近期松散沉积层覆盖较深厚，其质地也大都适中，适于耕作，水、热条件一般都较好，且大都是四周山地径流汇集的场所，水资源较为丰富，因而是高原内水土资源条件较好、农业自然条件优越的地方，而且多已成为经济、文化、政治的中心。

（二）地形坡度分级状况

以山地为主、地形坡度大是云南地貌的基本特点，"山高坡陡石头多，出门就爬坡"正是云南省这一基本地形特征的形象写照。为了揭示云南省土地的地形坡度状况，云南省农业区划办公室于 1987 年运用 1∶50000 地形图组织量算了云南省各县（市、区）5 个坡度级（即 ≤8°、8°~15°、15°~25°、25°~35°、>35°）的土地面积[6]。结果（见表 3-2）表明，云南省约 77%（3/4 以上）土地的坡度达 15°以上，近 40%（约 2/5）的土地为坡度>25°的陡坡地。可见云南地形之陡峻。

表 3-2　云南省不同坡度级的土地面积比例　　　　单位:%

合计	≤8°	8°~15°	15°~25°	25°~35°	>35°	水面等
100.00	8.87	13.71	37.41	28.74	10.53	0.73

资料来源:云南省农业区划委员会办公室编.云南省不同气候带和坡度的土地面积［M］.昆明:云南科技出版社,1987.

从各县(市、区)来看,>25°陡坡土地比例的县域差异很大:云南省以滇西北的贡山县最大,其>25°陡坡土地比例达91.18%;而以盘龙区、马龙县、陆良县、麒麟区和沾益县最低,其>25°陡坡土地比例在2%以下。

根据各县(市、区)>25°陡坡土地比例大小,可将云南省129个县(市、区)>25°陡坡土地比例分为5个级别。分级结果表明,云南省>25°陡坡土地比例≥70.00%(Ⅰ级)的有5个县(市、区),占云南省总县数(129个)的3.88%;>25°陡坡土地比例在50.00%~70.00%(Ⅱ级)的有22个县(区),占云南省总县数的17.05%;>25°陡坡土地比例在30.00%~50.00%(Ⅲ级)的有46个县(市、区),占云南省总县数的35.66%;>25°陡坡土地比例在10.00%~30.00%(Ⅳ级)的有41个县(市、区),占云南省总县数的31.78%;而>25°陡坡土地比例在10.00%以下(Ⅴ级)的仅有15个县(市、区),占云南省总县数的11.63%。可见,云南56%以上的县(市、区)>25°陡坡土地比例达30%以上,而1/5以上的县(市、区)>25°陡坡土地比例达50%以上。

二、气候与水文

(一)气候

在低纬度、高海拔地理条件综合影响下,受季风气候制约,云南形成了光能丰富、四季温差小、干湿季分明、垂直变异显著的低纬山原季风气候特征。

1. 光能丰富、四季温差小的低纬气候

云南地处低纬高原,高度多在海拔1500~2000米以上,空气质量比低海拔地区少得多。干季晴朗少云,空气十分干燥,大气透明度好,日照时数多;加之雨季多过程性降水,夜雨多,长时间连绵阴雨天气一般较少,因而云南省大部分地区太阳辐射量较大。云南省年太阳总辐射量在3620兆~6682兆焦耳/平方米。其中金沙江河谷地带,楚雄、临沧一线以西地区(怒江州除外)均在5860兆焦耳/平方米以上,仅次于西藏、内蒙古、青海等地,是全国太阳辐射量最多的地区之一。滇中及滇南广大地区在 5020 兆~5440 兆焦耳/平方米，比长江流域、华南等地多 420 兆~840 兆焦耳/平方米，是太阳总辐射量较多的地区之一。滇东北绥江、盐津等地为 3600 兆~3800 兆焦耳/平方米，与四川盆地、贵州等地相当，为全国太阳总辐射量最少的地区之一。怒江州北部为 4200 兆焦耳/平方米左右，亦为全国较少的地区[7]。

云南受冬夏不同的大气环流及低纬高原等因素的影响，形成了年温差小、四季不明显的低纬度气候。一方面，云南省除河谷地带和南部少数地区外，大部分地区夏无酷暑，最热月平均气温一般在 20~28℃ 以下，35℃ 以上高温日数一般不出现或出现甚少。极端最高气温云南大多数地区也比我国东部各省低 5~10℃。另一方面，省内除少数高寒山区外，多数地区冬无严寒，最冷月平均气温多在 8~10℃ 以上，比东部各省高 5~10℃ 以上，极端最低气温也比我国东部气温高。终年温暖，作物可终年生长，到处郁郁葱葱，生机盎然，充分显示出云南低纬高原的气候特色，形成了以滇中地区为代表的闻名中外的冬无严寒、夏无酷暑、"四季如春"的气候。这样的气候对旅游、居住、生活、工作是十分适宜的。

2. 干湿季分明的季风气候

由于云南省南近海洋，北倚青藏高原，冬、夏半年控制云南省的气团性质截然不同，形成了冬干夏雨、干湿分明的季风气候。云南干季（11 月至翌年 4 月）受热带大陆气团控制，除怒江州北部外，省内大多数地区降水稀少。整个干季雨量仅占全年雨量的 5%~15%，这与我国东部地区形成鲜明的对照。如昆明干季雨量仅 116.2 毫米，占全年雨量（1004.8 毫米）的 12%，其中 3~4 月两个月合计仅 39.1 毫米，占全年雨量的 3.9%。而东部地区的桂林 11 月至翌年 4 月合计雨量为 671.2 毫米，占全年雨量的 35.3%，3~4 月两个月合计为 410.2 毫米，占全年雨量的 21.6%。

云南省雨季（5~10 月）受热带海洋气团控制，在西南、东南两支暖湿气流影响下，雨量集中，雨季降水量占全年的 85%~95%，其中，以 6~8 月 3 个月最多，一般占全年的 55%~65%。雨季中降水日数也多，一般占全年雨日数的 80%~90%。如昆明雨季降水合计为 888.6 毫米，占全年总雨量的 88%。6~8 月 3 个月合计为 590.8 毫米，占全年雨量的 59%。

云南省降水空间分布总的特点是从南到北逐渐减少，这主要是因为云南省南濒海洋，地势从南到北逐渐升高，而云南降水的水汽来源于西南部印度洋和东南部太平洋的暖湿气流。从南至北，随着地势的升高，暖湿气流在北移过程中不断成云致雨，及至到达云南省北部时，水汽含量已大为减少，降水量也随之减少。如云南省南部的江城气象站降水量为 2252.6 毫米，中部的景东气象站年降水量为 1104.3 毫米，北部的德钦气象站年降水量仅为 627.0 毫米。

降水量的地区分布还与地形和坡向等有密切关系。一般暖湿气流的迎风坡雨量多，背风坡雨量少。山地雨量多，坝区雨量少，河谷区雨量最少。腾冲气象站地处高黎贡山西侧，年降水量达 1479.2 毫米，而海拔高度与之相近的保山气象站，因地处高黎贡山东侧，年降水量只有 965.9 毫米。景洪在河谷附近，年降水量为 1189.3 毫米，距其不远的勐海气象站地处坝区，年降水量为 1363.0 毫米，南糯山年降水量为 1559.2 毫米，而在南宫山顶年降水量可达 1900 毫米。

　　3. 垂直变异显著的山原气候

　　由于云南地形地貌复杂，海拔高低悬殊，因此气候垂直差异十分显著。

　　我国从西沙群岛到东北，共划分为 9 个气候带和 1 个高原气候区。云南除南热带和中热带外，其余各个气候带和高原气候区都有分布。也就是说，云南有从海南岛到东北的各种气候带类型。不仅如此，而且在很小范围的地区内，随海拔高度的变化，也有几个气候带的差异。这样丰富多样的气候类型，使云南生物种类繁多，种质资源非常丰富。

　　"一山分四季，十里不同天"在云南是常见的现象。由于海拔高度和坡向坡度的不同，气温和降水随海拔高度的分布差异很大。山麓或河谷地带气候炎热，雨量较少；山腰气候温和，降水增多；山顶气候寒冷，当山地达到很高的海拔时，雨量又呈现减少。从山麓到山顶往往出现几种不同的气候类型，有不同的植被和自然景观。如东川区的新村、汤丹、落雪三地，直线距离仅 20 余千米，但气候差别很大。新村海拔 1254 米，年平均气温 20.1℃，年降水量 703.7 毫米，属南亚热带气候，"草经冬不枯，花非春亦放"，水稻可一年两熟。汤丹海拔 2252.4 米，年平均气温 13.1℃，年降水量 844.4 毫米，属南温带气候，"人间四月芳菲尽，山寺桃花始盛开"，水稻已不能种植。而落雪海拔 3227.7 米，年平均气温仅 7.0℃，年降水量 1138.8 毫米，属北温带气候，"六月暑天犹着棉，终年多半是寒天"，一般农作物很难种植。

　　暖湿气流的迎风坡和背风坡，降水量和气温也有较大的差异。如龙陵海拔 1527.1 米，年降水量 2110.4 毫米，年平均气温 14.9℃；而与龙陵相距不远、海拔高度与之相近的施甸，年降水量为 958.2 毫米，年平均气温 17.1℃，表明两地差别很大。滇东南、滇西南的迎风坡雨量特别多，如西盟年降水量 2780.9 毫米，罗平年降水量 1751.6 毫米。而滇中一带以及金沙江河谷地区，由于南、东、西三面皆有山脉阻挡，雨量少，如富民年降水量为 853.1 毫米，宾川年降水量仅为 565.7 毫米。

　　因此，云南省不同地区、不同的山系，其气温和降水等气象要素随海拔高度的变化情况大不相同。

　　4. 气候带与海拔（热量）层的划分

　　《中国气候区划》主要以日平均气温≥10℃积温、最冷月平均气温、极端最低气温作为划分水平气候带的指标，将我国从南到北划分为九个气候带，即南热带、中热带、北热带、南亚热带、中亚热带、北亚热带、南温带（又称暖温带）、中温带、北温带（又称寒温带）。参照这些指标，结合云南特点，大致从南至北、从低海拔到高海拔可划分出北热带、南亚热带、中亚热带、北亚热带、南温带（暖温带）、中温带、北温带（寒温带）七个气候带，如表3-3所示。

表3-3　云南各气候带分布范围、海拔高度及土地面积

气候带	分布范围	海拔高度（米）		土地面积	
		东部	西部	平方千米	占云南省百分比（%）
北热带	澜沧江、元江、怒江下游河谷地带及元谋、孟定等地	≤400	≤700	4708.46	1.23
南亚热带	东部在北纬23°以南，西部在北纬24.5°以南，北部在金沙江河谷地带	400~1100	700~1400	73947.29	19.29
中亚热带	大致在北纬24~25°及昭通市北部	1100~1500	1400~1700	63997.09	16.69
北亚热带	大致在北纬26~27°	1500~1900	1700~2000	79782.95	20.81
南温带（暖温带）	主要分布在北纬25°以北，海拔较高的山区及坝区	1900~2100	2000~2400	62724.79	16.36
中温带（或简称温带）	主要分布在北纬26°以北的中高山区	2100~2800	2400~3000	62820.75	16.39
北温带（寒温带）	滇东北、滇西北高寒山区	>2800	>3000	32607.93	8.51

注：表中的7个气候带土地面积再加上单独量算的"主要水面等"2800.96平方千米，合计全省土地总面积为383390.22平方千米，这与云南省第二次全国土地调查全省土地总面积（38318634.56公顷，即383186.35平方千米）有出入，使用本表数据时仅供参考。

资料来源：云南省农业区划委员会办公室编．云南省不同气候带和坡度的土地面积［M］．昆明：云南科技出版社，1987.

由表3-3可知，在七个气候带中，为了更好地指导农业生产实践和土地利用布局，在云南的农业区划和土地利用布局研究中，一般将这七个气候带进一步归并为三个海拔层，即低热层、中暖层和高寒层。其中，低热层包括北热带和南亚热带两个气候带，中暖层包括中亚热带、北亚热带和南温带（暖温带）三个气候带，高寒层包括中温带和北温带（寒温带）两个气候带。于是，形成了"七带三层"的气候带（海拔层）分类体系。按照表3-3归并和统计，云南省低热层土地面积占20.52%，中暖层土地面积占53.86%，高寒层土地面积占

24.9%，也就是说，低热层、中暖层和高寒层土地面积比重约为 21：54：25。可见，全省 1/2 以上的土地位于中暖层，气候条件较好；约 1/5 的土地位于热区，热量条件优越，适于发展热作；约 1/4 的土地位于高寒层，气候条件较差，适于发展冷凉作物和林牧业。

云南省内各县（市、区）低热层、中暖层和高寒层土地面积比重差异较大。

低热层土地面积比重以滇南的景洪市和勐腊县最高，分别达 92.96% 和 92.63%；其次为瑞丽市、河口县和江城县，其低热层土地面积比重分别为 87.93%、81.47% 和 81.01%；再次为思茅区、孟连县、富宁县、盐津县、潞西市、勐海县、西盟县、水富县、景谷县、绿春县、陇川县、墨江县、绥江县、金平县和耿马县，这 15 个县（市）低热层土地面积比重在 51%~71%；梁河县、镇康县、元阳县、宁洱县、澜沧县、沧源县、盈江县、永德县、麻栗坡县、双江县、元江县和镇沅县的低热层土地面积比重在 30%~50%；其余县（市、区）低热层土地面积比重均在 30% 以下，其中，有 22 个县（市、区）低热层土地面积比重在 10%~30%，30 个县（市、区）低热层土地面积比重在 1%~10%，而有 45 个县（市、区）低热层土地面积比重在 0~1%。

云南省中暖层土地面积比重以滇南的砚山县和弥勒县最高，分别达 98.98% 和 97.06%；其次为文山市、蒙自市、镇雄县、丘北县、建水县、峨山县、西畴县和石林县，这 8 个县（市）中暖层土地面积比重达 91%~95%；而以滇西北的香格里拉县和德钦县最低，其中暖层土地面积比重分别仅为 5.70% 和 5.67%。对县域中暖层土地面积比重进行分级结果表明，全省有 10 个县（市）的中暖层土地面积比重大于 90%，有 39 个县（市、区）中暖层土地面积比重在 70%~90%；有 33 个县（市、区）中暖层土地面积比重在 50%~70%；有 31 个县（市、区）中暖层土地面积比重在 30%~50%；有 12 个县（市、区）中暖层土地面积比重在 10%~30%；而中暖层土地面积比重低于 10% 的只有 4 个县。

高寒层土地面积比重以滇西北的香格里拉县和德钦县最高，分别达 93.55% 和 93.08%；其次为宁蒗县、剑川县和维西县，其高寒层土地面积比重分别为 87.16%、82.32% 和 80.66%；贡山县、古城区、玉龙县和兰坪县高寒层土地面积比重亦很高，在 78%~80%；再次为会泽县、禄劝县、寻甸县、福贡县、姚安县、武定县、巧家县、洱源县、鲁甸县、云龙县和东川区，这 11 个县（区）高寒层土地面积比重在 50%~70%；大姚县、嵩明县、五华区、昭阳区、西山区、泸水县、晋宁县、南华县、宣威市、永善县、麒麟区、沾益县、官渡区、富民县、富源县、永胜县、大理市和鹤庆县的高寒层土地面积比重在 30%~50%；其余县（市、区）高寒层土地面积比重均在 30% 以下，其中，有 29 个县

（市、区）高寒层土地面积比重在 10%～30%，35 个县（市、区）高寒层土地面积比重在 1%～10%，而有 27 个县（市、区）高寒层土地面积比重在 0～1%。

（二）水文

云南省境内河流众多，共计有大小河流 600 余条，其中流域面积达 1000 平方千米以上的河流有 84 条。全省河流分属长江、珠江、元江—红河、澜沧江—湄公河、怒江—萨尔温江、伊洛瓦底江六大水系，均属注入海洋的外流水系。

在全国地势西高东低的三级阶梯中，云南主要处于第二级阶梯。在水系的分布上，云南既承接了一些发源于青藏高原（第一级阶梯）的大河，又是另一些大河流的源地：长江、湄公河、萨尔温江、伊洛瓦底江等都源于青藏高原，其上游都流经云南，即为金沙江、澜沧江、怒江、独龙江等；发源于云南的元江和南盘江又分别为红河和珠江的上源。所有这些大河，大致循着云南西北高、东南低的总倾斜地势，向西南、南、东辐散展开，穿过云南高原大地，其汇水面积也逐渐扩张，接纳云南的大量径流，支流也逐渐发达，干流的流量有成倍的增长。在流出云南省境之后，在其中、下游又汇集更多的水量，发展成为源远流长、流量巨大的亚洲乃至世界著名的巨川。

云南的河流大都为水流湍急的山地河流，比降大，落差大，蕴藏着十分丰富的水力资源。据估算，云南省河道水力资源的理论蕴藏量达 10364 万千瓦，占全国的 15.3%，居全国第三位。而且落差较集中，流量较稳定，开发条件也大都较好。

由于地貌的层状结构显著，云南的各大河流的干流通常处于下切很深的峡谷底部，为层状地貌结构的最低层次，而其支流的河谷，则往往位于较高的地貌层次，支流的纵断面常呈阶梯状形态，这使落差在局部河段相对集中，有利于水能的开发。不过，省内的耕地和居民点也较多分布于二级、三级支流两侧，干流的丰富水量用于灌溉和供应其他生产和生活需要的难度较大。

在滇东和滇东南的喀斯特地貌发达的地区，地表河流不甚发达，河网密度较小，多伏流及泉流，形成特殊的水文网特征。

发达的高原湖泊群，是云南水文地理中引人瞩目的特点，在云南的水域中占有突出的地位。云南有大小湖泊 40 多个，湖泊总面积约 1100 平方千米，占云南省总面积的 0.29%，集水面积约 9000 平方千米，占全省总面积的 2.34%，湖泊总贮水量约 290 亿立方米。这些高原湖泊之中，以滇池面积最大（约 300 平方千米），以抚仙湖最深（深 155 米）和水量最多（185 亿立方米）。

云南的高原湖泊主要分布在滇东高原中部，处于金沙江、澜沧江、元江、南盘江分水岭的两侧，可分为4个湖群：滇中湖群为省内规模最大的断陷湖群，包括清水海、滇池、阳宗海、抚仙湖、星云湖等；滇西湖群为滇东高原西侧、横断山地东侧的断陷湖，有泸沽湖、拉市海、剑湖、此碧湖、程海、洱海等；滇东湖群包括滇东喀斯特高原上分布的雨不宜海（月湖）、长湖、无浪海、迤谷海子等；滇南湖群包括大屯海、长桥海、三角海等。

云南的高原湖泊，其绮丽的湖光山色，宛如一颗颗明珠点缀着红土高原大地。湖滨平原大都人烟稠密、土地肥沃、文化荟萃、经济发达，是省内精华之地。

云南的河川径流均属于雨水补给类型，其他补给来源的影响微小，因此，径流量的季节变化和多年变化深受降水量的季节变化和多年变化的影响，其变化趋势较为一致。但径流的变化较降水量的变化略为滞后。以每年5~10月的雨季为河流的汛期，11月至翌年4月的干季为河流的枯水期。云南省的大部分地区，汛期径流量占年径流量的70%~75%，枯水期径流占25%~30%。逐月径流量分配过程比较单纯，为一年一个起伏，最大月径流常出现在每年8月，占年径流的20%以上，最小月径流出现在每年4月，仅占年径流量的1%。只有滇西北的怒江州北部一年中常有两个汛期，3~4月是小汛（春汛）期，8~9月为主汛（夏汛）期，这与当地春季多雨，形成"小雨季"有密切关系。省内各地每年雨季开始和结束的时间有早有迟，丰水期开始和结束的时间都因之有早有迟，而各年之间又有差异。

云南省年均2210.1亿立方米的河川径流量，即云南省的地表径流年总量，亦即年总产水量，平均每平方千米的年产水量为57.7立方米。此外，从相邻省区还有丰富的水量流入云南省，其平均年总量达1624.9亿立方米，还有从国外流入云南省的水量平均为24.6亿立方米。总计入境水量平均每年达1649.5亿立方米，相当于云南省年产水量的74.63%。丰富的入境水量使云南省可供利用的水资源大为增加，而且入境总水量中有36%是从西藏高原入境的，所形成的巨大落差，对云南省发展水电事业十分有利，但能利用于农田灌溉的较少。

出境水量指从云南省流出国外和省外的河川径流量，它为入境水量和云南省产水量的总和，但扣除了省内工农业生产、生活等国民经济各部门的年耗水量。据统计，云南省年平均出境水量为3034.6亿立方米，其中由红河、澜沧江、怒江、伊洛瓦底江4条国际河流的出境水量为2204.2亿立方米，由长江、珠江两水系到邻省的出境水量为1630.4亿立方米。

此外，云南省还有地下水资源771.5亿立方米，其中喀斯特山区地下水资源量占42.5%。云南省地下水平均产水模数为20.1万立方米/平方千米。

三、土壤与植被

（一）土壤

云南自然环境和成土条件都十分复杂，自然土壤类型很多。总的来说，云南以湿润热带亚热带山地为主的成土环境，土壤以富铝土、淋溶土和半淋溶土占主要地位；中生代红色岩系和石灰岩分布面积都很大，因而初育土中的岩成土占有重要地位；高山土壤则以多高山和极高山的滇西北横断山地较为发达。云南的人为土壤主要是水稻土，其总面积不大，但在土地资源中的地位很重要。

据云南省第二次土壤普查[8]，云南省土壤类型共有7个土纲、13个亚纲、18个土类、34个亚类、145个土属、288个土种。土类数约占全国土类数的1/3。各土纲、土类所占土地面积大小不同（见表3-4），首先硅铝土纲各土类面积最大，占云南省土壤面积的55.31%；其次为淋溶土纲，占云南省土壤面积的19.27%；再次为初育土纲，其以紫色土为主，占云南省土壤面积的18.18%；最后为土纲，土壤主要是水稻土，占云南省土壤面积的3.87%。高山土纲土壤和半淋溶土纲土壤也占有一定的比例。

表3-4　云南省土壤类型及其面积简表

土纲	土类	面积（万公顷）	占云南省土壤面积的百分比（%）
硅铝土纲	砖红壤	66.95	1.90
	赤红壤	515.30	14.63
	红壤	1136.96	32.27
	黄壤	229.49	6.51
	小计	1948.70	55.31
淋溶土纲	黄棕壤	296.10	8.40
	棕壤	253.63	7.20
	暗棕壤	65.51	1.86
	棕色针叶林土	63.78	1.81
	小计	679.02	19.27
半淋溶土纲	燥红土	38.85	1.10
	褐土	11.41	0.32
	小计	50.26	1.42

续表

土纲	土类	面积（万公顷）	占云南省土壤面积的百分比（%）
初育土纲	新积土	34.37	0.98
	石灰（岩）土	108.69	3.09
	火山灰土	0.99	0.03
	紫色土	495.98	14.08
	小计	640.03	18.18
水成土纲	沼泽土	0.83	0.02
人为土纲	水稻土	136.51	3.87
高山土纲	亚高山草甸土	55.48	1.57
	高山寒漠土	12.03	0.34
	小计	67.51	1.91
云南省土壤总面积		3522.87	100.00

注：表中各分项之和与合计数有微小出入，是由于各分项都取一位小数或两位小数，因此，由四舍五入所致。

资料来源：王文富. 云南土壤 [M]. 昆明：云南科技出版社，1995.

（二）植被

云南植被类型繁多，从热带雨林到高山冻原，从干旱稀树灌丛到潮湿的苔藓林以至湖沼水生植被都有分布。这种状况是由云南的自然地理环境和植物区系特点所决定的。复杂多样的自然地理环境为繁多的植被类型提供了多样的适宜生境，而植物种类的特别丰富性构成了多姿多彩的各种类型的植被，又生动地显示了云南自然环境和土地资源的多样性及其空间分布和组合的复杂状况。森林和林地，草场和各种放牧用地，在云南土地资源中占有十分重要的地位。

云南植物种类丰富，在全国首屈一指，举世瞩目，历来有着"植物王国"之美誉。据初步统计，云南省苔类以上的植物共有 426 科、2597 属、13282 种，是国内其他一向以植物种类繁多著称的省区（如台湾、西藏、四川等）所远远不及的。云南的许多植物种类是与附近各省区相同的，但还有许多种类则仅见于云南境内。在云南丰富的植物种类中，古老的热带植物种类复杂，地区特有的属和种繁多，区系地理成分特别复杂。总的来说，云南北半部的植物区系以中国—喜马拉雅成分为主，并富含特有种；云南南半部则以热带亚洲成分为主，特别是印、缅、泰成分为主；滇东南则多与越南北部共有成分。

经过长期调查研究的结果，将云南植被划分为 12 个植被型，植被型之下进一步划分为 34 个亚型以及若干群系组，最后划分出 169 个群系和 209 个群丛[9]。12 个植被型分别是雨林、季雨林、常绿阔叶林、硬叶常绿阔叶林、落叶常绿阔叶林、暖性针叶林、温性针叶林、竹林、稀树灌木草丛、灌丛、草甸、湖沼水生植被。

第三节 社会经济概况

一、人口与民族

（一）人口

《2021 云南统计年鉴》显示[2]，2020 年末云南省总人口为 4722.0 万人，是 1949 年末总人口（1595.0 万人）的 3.0 倍。云南省总人口在全国总人口中的比重也从 1949 年的 2.94% 上升到 2020 年的 3.34%，人口增长的速度稍高于同期的全国平均值。2020 年末云南省平均人口密度 119.8 人/平方千米。

在 2020 年末总人口中，按性别分，男 2442.6 万人，占比为 51.73%；女 2279.4 万人，占比为 48.27%。按城乡分，城镇人口 2363.4 万人，占比为 50.05%；乡村人口 2358.6 万人，占比为 49.95%。各州（市）的总人口及构成情况如表 3-5 所示。

受自然地理和社会历史条件的影响，人口分布很不均匀。就云南省而言，东密西疏的态势较为明显。大致哀牢山为界，哀牢山以东（即滇东高原）为东部，在不打破州（市）级行政区划的前提下，东部包括昆明、昭通、曲靖、楚雄、玉溪、红河、文山 7 个州（市）共 74 个县（市、区），西部则包括大理、丽江、怒江、迪庆、保山、临沧、普洱、德宏、西双版纳 9 个州（市）65 个县（市、区）。东部占云南省面积的 46.80%，拥有云南省 67.70%（即 3197.00 万人）的人口，西部占云南省面积的 53.20%，人口则只占云南省的 32.30%（即 1525.00 万人）。从局部的分布状况而言，每一个县（市）范围内，人口相对集中分布于面积很有限的平坝地区，形成很高的人口密度；而广大的山区和半山区，人口总量虽然不少，但因土地面积很广，人口密度较低。就各州（市）而言，云南省人口密度最高的是昆明市，平均人口密度为 392.1 人/平方千米；其次是昭通市和曲靖市，其人口密度分别为 221.2 人/平方千米和 193.1 人/平方千米；人口密度最低的是怒江州和迪庆州，分别为 37.7 人/平方千米和 16.3 人/平方千米（见表 3-5）。土地资源的结构和分布，特别是耕地资源的分布状况，对于人口的空间分布特点的形成，无疑有十分重要的影响。

表 3-5　云南省各地区户数、人口数及构成（2020 年末）

州（市）	总户数（万户）	总人口数（万人）	按性别分（万人）		按城乡分（万人）		人口密度（人/平方千米）
			男	女	城镇人口	乡村人口	
合计	**1644.5**	**4722.0**	**2442.5**	**2279.2**	**2363.4**	**2358.6**	**119.8**
昆明市	351.5	846.3	432.9	413.4	674.3	172.0	392.1
曲靖市	207.1	576.6	298.9	277.7	282.7	293.9	193.1
玉溪市	78.8	225.0	115.5	109.4	121.1	103.9	147.2
保山市	73.8	243.1	124.8	118.3	85.3	157.8	123.8
昭通市	165.5	509.3	267.2	242.1	201.3	308.0	221.2
丽江市	42.2	125.5	64.7	60.8	59.8	65.7	59.1
普洱市	82.7	240.5	126.5	114.0	97.5	143.0	53.0
临沧市	71.0	225.8	118.1	107.7	79.2	146.6	92.2
楚雄州	88.1	241.7	123.5	118.2	108.3	133.4	55.8
红河州	149.0	447.8	232.0	215.8	213.6	234.2	136.0
文山州	104.4	350.3	182.5	167.8	130.3	220.0	108.7
西双版纳州	44.9	130.4	68.6	61.8	61.4	69.0	66.2
大理州	110.9	333.8	169.3	164.4	143.1	190.7	113.3
德宏州	44.1	131.8	68.7	63.1	64.5	67.3	114.3
怒江州	17.8	55.3	29.0	26.3	29.0	26.3	37.7
迪庆州	12.7	38.8	20.3	18.4	12.1	26.7	16.3

　　注：表中各分项之和与合计数有微小出入，是由于各分项都取一位小数或两位小数，因此，由四舍五入所致。

　　资料来源：云南省统计局.2021 云南统计年鉴［M］.北京：中国统计出版社，2022.

（二）民族

　　云南境内少数民族众多，全国 55 个少数民族中，云南共有 51 个，有一定聚居区域的少数民族共有 25 个。其中，白、哈尼、傣、傈僳、佤、纳西、景颇、拉祜、布朗、阿昌、普米、怒、德昂、独龙、基诺 15 个少数民族为云南省所特有（白族占全国白族人口总数的 76.70%，其他 14 个民族 90% 以上居住在云南），因此，云南是我国特有民族最多的省份。

云南少数民族人口较多，2020 年末共有 1563.96 万人，是全国少数民族人口超过 1500 万人的 2 个省区（广西、云南）之一[10]。云南各少数民族中，以彝族的人口最多，达 507.22 万人；人口在 100 万人以上的还有白族、哈尼族、壮族、傣族、苗族；人口在 50 万～100 万人的有傈僳族、回族；人口数量最少的是水族、独龙族，都不足 1.0 万人。1949 年以来，各少数民族人口都有很大的增加，其增长速率略高于汉族，因而少数民族人口在全省总人口中的比重由1953 年的 32.90% 上升到 2020 年的 33.12%。

云南省少数民族分布遍及全省各县、市（区），但大体上则以边疆地区和山区为多。一些少数民族既有一定的聚居区，又有一部分杂居于其他民族聚居区中；有的民族则无明显的聚居区，而杂散居住于城镇；有一些民族主要聚居于边疆和内地的河谷和平坝，另有一些民族主要聚居于半山区，有些民族则主要在山区聚居，云南省没有一个单一民族的县（市、区）。

二、国内生产总值（GDP）与产业结构

1978 年以来，云南经济进入了持续、快速、健康发展的时期，经济实力大为增强，经济结构明显改善；农村经济全面发展，乡镇企业异军突起；工业生产持续发展，基础设施大为改善；支柱产业形成，新兴产业崛起，城乡市场繁荣，对外贸易扩大，人民生活大为改善，财政收入增长较快。2020 年云南省国内生产总值为 24521.90 亿元，比 1978 年的 69.05 亿元净增 355.13 倍。其中，第一产业产值比 1978 年净增 212.16 倍，第二产业产值比 1978 年净增 299.49 倍，第三产业产值比 1978 年净增 1051.08 倍，人均生产总值比 1978 年净增 228.98 倍。

按三次产业划分，在 2020 年国内生产总值中，第一产业产值 3598.91 亿元，占比为 14.68%；第二产业产值 8287.54 亿元，占比为 33.80%；第三产业产值 12635.45 亿元，占比为 51.53%。也就是说，目前云南省的产业结构为第一产业：第二产业：第三产业 = 15：34：51。

各产业产值的历年增幅较大，尤其是第二、第三产业的增幅极其显著（见表 3-6）。1952～2020 年，国内生产总值平均每年净增 30.61 倍，其中第一产业平均每年净增 7.28 倍，第二产业平均每年净增 66.96 倍，第三产业平均每年净增 69.08 倍。尽管同期总人口数也呈快速增长趋势，但由于国内生产总值的增幅显著大于总人口量的增幅，因此，人均生产总值亦呈显著的增长态势：人均国内生产总值从 1952 年的 70 元增至 2020 年的 51975 元，平均每年净增 10.92 倍。

表 3-6 云南省主要年份国内生产总值

年份	国内生产总值（亿元）	各产业产值（亿元）					人均生产总值（元）
		第一产业	第二产业	其中		第三产业	
				工业	建筑业		
1952	11.78	7.27	1.82			2.69	70
1953	14.86	8.87	2.88			3.11	87
1954	17.03	9.92	3.57			3.54	97
1955	18.34	10.44	4.13			3.77	103
1956	21.33	11.60	5.11			4.62	117
1957	22.53	12.47	5.43			4.63	121
1958	23.21	9.57	7.99			5.65	122
1959	25.35	9.00	10.01			6.34	133
1960	25.43	8.83	10.50			6.10	134
1961	22.90	11.16	7.28			4.46	121
1962	24.50	13.64	6.55			4.31	127
1963	25.63	14.01	7.11			4.51	129
1964	29.25	16.18	8.19			4.88	142
1965	33.62	17.31	11.01			5.30	158
1966	36.39	18.37	12.18			5.84	166
1967	34.18	18.49	10.17			5.52	151
1968	26.51	17.36	4.74			4.41	114
1969	34.34	18.63	10.01			5.70	144
1970	38.52	18.87	13.38			6.27	156
1971	43.47	21.99	14.57			6.91	171
1972	49.50	24.84	16.89			7.77	188
1973	54.57	27.23	18.85			8.49	202
1974	51.78	24.29	18.98			8.51	186
1975	54.29	26.34	19.12			8.83	190
1976	49.27	25.70	14.96			8.61	169
1977	55.84	24.36	21.45			10.03	187
1978	69.05	29.46	27.58	20.91	6.67	12.01	226
1979	76.83	32.38	30.50	23.56	6.94	13.95	247
1980	84.27	35.89	33.98	25.86	8.12	14.40	267

年份	国内生产总值（亿元）	各产业产值（亿元）					人均生产总值（元）
		第一产业	第二产业	其中		第三产业	
				工业	建筑业		
1981	94.13	41.23	35.80	28.62	7.18	17.10	294
1982	110.12	47.04	42.39	34.21	8.18	20.69	339
1983	120.07	49.33	47.28	39.08	8.20	23.46	363
1984	139.58	57.33	54.38	44.14	10.24	27.87	416
1985	164.96	66.07	65.41	52.51	12.90	33.48	486
1986	182.28	71.32	70.83	61.09	9.74	40.13	528
1987	229.03	84.06	84.30	73.30	11.00	60.67	653
1988	301.09	103.47	112.40	99.19	13.21	85.22	845
1989	363.05	119.01	138.06	124.73	13.33	105.98	1003
1990	451.67	168.13	157.80	142.77	15.03	125.74	1224
1991	517.41	169.48	179.56	162.32	17.24	168.37	1377
1992	618.69	186.80	219.03	193.90	25.13	212.86	1625
1993	783.27	191.45	325.57	284.65	40.92	266.25	2030
1994	983.78	236.25	428.68	383.91	44.77	318.85	2515
1995	1222.15	302.69	534.78	480.95	53.83	384.68	3083
1996	1517.69	360.48	669.06	599.82	69.24	488.15	3779
1997	1676.17	387.02	743.82	657.05	86.77	545.33	4121
1998	1831.33	403.43	818.26	705.55	112.71	609.64	4446
1999	1899.82	406.87	811.90	686.09	125.81	681.05	4558
2000	2030.08	442.29	836.15	707.00	129.15	751.64	4814
2001	2159.00	444.42	871.39	734.52	136.87	843.19	5063
2002	2358.73	463.44	942.09	796.47	145.62	953.20	5472
2003	2633.39	494.60	1059.78	895.59	164.19	1079.01	6048
2004	3136.38	607.75	1267.79	1060.41	207.38	1260.84	7136
2005	3497.69	646.30	1387.30	1144.61	242.69	1464.09	7890
2006	4090.66	704.50	1674.19	1387.79	286.40	1711.97	9158
2007	5077.35	849.60	2057.40	1728.25	329.15	2170.35	11287
2008	6016.59	1001.92	2476.07	2092.58	383.49	2538.60	13286
2009	6574.36	1049.71	2605.38	2135.02	470.36	2919.27	14427

年份	国内生产总值（亿元）	各产业产值（亿元）					人均生产总值（元）
		第一产业	第二产业	其中		第三产业	
				工业	建筑业		
2010	7735.33	1090.31	3267.69	2674.99	594.94	3377.33	16866
2011	9523.13	1396.60	3811.40	3076.48	737.41	4315.13	20653
2012	11097.39	1640.43	4458.40	3557.36	903.66	4998.56	23992
2013	12825.46	1878.46	5000.52	3903.40	1100.00	5946.48	27665
2014	14041.65	2007.43	5376.49	4085.03	1294.64	6657.73	30217
2015	14960.00	2079.31	5491.69	4044.54	1450.49	7389.00	32117
2016	16369.00	2225.49	5747.37	4087.54	1663.38	8396.14	35051
2017	18486.00	2338.37	6317.82	4347.84	1973.69	9829.81	39458
2018	20880.63	2498.67	7267.50	4911.71	2360.03	11114.46	44446
2019	23223.75	3037.69	8060.35	5400.45	2664.64	12125.71	49323
2020	24521.90	3598.91	8287.54	5457.96	2834.06	12635.45	51975

注：国内生产总值（GDP）系按当年价格计算。

资料来源：云南省统计局.2021云南统计年鉴［M］.北京：中国统计出版社，2022.

由于各地的自然条件和社会经济发展状况不同，因而各州（市）国内生产总值及其构成情况有一定的差异（见表 3-7）。但总体上来看，目前各州（市）第二、第三产业产值在国内生产总值（GDP）中的比重均达 70% 以上，昆明市则达 95.4%。

从各州（市）人均 GDP 来看，以玉溪市和昆明市最高，其 2009 年人均 GDP 分别达 91290 元和 80586 元；其次为迪庆州、楚雄州、红河州、曲靖市、西双版纳州、大理州、德宏州、保山市、丽江市，其 2020 年人均 GDP 在 40000~69000 元；其余 5 个州（市）2020 年人均 GDP 均在 40000 元以下，尤以昭通市最低，为 25255 元，约为玉溪市的 1/4。

表 3-7　2020 年云南省各州市生产总值

州市	地区生产总值（亿元）	其中：				三次产业构成（%）			人均 GDP（元/人）
		第一产业	第二产业	其中：工业产值	第三产业	第一产业	第二产业	第三产业	
全省	24521.90	3598.91	8287.54	5457.96	12635.45	14.7	33.8	51.5	51975
昆明市	6733.79	312.35	2102.93	1324.98	4318.51	4.6	31.2	64.2	80586

州市	地区生产总值（亿元）	其中：				三次产业构成（%）			人均 GDP（元/人）
		第一产业	第二产业	其中：工业产值	第三产业	第一产业	第二产业	第三产业	
曲靖市	2959.35	553.53	1094.92	822.81	1310.90	18.7	37.0	44.3	51244
玉溪市	2058.14	207.26	864.29	736.91	986.59	10.1	42.0	47.9	91290
保山市	1052.58	243.30	392.61	216.91	416.67	23.1	37.3	39.6	43200
昭通市	1288.74	226.12	482.78	304.80	579.84	17.5	37.5	45.0	25255
丽江市	512.75	77.53	165.50	90.70	269.72	15.1	32.3	52.6	40841
普洱市	945.42	235.13	228.62	137.46	481.67	24.9	24.2	50.9	39172
临沧市	821.32	242.34	203.84	120.21	375.14	29.5	24.8	45.7	36213
楚雄州	1372.16	261.93	545.89	336.07	564.34	19.1	39.8	41.1	56433
红河州	2417.48	344.78	940.44	603.09	1132.26	14.3	38.9	46.8	53925
文山州	1185.12	241.28	396.78	229.44	547.06	20.4	33.5	46.1	33798
西双版纳州	604.18	138.26	151.56	71.87	314.36	22.9	25.1	52.0	46619
大理州	1484.04	338.96	405.94	274.28	739.14	22.8	27.4	49.8	44346
德宏州	575.54	120.41	121.52	67.68	333.61	20.9	21.1	58.0	43817
怒江州	210.73	30.63	74.01	38.23	106.09	14.5	35.1	50.4	38141
迪庆州	266.94	18.47	102.67	69.18	145.80	6.9	38.5	54.6	68711

资料来源：云南省统计局 . 2021 云南统计年鉴［M］. 北京：中国统计出版社，2022.

第四节　基础数据来源及其说明

一、三期遥感影像数据来源及解译说明

（一）三期遥感影像数据来源

本书使用的三期（2000 年、2010 年、2020 年）遥感影像数据系通过中国科学院资源环境科学与数据中心网站（https：//www.resdc.cn/）下载，空间分辨率为 30 米。

中国科学院在国家环境数据库基础上，以美国陆地卫星 Landsat 遥感影像为主要信息源，其中因时相较差而覆盖不到的地方以中巴资源卫星数据或环境小卫星数据做补充，建立了中国多时期土地利用/土地覆盖遥感影像数据库。在时相上，2000 年土地利用/土地覆盖数据主要以 1999~2000 年的 Landsat-TM/ETM 遥感影像为主要信息源，2010 土地利用/土地覆盖数据主要以 2009~2010 年的 Landsat-TM 遥感影像为主要信息源，2020 年土地利用/土地覆盖遥感影像信息的更新主要使用 Landsat-8 遥感影像数据。在季相上，按照云南实际情况选择冬季含云量少于 10% 的图像进行解译。

（二）解译方法及相关说明

在取得遥感影像数据后，先进行波段提取、假彩色合成、几何精纠、图像拼接、裁剪等预处理操作，进而叠加最新的 2021 年云南省分县行政区划图，得到分县遥感影像图，通过野外调查建立遥感影像解译标志，进而根据遥感影像解译标志及尽可能获得的数字高程模型图、植被图、土地利用图（包括 1996 年 10 月底完成汇总的第一次全国土地利用现状调查图件、2009 年 12 月底完成汇总的第二次全国土地调查图件和 2019 年底完成汇总的第三次全国国土调查图件）等辅助材料，在 GIS 软件环境下进行人工判读解译，建立起云南省三期土地利用/土地覆被矢量数据库。

（三）土地利用分类体系

参考徐新良、刘纪远等[11]的《中国多时期土地利用/土地覆被遥感监测数据集（CNLUCC）》和刘纪远研究团队等[12-17]建立的土地利用/土地覆被分类体系，结合云南实际和研究工作需要，这里将云南三期土地利用分类体系确定为 6 个一级地类、12 个二级地类（见表 3-8）。

表 3-8　云南三期土地利用分类简表

一级地类		二级地类		含义
编号	名称	编号	名称	
1	耕地			指种植农作物的土地，包括熟耕地、新开荒地、休闲地、轮歇地、草田轮作物地；以种植农作物为主的农果、农桑、农林用地；耕种三年以上的滩地和海涂
		11	水田	指有水源保证和灌溉设施，在一般年景能正常灌溉，用以种植水稻、莲藕等水生农作物的耕地，包括实行水稻和旱地作物轮种的耕地

一级地类		二级地类		含义
编号	名称	编号	名称	
1	耕地	12	旱地	指无灌溉水源及设施、靠天然降水生长作物的耕地；有水源和浇灌设施，在一般年景下能正常灌溉的旱作耕地；以种菜为主的耕地；正常轮作的休闲地和轮歇地
2	林地			指生长乔木、灌木、竹类以及沿海红树林地等林业用地
		21	有林地	指郁闭度大于30%的天然林和人工林。包括用材林、经济林、防护林等成片林地
		22	其他林地	包括灌木林（指郁闭度大于40%、高度在2米以下的矮林地和灌丛林地）、疏林地（指林木郁闭度为10%~30%的林地）、未成林造林地、迹地、苗圃及各类园地（果园、桑园、茶园、热作林园等）
3	草地			指以生长草本植物为主，覆盖度在5%以上的各类草地，包括以牧为主的灌丛草地和郁闭度在10%以下的疏林草地
		31	高覆盖度草地面积	指覆盖大于50%的天然草地、改良草地和割草地。此类草地一般水分条件较好，草被生长茂密
		32	中低覆盖度草地面积	指覆盖度在5%~50%的天然草地和改良草地，此类草地一般水分不足，草被较稀疏
4	水域			主要指天然陆地水域
		41	河流湖泊面积	包括河流（指天然形成或人工开挖的河流及主干常年水位以下的土地）和湖泊（指天然形成的积水区常年水位以下的土地）
		42	水库坑塘面积	指人工修建的蓄水区常年水位以下的土地
5	建设用地			指城乡居民点及其以外的独立工矿、交通、水利设施、特殊用地等用地
		51	城乡居民点及工矿用地	包括城镇用地、农村居民点及其意外的独立工矿用地
		52	其他建设用地	指城乡居民点之外的交通、水利设施、特殊用地等用地

续表

一级地类		二级地类		含义
编号	名称	编号	名称	
6	其他土地			包括裸地、沙地、盐碱地、沼泽地、田坎（地埂）、高寒荒漠以及其他土地
		61	裸地	包括裸土地（指地表土质覆盖，植被覆盖度在5%以下的土地）和裸岩石质地（指地表为岩石或石砾，其覆盖面积大于5%的土地）
		62	其他地类	包括沙地（指地表为沙覆盖，植被覆盖度在5%以下的土地，包括沙漠）、盐碱地（指地表盐碱聚集，植被稀少，只能生长强耐盐碱植物的土地）、沼泽地（指地势平坦低洼，排水不畅，长期潮湿，季节性积水或常年积水，表层生长湿生植物的土地）、田坎（地埂）、高寒荒漠等

（四）云南县界来源

用于量算云南省129个县（市、区）各期土地利用分类面积数据的云南县界，采用天地图（MAP WORLD）——云南省地理信息公共服务平台（Yunan Provincial Platform for common GeoSpatial Information Service）网站提供的云南省分县地图，审图号：云S（2021）50号，网址：https：//yunnan.tianditu.gov.cn/Map Resource。

（五）遥感解译云南三期土地利用数据说明

1. 土地总面积

迄今为止我国开展了三次全国性土地调查，总的土地调查控制面积基本一致，以2009年底完成汇总的第二次全国土地调查为例，云南省第二次全国土地调查土地总面积为38318634.56公顷，本次遥感影像解译云南省土地总面积为38424245.43公顷，两者相差率为0.28%。从云南省16个州市来看，遥感影像解译云南省土地总面积与第二次全国土地调查面积的相差率均未超过1%（见表3-9）。因此，本书使用三期遥感影像解译土地面积数据是可行的。

表 3-9　遥感影像解译云南省土地总面积与第二次全国土地调查面积的对比

行政区域	第二次全国土地调查土地总面积（公顷）	遥感影像解译土地总面积（公顷）	遥感影像解译数与第二次全国土地调查数的差值（公顷）	相差率（％）
云南省	38318634.56	38424245.43	+105610.87	+0.28
昆明市	2101253.75	2102532.46	+1278.71	+0.06
曲靖市	2893490.53	2890014.72	-3475.81	-0.12
玉溪市	1494211.98	1495823.63	+1611.65	+0.11
保山市	1906215.84	1921470.58	+15254.74	+0.80
昭通市	2243979.01	2243105.09	-873.92	-0.04
丽江市	2055438.23	2064488.96	+9050.73	+0.44
普洱市	4426573.60	4439699.24	+13125.64	+0.30
临沧市	2362014.60	2376321.72	+14307.12	+0.61
楚雄州	2843841.21	2848074.43	+4233.22	+0.15
红河州	3217090.11	3216662.03	-428.08	-0.01
文山州	3140712.62	3137585.32	-3127.30	-0.10
西双版纳州	1909604.62	1910015.41	+410.79	+0.02
大理州	2829947.27	2845396.62	+15449.35	+0.55
德宏州	1117223.57	1128230.00	+11006.43	+0.99
怒江州	1458451.08	1470014.15	+11563.07	+0.79
迪庆州	2318586.54	2334811.06	+16224.52	+0.70

注："+"表示遥感影像判读数比第二次全国土地调查数多，"-"表示遥感影像判读数比第二次全国土地调查数少。

2. 各个地类面积

总体上按照尊重遥感影像解译结果、不求与国家三次全国土地调查数据相符的原则，客观地量算各个地类面积。然而，应当看到的是，在遥感影像解译出的各个地类面积中，有的地类（如耕地），直接量算出的地类面积属于毛面积，在耕地地类图斑内还存在着零星地物（指田头地角零星小面积非耕地）、线性地物（指田坎地埂等）等细小的非耕地图斑，需要加以扣除（即扣除非耕地系数），才能得到真正意义上的，也是通常统计的耕地面积（即耕地净面积）。因此，本次得出的三期耕地面积按以下公式计算耕地净面积：

$$耕地净面积＝耕地毛面积×（1-非耕地系数）\qquad(3-1)$$

在式（3-1）中的非耕地系数通常又称田坎系数，这里采用我们搜集到的各地第一次全国土地调查和第二次全国土地调查平均田坎系数。例如，云南省1996年10月底汇总的第一次全国土地调查全省平均田坎系数为0.205731[1]，2009年10月底汇总的第二次全国土地调查全省平均田坎系数为0.202914[5]，两次全国土地调查的全省平均田坎系数为0.204323。由于各县耕地规模和田坎系数明显有别，用各县两次全国土地调查平均田坎系数乘以遥感影像解译2020年各县耕地毛面积，汇总得到2020年云南省耕地净面积为5395608.64公顷（8093.41万亩），这与2019年底汇总的第三次全国国土调查云南省耕地总面积539.55万公顷[18]（8093.25）非常接近；但其余几期遥感判读耕地净面积与全国土地调查云南省耕地面积[1]有明显出入，如表3-10所示。

表3-10　遥感影像解译云南省耕地面积与同期三次全国土地调查耕地面积的对比

调查类别	耕地面积		两者相差率（%）
	万公顷	万亩	
1.1　第一次全国土地调查2000年变更调查	633.97	9509.52	13.075
1.2　本次2000年遥感影像解译	551.08	8266.18	
2.1　第二次全国土地调查2010年变更调查	624.01	9360.11	12.507
2.2　本次2010年遥感影像解译	545.96	8189.41	
3.1　第三次全国国土调查（2019年末）	539.55	8093.25	0.002
3.2　本次2020年遥感影像解译	539.56	8093.41	

二、其他数据来源及其说明

（一）社会经济数据

各级社会经济数据主要来自《云南统计年鉴》《中国统计年鉴》等统计部门历年统计数据；部分来自政府职能部门相关公报和网站资料。

需要说明的是，GDP以及第一、第二、第三产业产值，地方财政收入，农民人均可支配收入等相关经济数据采用实际值，较好地剔除了价格变动的影响，与评价指标保持一致性，使结果更科学、可信。此外，相关经济评价指标采用了对数处理，既可以很好地度量经济指标值的大小，又可以消除量纲带来的影响，还可使数据更平稳。

（二）地理空间数据

地理空间数据来源于 30m×30m 云南省栅格 DEM 数据，获取自地理空间数据云平台，网址：http：//www.gscloud.cn。

（三）其他基础数据和资料

主要是通过查阅各级政府自然资源、农业农村、乡村振兴、生态环境、水利等相关行业部门的资料以及开展实地调查所得。

第五节　土地利用状况

一、土地利用现状

据本次遥感影像解译结果，云南省 2020 年耕地面积 539.56 公顷，占土地总面积的 14.04%；林地面积 2418.54 公顷，占土地总面积的 62.94%；草地面积 181.12 公顷，占土地总面积的 4.71%；水域面积 56.09 公顷，占土地总面积的 1.46%；建设用地面积 129.69 公顷，占土地总面积的 3.38%；其他土地面积 517.42 公顷，占土地总面积的 13.47%。

在耕地面积中，水田面积 131.39 万公顷，占 24.35%；旱地面积 408.17 万公顷，占 75.65%。在林地面积中，有林地面积 1884.59 万公顷，占 77.92%；其他林地面积 533.95 万公顷，占 22.08%。在草地面积中，高覆盖度草地面积 105.36 万公顷，占 58.17%；中低覆盖度草地面积 75.76 万公顷，占 41.83%。在水域面积中，河流湖泊面积 31.18 万公顷，占 55.58%；水库坑塘面积 24.91 万公顷，占 44.42%。在建设用地面积中，城乡居民点及工矿用地面积 109.17 万公顷，占 84.18%；其他林地面积 20.52 万公顷，占 15.82%。在其他土地面积中，裸地面积 80.62 万公顷，占 15.58%；其他地类面积 436.80 万公顷，占 84.42%。各州市 2020 年各个地类面积如表 3-11 所示。

表 3-11　遥感影像解译云南省 2020 年土地利用面积　　　单位：万公顷

行政区	土地总面积	耕地	林地	草地	水域	建设用地	其他土地
云南省	3842.42	539.56	2418.54	181.12	56.09	129.69	517.42

续表

行政区	土地总面积	耕地	林地	草地	水域	建设用地	其他土地
昆明市	210.25	34.05	105.70	13.48	7.02	19.69	30.32
曲靖市	289.00	58.52	128.09	14.61	4.27	15.85	67.66
玉溪市	149.58	22.52	94.31	6.40	5.30	6.67	14.38
保山市	192.15	29.18	118.65	7.26	2.60	7.92	26.54
昭通市	224.31	49.92	111.30	15.56	2.38	9.01	36.15
丽江市	206.45	20.04	147.44	13.95	3.51	4.20	17.31
普洱市	443.97	53.41	333.68	7.69	4.37	8.31	36.50
临沧市	237.63	45.22	138.81	7.54	2.94	6.23	36.89
楚雄州	284.81	42.36	187.33	16.41	3.99	9.01	25.71
红河州	321.67	40.47	186.78	17.37	4.12	12.37	60.55
文山州	313.76	53.77	178.88	11.28	2.95	8.93	57.95
西双版纳州	191.00	17.57	146.60	3.99	2.13	3.98	16.74
大理州	284.54	39.86	184.25	11.68	6.16	10.01	32.58
德宏州	112.82	21.14	75.08	2.05	1.80	4.60	8.15
怒江州	147.00	4.75	112.67	7.07	1.25	1.20	20.06
迪庆州	233.48	6.78	168.97	24.77	1.31	1.70	29.94

二、2000~2020年云南土地利用变化状况

据本次遥感影像解译结果，2000~2020年云南省土地利用呈现出"三增三减"的变化特征。所谓"三增"，是指林地、水域和建设用地有了明显的增加，而耕地、草地和其他土地则呈现明显的减少，如表3-12所示。

表3-12 遥感影像解译2000~2020年云南省土地利用面积

单位：万公顷

年份	土地总面积	耕地	林地	草地	水域	建设用地	其他土地
2000	3842.42	551.08	1998.19	481.25	49.34	66.72	695.85
2010	3842.42	545.96	2224.04	325.65	53.28	86.73	606.77
2020	3842.42	539.56	2418.54	181.12	56.09	129.69	517.42
增减面积	0.00	−11.52	420.35	−300.13	6.75	62.97	−178.43

年份	土地总面积	耕地	林地	草地	水域	建设用地	其他土地
增减率（%）	0.00	-2.09	21.04	-62.36	13.68	94.38	-25.64
年均增减率（%）	0.00	-0.10	1.05	-3.12	0.68	4.72	-1.28

（一）三增

由表3-12可知，林地由2000年的1998.19万公顷增至2020年的2418.54万公顷，净增420.35万公顷，净增长21.04%，年均增幅1.05%。从林地内部来看，表现为有林地明显增加、其他林地有所减少的特点。20年里云南省有林地净增470.14万公顷，而其他林地则净减少49.66万公顷。林地（尤其是有林地）的大幅增加，意味着地表绿色覆盖率明显增加，土地生态环境得到了明显改善。

水域由2000年的49.34万公顷增至2020年的56.09万公顷，净增6.75万公顷，净增长13.68%，年均增幅0.68%。水域的增加，主要表现为水库面积的增加，体现了近20年来省域水利水电建设的较快发展。

建设用地由2000年的66.72万公顷增至2020年的129.69万公顷，净增62.97万公顷，净增长94.38%，年均增幅达4.72%，是6个一级地类中年均增减幅度最大的地类。这是近20年来省域人口增长和城镇化、工业化等各项经济建设加快的结果。

（二）三减

耕地由2000年的551.08万公顷减至2020年的539.56万公顷，净减11.52万公顷，净减少2.09%，年均减幅0.10%。从耕地内部来看，表现为水田和旱地均明显减少、水田减幅明显大于旱地减幅的特点。20年间，云南省水田减少4.52万公顷，净减少3.33%；旱地减少7.00万公顷，净减少1.68%。耕地的减少是各类建设占用耕地、退耕还林、因灾损毁和农业结构调整的结果。值得注意的是，随着建设用地规模的扩大，耕地（尤其是条件较好的城镇周边和交通沿线附近优质水田）被不断占用，使耕地总量、总体耕地质量均受到一等程度的影响。

草地由2000年的481.25万公顷减至2020年的181.12万公顷，净减300.13万公顷，净减少62.36%，年均减幅3.12%。在草地内部，高覆盖度草地和中低覆盖度草地均表现为明显的减少，年均减幅分别为3.28%和2.83%。

草地的减少，主要是转为林地，也就是原来的许多草山草坡和荒草地得以造林绿化，促进了林地面积的大幅增加。

其他土地由 2000 年的 695.85 万公顷减至 2020 年的 517.42 万公顷，净减少 178.43 万公顷，净减 25.64%，年均减幅 1.28%。其他土地的减少，主要是部分未利用的后备土地资源得到了开发利用，转为农用地和建设用地，这也就意味着省域土地利用率不断地得到了提高。

本章参考文献

[1] 杨子生，赵乔贵，辛玲．云南土地资源 [M]．北京：中国科学技术出版社，2014.

[2] 云南省统计局．2021 云南统计年鉴 [M]．北京：中国统计出版社，2021.

[3] 云南省计划委员会．云南国土资源 [M]．昆明：云南科技出版社，1990.

[4]《云南农业地理》编写组．云南农业地理 [M]．昆明：云南人民出版社，1981.

[5] 云南省土地管理局，云南省土地利用现状调查领导小组办公室．云南土地资源 [M]．昆明：云南科技出版社，2000.

[6] 云南省农业区划委员会办公室．云南省不同气候带和坡度的土地面积 [M]．昆明：云南科技出版社，1987.

[7] 王宇．云南省农业气候资源及区划 [M]．北京：气象出版社，1990.

[8] 王文富．云南土壤 [M]．昆明：云南科技出版社，1995.

[9] 云南植被编写组．云南植被 [M]．北京：科学出版社，1987.

[10] 国家统计局．中国统计年鉴-2021 [M]．北京：中国统计出版社，2021.

[11] 徐新良，刘纪远，张树文，等．中国多时期土地利用土地覆被遥感监测数据集（CNLUCC）[EB/OL]．中国科学院地理科学与资源研究所数据注册与出版系统（http://www.resdc.cn/DOI），2018.

[12] Liu Jiyuan, Liu Mingliang, Deng Xiangzheng, et al. The Land Use and Land Cover Change Database and Its Relative Studies in China [J]. Journal of Geographical Sciences, 2002, 12 (3)：275-282.

[13] Liu Jiyuan, Liu Mingliang, Zhuang Dafang, et al. Study on Spatial Pattern of Land-use Change in China During 1995-2000 [J]. Science in China (Series D), 2003, 46 (4)：1373-384.

[14] 刘纪远，张增祥，庄大方，等．20 世纪 90 年代中国土地利用变化的遥感时空信息研究 [M]．北京：科学出版社，2005.

[15] Liu Jiyuan, Kuang Wenhui, Zhang Zengxiang, Xu Xinliang, et al. Spatiaotemporal Characteristics, Patterns and Causes of Land-use Changes in China Since the Late 1980s [J]. Jour-

nal of Geographical Sciences，2014，24（2）：195-210.

　　［16］徐新良，庞治国，于信芳. 土地利用/覆被变化时空信息分析方法及应用［M］. 北京：科学技术文献出版社，2014.

　　［17］匡文慧，张树文，杜国明，等. 2015-2020 年中国土地利用变化遥感制图及时空特征分析［J］. 地理学报，2022，77（5）：1056-1071.

　　［18］云南省第三次全国国土调查领导小组办公室，云南省自然资源厅，云南省统计局. 云南省第三次全国国土调查主要数据公报［N］. 云南日报，2021-12-22（8）.

第四章
土地资源可持续利用评价指标体系与方法

近些年来土地利用可持续性评价是土地资源可持续利用研究的核心领域和关键问题，是土地资源持续利用研究由理论到实践的必经环节[1]。评价研究成果既是制定土地利用规划的重要基础，同时也是土地管理决策和管理效果评价的主要依据[2]。因此，土地利用可持续性评价研究应建立系统性的评价指标体系及其评价标准。尤其在中国中西部山区，由于土地生态环境问题往往较为突出，土地利用的可持续性较差，因此，研究和建立一套具体、可行、实用的土地利用可持续性评价的指标体系不仅很有必要，而且非常重要，对于扭转各地土地利用的种种不合理行为，推进区域土地利用的生态—经济—社会可持续性具有特别重要的指导意义和科学决策价值[3-5]。

第一节　土地利用可持续性评价的基本思路和内容

一、评价的基本思路

本书的土地利用可持续性评价，主要是综合评价，系以县级行政区为评价单元，将县域土地利用生态友好性、经济可行性和社会可接受性三个维度有机融合，综合评定县域土地利用可持续性综合状况。评价研究成果在云南省层面既是制定土地资源开发利用、保护与整治规划的重要基础，同时也是国土空间管理决策和管理效果评价的重要依据。为此，需要研究和建立一套具体、可行、实用的土地利用可持续性综合评价指标体系。以往多数研究者在构建类似领域的评价指标体系时，通常先把指标体系划分为三层（即目标层、准则层、指标层），之后再进行分层处理，常用的评价方法主要有层次分析法、熵权法、综合分析法等，这些方法在运用上相对成熟，但各有利弊[6]。这里基于近年来类似评价研究领域的发展，将 TOPSIS（逼近理想解排序法）和灰色关联分析法有机结合，在构建各县

（市、区）土地利用生态友好性、经济可行性和社会可接受性三个维度的系列指标体系基础上，测算得出各县（市、区）土地利用生态友好性指数、经济可行性指数和社会可接受性指数；进而将此三个指数有机地综合起来，测算出县域土地可持续利用综合评价指数，从而对各个县域土地利用系统得出整体性的评价和认识，用以综合衡量和比较各县（市、区）土地利用可持续性的综合状况。

二、土地利用可持续性评价的基本内容和目标

根据第一章土地可持续利用的概念和内涵，参考联合国粮农组织（1993）制定的《可持续土地利用管理评价纲要》[7]和联合国粮农组织（1991）在农业与环境国际会议上提出的可持续农业和农村发展的新概念与内涵[8]，这里总结出土地利用可持续性评价的基本内容及其主要目标（见表4-1）。这些评价内容和目标只是原则性、粗线条的基本框架，不涉及具体的时空尺度，在进行各地土地利用可持续性分析和评价时，可结合当地实际制定具体的土地利用可持续性评价指标体系和评判标准。

表4-1 土地可持续利用评价的基本内容与主要目标

基本内容	主要目标
生态友好性（生态可持续性）	（1）一切土地开发利用活动均遵从生态友好的方针，保护固有的生态环境，维护资源基础的质量，尤其维护土地的生产能力，防止土地退化（包括土壤侵蚀、沙漠化、次生盐碱化、土壤污染等各类退化现象）。 （2）保护土地自然条件，尤其是地表水与地下水的水循环和土壤状况，防止水污染和土壤肥力下降。 （3）保护和发展生物多样性，包括生态系统多样性（或称景观多样性）、物种多样性和遗传多样性（或基因多样性）
经济可行性（经济可持续性）	（1）维护土地生产率和产量的长期可持续性。 （2）降低生产成本，确保土地利用者的长期可获利性。 （3）实现各地的充分就业和增加收入，尤其要根除农村的贫困现象。 （4）降低农业生产风险，避免因"天灾人祸"而导致土地经营失败、群众流离失所甚至无法继续生存
社会可接受性（社会可持续性）	（1）持续不断地提供充足而可靠的农产品（特别是粮食）和其他土地产出品，满足人类社会的需要。发展中国家（尤其贫困地区）最为迫切的要求是解决温饱、避免饥荒，即保障食物安全问题；发达国家通常要求提供既充分又多样的产品以满足消费需求和偏好，并确保安全可靠的供给。 （2）土地利用活动的公平性，既要做到代际平等，要为后代人保护资源基础，保护他们从资源利用中获得收益的机会和权利，避免那些导致生态退化而使将来生产成本或生态环境治理成本增加的土地利用活动；又要做到代内平等，即资源利用和生产活动的收益在国家之间、区域之间、社会集团之间、农户之间要公正并平等地进行分配，避免那些为了自身利益而损害其他国家、地区、社会集团和农户利益的土地利用活动

第二节　土地利用可持续性评价的指标体系和评判标准

一、土地利用可持续性评价的指标体系

这里所要建立的评价指标体系，主要是针对区域性的土地利用可持续性评价而言的，也就是说，只适用于区域性（包括各级行政区域、自然地理区域、经济区域或流域）的评价工作。

（一）评价指标的选取原则

土地利用可持续性评价指标体系作为一种政策导向，既要体现以土地为载体的诸多方面协调发展的主导思想，又要使各评价指标成为表征区域土地利用系统的众多指标中最灵敏、最便于度量、内涵最丰富的主导性指标，使评价指标体系能够准确描述区域土地利用系统的状态变化趋势[9]。鉴于此，在构建云南省县域土地利用可持续性评价指标体系时，需要遵循以下四项原则：

（1）着力反映土地利用的生态—经济—社会综合可持续性和系统可持续性思想的主要内涵。

（2）具体体现研究地域特征的实用性和针对性指标。

（3）重视和强化指标选取的科学性、可操作性及相对完备性。

（4）充分顾及指标基础数据的可获取性、灵敏性和可量化性。

（二）评价指标的标准化转换

在一般意义上的土地利用可持续性评价研究中，通常需要选取众多的指标进行评价，但由于这些指标的性质往往不同，其取值的范围亦相差很大，不具有直接可比性，尤其在综合评价时不可能直接放在一起。因此，很有必要寻找一种方法，使所有的指标均能转换成可以统一评价的数值[9]。本书在设计计算方法时，设定各评价指标的值域均为［0~100］，之后通过系统转换指数，将所有指标的计算值转换成趋于 100 为可持续性高，趋于 0 为可持续性低。这样，可以在此基础上进行加权求和，从而得到最后用于整体评价的综合指数值。在转换过程中，可以采用的数学方法主要有幂转换法、满意度转换法、分级赋分法、倒数法等，可根据实际需要选用。

（三）土地利用可持续性评价指标体系

土地利用系统是一个非常复杂的生态—经济—社会复合系统，涉及一系列相关因素和诸多协调发展状况，使土地利用评价具有系统的复杂性、多因素关联性、实现机制的多元性以及区域的差异性与特殊性等特征[9]。因此，土地利用可持续性评价指标体系的构建，应切实针对研究区域生态环境与土地利用特点，以土地利用的目标—土地利用的方式—影响土地利用的要素—可持续利用评价的指标—评价标准（范围和阈值）为主线，突出土地利用对生态—经济—社会过程的影响。鉴于此，在评价指标设置上，应当在充分了解区域土地利用系统的结构、功能、特点以及可持续利用目标的基础上，选取相互独立且能反映各方面特征的典型敏感指标，建立起生态友好型土地利用评价的指标体系框架。根据这一思路，借鉴陈百明等[10]已构建的代表性结构框架，本书将土地利用可持续性评价指标体系划分为评价指标类（Indicaior Category）、评价指标（Evaluation Indicaior）和元指标（Element Indicaior）三个层次，如表4-2所示。

1. 评价指标类

评价指标类作为评价指标体系的第一层次，取决于评价的基本内容。本书的可持续土地利用评价的基本内容包括三个部分：一是生态友好性（反映土地利用的生态可持续性），二是经济可行性（反映土地利用的经济可持续性），三是社会可接受性（反映土地利用的社会可持续性），此三者共同构成了整体性的可持续土地利用评价系统。任何一个区域土地可持续利用能力的形成、培育和发展，均为这一整体系统中各部分综合作用的结果，而不是其中的单个部分和内容在起作用。据此，我们可以将区域可持续土地利用的评价指标类分为三大类：生态友好性评价指标类、经济可行性评价指标类和社会可接受性评价指标类。

2. 评价指标

评价指标是在"评价指标类"之下，为了反映土地利用系统中每个评价内容而选取的定量分析指标。一般地，每个评价的基本内容都需要若干指标来具体定量表述，因而每一评价指标类常常由数量不等的具体评价指标组成。同时，每一个评价指标又由若干个元指标来具体表述。

3. 元指标

元指标是表征评价指标的基础性指标，在整个评价指标体系中居最低层次，属于最小组成单位，是评价区域土地可持续利用水平的具体量度[8]。应当选取可测的、可比的、可获得的定量指标或指标群对评价指标的数量表现、强度表现和速率表现进行直接表述。

表 4-2 云南县域土地利用可持续性评价指标体系框架及数据获取方式

评价指标类	评价指标	元指标	数据获取的主要方式
1. 生态友好性评价指标类	（1）土地过度垦殖指数	土地适宜垦殖率	土地调查与评价
		土地实际垦殖率	土地调查，遥感监测
	（2）裸地比重	裸地面积	土地调查，遥感监测
		土地总面积	土地调查
	（3）耕地有效灌溉率	耕地有效灌溉面积	土地调查，遥感监测
		耕地面积	土地调查，遥感监测
	（4）森林覆盖率	有林地面积	土地遥感调查（或森林普查）
		土地总面积	土地调查
	（5）生物丰度指数	区域生物丰度	专题调查研究和测算
	（6）单位土地面积生态服务价值	区域土地生态服务价值	专题调查研究和测算
2. 经济可行性评价指标类	（1）土地综合生产率指数	区域单位土地面积的GDP	社会经济统计
		全国平均单位土地面积的GDP	社会经济统计
	（2）农用地产值指数	区域单位农用地第一产业产值	社会经济统计，土地遥感调查
		全国平均单位农用地第一产业产值	社会经济统计，土地遥感调查
	（3）建设用地产值指数	区域单位建设用地第二三产业产值	社会经济统计，土地遥感调查
		全国平均单位建设用地第二三产业产值	社会经济统计，土地遥感调查
	（4）地均财政收入指数	区域单位土地面积的财政收入	社会经济统计
		全国平均单位土地面积的财政收入	社会经济统计
	（5）农作物生产力指数	农作物现实生产力	农村经济统计
		农作物潜在生产力	专题调查研究
	（6）土地利用率指数	已利用土地面积比例	土地调查，遥感监测

评价指标类	评价指标	元指标	数据获取的主要方式
3. 社会可接受性评价指标类	（1）人口压力指数	实际人口量	社会经济统计
		土地人口承载力	专题调查研究
	（2）人均 GDP 指数	区域人均 GDP	社会经济统计
		全国人均 GDP	社会经济统计
	（3）农村居民人均可支配收入指数	区域农村居民人均可支配收入	农村社会经济统计
		全国农村居民平均人均可支配收入	农村社会经济统计
	（4）人均粮食产量指数	人均粮食产量	社会经济统计
		人均粮食产量目标	经济社会规划

二、土地利用可持续性的评判标准

评判标准也称为评价指标的阈值（threshold）。评判标准的制定，直接影响着评价的实用性和可操作性，因而是土地利用可持续性评价研究中的重要内容。

制定土地利用可持续性指标的评判标准是一项非常复杂的工作，通常需要通过一定的时空观测和大量针对性的分析验证，才能较为客观地提取出具体的标准值数据[2]。因此，迄今为止，在土地利用可持续性评价上尚无统一的评判标准，正处于不断探索之中。鉴于此，在目前情况下，大体可以通过以下三种方式来获得具体的评判标准值数据。

（一）国家、地方或行业制定的标准

有些指标可以采用国家、地方或行业制定的标准作为评判标准。例如，国家水利部制定的水土流失控制目标等。在贫困山区可持续土地利用评价中，尤其水土流失控制目标非常重要，按照水利部《土壤侵蚀分类分级标准》的规定，土地发生水土流失与否是以土壤容许流失量为判别指标，凡水土流失强度（以侵蚀模数为表征）小于土壤允许流失量时，即被视为未发生明显的水土流失，能够永续地维持土地的生产力；反之，则发生了不同强度的水土流失，不仅导致流失区内土地生态退化并危及其永续利用性能，还会严重危害下游区。因此，各地在制定水土流失强度指标的评价标准——控制目标（相对最优值）时，可以以各区域的土壤允许流失量为阈值，其中西南土石山区为 500 吨/平方千米·年[11]。

（二）科学研究的判定标准

对于一些限制性的指标，需要采用经科学研究和科学试验所得到的底线值或警戒值作为评判标准和依据。例如，区域人口承载力、农作物生产潜力（理论最高单产）、土地调查得出的大于 25° 坡耕地面积可以分别作为人口压力指数、超载过牧率、农作物生产力指数、过度垦殖率等评价指标的判断标准。

（三）以全国（或研究区域）相应指标的平均值为评价标准

有些指标，尤其是经济和社会方面的指标，往往可以以全国（或研究区域）相应指标的平均值或者区域规划目标值作为评价标准。例如，农用地产值指数、地均财政收入指数、农村居民人均可支配收入指数等。

此外，还有一些指标是需要以区域性本底背景为依据进行综合分析后才能确定的，如森林覆盖率、生物丰度等。

经反复分析和论证，本书确定出云南县域土地利用可持续性主要指标的评判标准（相对最优值）（见表4-3），可供类似地区进行土地利用可持续性评价时参考。

表4-3　云南县域土地利用可持续性主要指标的评判标准

评价指标类	评价指标	元指标	控制目标（相对最优值）
1. 生态友好性评价指标类	（1）土地过度垦殖指数	土地适宜垦殖率	实际垦殖率≤适宜垦殖率（即：过度垦殖指数=0）
		土地实际垦殖率	
	（2）裸地面积指数	裸地面积	0
		土地总面积	
	（3）耕地有效灌溉指数	耕地有效灌溉面积	100%
		耕地面积	
	（4）森林覆盖指数	有林地面积	≥67%（云南省2035年森林覆盖率规划目标）
		土地总面积	
	（5）生物丰度转化指数	区域生物丰度指数	考虑区域本底背景而定。以省内生态保护相对最好的县域生物丰度值作为相对最优值
	（6）土地生态服务价值指数	区域土地生态服务价值	考虑区域本底背景而定。以省内相对最好的县域单位土地面积生态服务价值作为相对最优值

续表

评价指标类	评价指标	元指标	控制目标（相对最优值）
2. 经济可行性评价指标类	（1）土地综合生产率指数	区域单位土地面积的 GDP	区域单位土地 GDP ≥全国平均单位土地 GDP
		全国平均单位土地面积的 GDP	
	（2）农用地生产率指数	区域单位农用地第一产业产值	区域单位农用地产值≥全国平均单位农用地产值
		全国平均单位农用地第一产业产值	
	（3）建设用地生产率指数	区域单位建设用地第二三产业产值	区域单位建设用地产值≥全国平均单位建设用地产值
		全国平均单位建设用地第二三产业产值	
	（4）地均财政收入指数	区域单位土地面积的财政收入	区域单位土地面积财政收入≥全国平均单位土地面积财政收入
		全国平均单位土地面积的财政收入	
	（5）粮食单产指数	粮食作物现实生产力	现实生产力=潜在生产力
		粮食作物潜在生产力	
	（6）土地利用率指数	已利用土地面积比例	考虑区域本底背景而定。以省内土地利用程度相对最高的县域土地利用率作为相对最优值
3. 社会可接受性评价指标类	（1）人口压力指数	实际人口量	实际人口量≤土地人口承载力
		土地人口承载力	
	（2）人均 GDP 指数	区域人均 GDP	区域人均 GDP ≥全国人均 GDP
		全国人均 GDP	
	（3）农村居民人均可支配收入指数	区域农村居民人均可支配收入	区域农民人均纯收入≥全国农民人均纯收入
		全国农村居民平均人均可支配收入	
	（4）人均粮食产量指数	人均粮食产量	人均粮食产量≥400kg
		人均粮食产量目标	

第三节　区域土地利用可持续性评价的方法模式

土地利用可持续性评价包括单项评价和综合评价两个方面。单项评价是对土地利用生态友好性、经济可行性和社会可接受性分别进行评价，它是综合评价的基础。综合评价即通过对单项评价指标赋予一定的权重，从而将各单项评价结果有机结合起来，得到综合性的生态友好性土地利用评价结果。综合评价应当是生态友好性土地利用评价过程的核心，也是整个评价研究工作的目的与归宿。具体评价过程可用图4-1来概括。在评价过程中，制定各单项指标的评价方法和综合集成方法是非常重要的基础性工作。

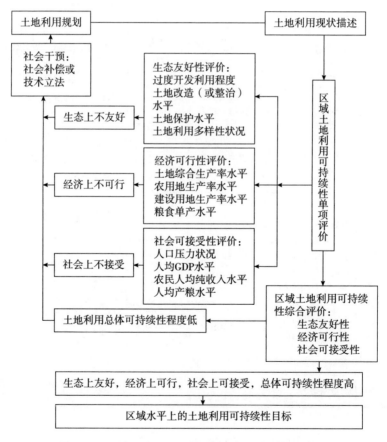

图4-1　区域土地利用可持续性评价的基本过程模式

第四节　土地利用可持续性各单项指标的测算方法

可持续土地利用评价包括单项评价和综合评价两个方面。单项评价是对土地利用生态友好性、经济可行性和社会可接受性分别进行评价，它是综合评价的基础。在评价过程中，制定各单项指标的评价方法和综合集成方法是非常重要的基础性工作。

一、生态友好性评价指标

生态友好性指标是整个土地可持续利用系统中的基础性指标，直接决定着土地利用系统在生态上能否持续维持土地固有的作用与功能。因此，应从云南土地资源的开发、利用、改造（或整治）、保护等多个角度选择能够反映生态友好性及其程度的因素和属性作为评价指标。如土地过度开发利用状况、土地改造水平、土地保护水平等，以定量揭示云南各地土地利用的生态友好性状况。根据云南各地实际以及基础数据可获得性，土地过度开发利用主要选取过度垦殖率、裸地面积比重等指标；土地改造水平主要选取耕地有效灌溉率等指标；土地保护水平主要选取森林覆盖率、生物丰度指数、土地生态服务价值等指标。

（一）土地过度垦殖指数（I_{OR}）

该指标对应的基础性指标是土地过度垦殖率（Over-reclaimed Rate，R_{OR}）。毁林开荒、陡坡种植等过度垦殖活动是山区水土流失严重化和生态环境恶化的最重要因素，因此，这一指标应当是衡量山区土地利用生态友好性的重点指标之一。过度垦殖率反映了山区土地过度垦殖的程度大小。可按以下模式进行测算：

$$R_{OR} = \frac{现状实际垦殖率 - 适宜垦殖率}{适宜垦殖率} \times 100\% \qquad (4-1)$$

在式（4-1）中，现状实际垦殖率是指目前耕地面积占土地总面积的百分比值，可根据年度土地调查数据求得；而适宜垦殖率是指宜耕地面积（包括现有耕地中的宜耕地和未利用土地中适宜垦殖的后备耕地）占土地总面积的百分比值，可通过土地适宜性评价和后备土地资源调查求得。当现状实际垦殖率≤适宜垦殖率时，R_{OR}取值为0。

应指出的是，R_{OR}值越高，意味着过度垦殖程度就越大。为了将R_{OR}值转换成趋于 100 为生态友好性高、趋于 0 为生态友好性低的统一要求，这里还需要通过系统转换指数，对 R_{OR} 值进行转换，转换后的指数值称为过度垦殖指数（Over-reclaimed Index，I_{OR}），其计算方法为：

$$I_{OR} = 100 - \left(\frac{现状实际垦殖率 - 适宜垦殖率}{适宜垦殖率} \times 100\% \right) = 100 - (R_{OR} \times 100) \quad (4-2)$$

在式（4-2）中的 I_{OR} 含义与式（4-1）中的 R_{OR} 刚好相反，即 I_{OR} 值越高，表明过度垦殖程度就越小，它所表征的生态友好性程度则越大。需要说明的是，当过度垦殖率>100%时，过度垦殖率按100%计，而其转换指数 I_{OR} 则为0，这意味着：当现状实际垦殖指数超过适宜垦殖指数的 1 倍时，说明过度垦殖程度已非常严重，其土地利用方式已属于严重破坏型。当现状实际垦殖指数值与适宜垦殖指数值相等时，说明该区域一般未发生土地过度垦殖现象，其土地利用方式属于生态友好性。

（二）裸地面积指数（I_{BLA}）

该指标对应的基础性指标是裸地比重（Proportion of Bare Land Area，P_{BLA}）。裸地（包括裸土地和裸岩石砾地）往往是因土地过度开发利用之后长期水土流失、地质灾害等造成的，是山区生态环境恶化的重要标志之一。因此，这一指标也是衡量山区土地利用生态友好性的重点指标之一。可按以下公式来计算：

$$P_{BLA} = \frac{裸地面积}{土地总面积} \times 100\% \quad (4-3)$$

在式（4-3）中的 P_{BLA} 值越大，意味着裸地比重越大。同样地，为了将 P_{BLA} 值转换成趋于 100 为生态友好性高、趋于 0 为生态友好性低的统一要求，这里需要通过系统转换指数，对 P_{BLA} 值进行转换，转换后的指数值称为裸地面积指数（Index of Bare Land Area，I_{BLA}），其计算方法为：

$$I_{BLA} = 100 - (P_{BL} \times 100) \quad (4-4)$$

I_{BLA} 值越高，表明裸地面积比例越低，它所表征的土地利用生态友好性程度则越大。

（三）耕地有效灌溉指数（I_{EI}）

常用的指标是耕地有效灌溉率（Rate of Effective Irrigated Area of Farmland，R_{EI}），是指有效灌溉面积占耕地总面积的百分比值。山区耕地的主要问题之一是灌溉条件差，往往"靠天吃饭"，能否有效地改善山区耕地的水环境，提高其有效灌溉率，既是人们对山区土地改造水平的具体体现，也是山区土地利用生态友好性的重要表现，它直接关系着山区耕地能否高产稳产。因此，这一指标也是反映山区土地改造水平的重要指标。根据我国现行的土地利用分类系统[12-13]，可将其计算方法表示为：

$$R_{EI} = \frac{水田面积 + 水浇地面积}{耕地总面积} \times 100\% \qquad (4-5)$$

在式（4-5）中，水田面积和水浇地面积均可采用土地调查数。

按表3-8中的云南三期土地利用分类体系，式（4-5）简化为：

$$R_{EI} = \frac{水田面积}{耕地总面积} \times 100\% \qquad (4-6)$$

因这一公式的计算结果为百分数，尚须进行简单的指标转换，以确保其最终结果值介于 0~100。转换后的指数值称为耕地有效灌溉指数（Index of Effective Irrigated Area，I_{EI}），其计算方法为：

$$I_{EI} = R_{EI} \times 100 \qquad (4-7)$$

I_{EI} 值越高，表示耕地有效灌溉程度就越高，它所表征的土地利用生态友好性程度也越大。

（四）　森林覆盖指数（I_{FC}）

森林覆盖状况一般用森林覆盖率（Forest-coverage Rate，R_{FC}）来表示，通常指森林面积占土地总面积的百分比值。近几年来，我国林业部门在计算森林覆盖率时，还包括了灌木林面积。森林覆盖率的大小往往是衡量山区生态环境优劣的重要依据。这里采用以下公式来计算：

$$R_{FC} = \frac{有林地面积}{土地总面积} \times 100\% \qquad (4-8)$$

在式（4-8）中，有林地面积采用土地调查中的有林地面积数据。

R_{FC} 的计算结果还需进行适当的指标转换，以确保其最终结果值介于 0~100。转换后的指数值称为森林覆盖指数（Index of Forest Coverage，I_{FC}），其计算方法为：

$$I_{FC} = \frac{某地森林覆盖率}{规划森林覆盖率目标（或区域内最高森林覆盖率）} \times 100 \qquad (4-9)$$

I_{FC} 值越高，表示森林覆盖水平越高，它所表征的土地利用生态友好性程度相应也越大。

（五）　生物丰度转化指数（I_{BRC}）

生物丰度指数（Index of Biological Richness，I_{BR}）是生态环境状况评价的重要指标之一，指通过单位面积上不同生态系统类型在生物物种数量上的差异，间接地反映被评价区域内生物丰度的丰贫程度[14-15]。其与土地利用生态效益呈正相关，生物丰度指数越高，则代表该区域土地利用生态友好性越好。

$$生物丰度指数 = A_{bio} \times \frac{\begin{matrix}(0.35 \times 林地 + 0.21 \times 草地 + 0.28 \times 水域湿地 + 0.11 \times 耕地)\\ 0.04 \times 建设用地 + 0.01 \times 未利用地\end{matrix}}{区域面积}$$

$$(4-10)$$

在式（4-10）中，A_{bio} 表示生境质量指数的归一化系数，参考值为 511.2642131067；林地、草地、水域湿地、耕地、建设用地、未利用地和区域面积均可采用土地利用遥感调查数据。

I_{BR} 的计算结果也需要进行适当的指标转换。转换后的指数值称为生物丰度转化指数（Index of Biological Richness Conversion，I_{BRC}），其计算方法为：

$$I_{BRC} = \frac{某地生物丰度指数}{规划目标测算值（或区域内最高生物丰度指数）} \times 100 \quad (4-11)$$

I_{BRC} 值越高，表示某地生物丰度指数越高，它所表征的土地利用生态友好性程度相应也越大。

（六）土地生态服务价值指数（I_{ESV}）

生态服务价值（Ecosystem Services Value，ESV），是指人们直接或间接地从生态系统获得的各种利益，包括生态系统向经济社会系统输入有用的物质和能量、生态系统接受和转化来自经济社会系统的各类废弃物以及生态系统直接向人类社会成员提供的服务（如洁净空气、水等舒适性资源）。生态系统服务价值定量评估是近20年来国际可持续发展研究的热点领域之一[16-20]。从生态学角度讲，土地本身就是生态系统，可称为土地生态系统。土地利用/土地覆被的变化，必然引起土地生态系统服务价值的变化。土地资源的可持续利用和土地生态价值的最佳化是土地利用战略的基本目标。本书依据谢高地等[21]（2003）建立的中国陆地生态系统单位面积服务价值表以及相应的云南省土地生态系统服务价值估算方法[22]（见表4-4）进行测算。

表4-4 云南省不同土地生态系统单位面积生态服务价值表

单位：元/公顷

耕地	有林地	其他林地	高覆盖度草地	中低覆盖度草地	水域
6114.3	19334.0	12870.0	6406.5	3203.2	40676.4

V_{ES}的计算结果同样需要进行适当的指标转换，以确保其最终结果值介于0~100。转换后的指数值称为土地生态服务价值指数（Index of Ecosystem Services Value，I_{ESV}），其计算方法为（注：当计算结果为负数时，I_{BGR}按0计）：

$$I_{ESV} = \frac{某地单位土地面积生态服务价值}{规划目标测算值（或区域内最高单位土地面积生态服务价值）} \times 100$$

$$(4-12)$$

I_{ESV}值越高，表示某地土地生态服务价值越高，它所表征的土地利用生态友好性程度相应也越大。

二、经济可行性评价指标

经济可行性指标在整个土地可持续利用评价中居于核心地位。土地利用的目的在于取得一定的土地产品和收益，满足人类生存和发展的需要。根据云南省实际，并考虑基础数据易得性和评价需要，这里主要考虑土地综合生产率指数、农用地产值指数、建设用地产值指数、地均财政收入指数、粮食单产指数、土地利用率指数等主导性指标，以定量揭示省域各县（市、区）土地利用的经济可行性状况。

（一）土地综合生产率指数（I_{CLP}）

该指标对应的基础性指标是土地综合生产率（Comprehensive Land Productivity，CLP），是反映土地综合利用和总体产出水平的重要指标。随着总人口不断增长以及人地矛盾的日益突出，努力提升土地综合生产率水平已成为未来土地资源可持续利用的重要战略目标[23]。该指标一般可用国内生产总值（GDP）与土地总面积的比率来表示。其计算方法为：

$$CLP = \frac{国内生产总值（CDP）}{土地总面积} \times 100\%$$

$$(4-13)$$

在式（4-13）中，GDP值可采用国民经济年度统计数据，土地总面积可采用土地调查数据。

GDP_{LA}值越大，表明某地土地资源的产出率越高。但其高低的具体评定标准通常需要与全国平均的CLP值（或区域内最高CLP值）进行对比分析，以揭示某地土地产出的相对水平和状况。土地综合生产率指数（Index of Comprehensive Land Productivity，I_{CLP}）正是反映这种对比分析的指标，其计算式（已考虑了系统转换指数）为：

$$I_{CLP} = \frac{\ln 某地土地综合生产率}{\ln 全国平均（或区域内最高）土地综合生产率} \times 100 \quad (4-14)$$

在式（4-14）中，由于部分年度和县际的指标数据不平稳，因而将计算式作对数处理。后面的农用地生产率指数（I_{ALP}）、建设用地生产率指数（I_{BLP}）、地均财政收入指数（I_{FRUA}）和人均 GDP 指数（I_{PGDP}）亦如此，旨在使各指标变得更平稳[24]。

当 I_{CLP} 计算值>100（即意味着某地的土地综合生产率高于全国平均或高于区域内最高的土地综合生产率）时，I_{GDPL} 取值为 100。

I_{OVC} 值越大，表明某地土地总的产出水平越高，它所表征的土地利用经济可行性程度亦越大。

（二）农用地生产率指数（I_{ALP}）

农用地生产率（Agricultural Land Productivity，ALP），是反映农业用地综合利用和总体产出水平的重要指标[25]，一般用第一产业产值（或农林牧渔业总产值）与农用地（包括耕地、园地、林地、牧草地、水面和其他农用地）面积的比率来表示，反映土地的大农业利用和产出水平。其计算方法为：

$$ALP = \frac{第一产业产值}{农用地面积} \tag{4-15}$$

在式（4-15）中，第一产业产值可采用国民经济统计数据，农用地面积可采用土地调查数据。

ALP 值越大，表明某地农用地的产出率就越高。但其高低的具体评定标准却是一个问题。一般地，需要将一地的 ALP 值与全国平均的 ALP 值（或区域内最高 ALP 值）进行对比分析，才能较好地反映农用地的相对收益水平。农用地生产率指数（Index of Agricultural Land Productivity，I_{ALP}）正是表示这种对比分析的指标，其计算公式（已考虑了系统转换指数）为：

$$I_{ALP} = \frac{\ln 某地农用地生产率}{\ln 全国平均（或区域内最高）农用地生产率} \times 100 \tag{4-16}$$

当 I_{ALP} 计算值>100（即意味着某地的农用地生产率高于全国平均或高于区域内最高的农用地生产率）时，I_{ALP} 取值为 100。

I_{ALP} 值越大，意味着某地农用地的产出水平就越高，它所表征的土地利用经济可行性程度相应也越大。

（三）建设用地生产率指数（I_{BLP}）

建设用地生产率（Building Land Productivity，BLP），一般用 GDP 中的第二、第三产业产值与建设用地面积的比率来表示，反映土地的开发建设和产出水平。其计算方法为：

$$BLP = \frac{第二、第三产业产值}{建设用地面积} \qquad (4-17)$$

在式（4-17）中，第二、第三产业产值可采用国民经济年度统计数据，建设用地面积可采用土地调查数据。

BLP 值越大，表明某地建设用地的产出率越高。但其高低的具体评定标准却需要研究和确定。一般地，需要将一地的 BLP 值与全国平均的 BLP 值（或区域内最高 BLP 值）进行对比分析，才能较好地反映建设用地的相对收益水平。建设用地生产率指数（Index of Building Land Productivity, I_{BLP}）就是反映这种对比分析的指标，其计算公式（已考虑了系统转换指数）为：

$$I_{BLP} = \frac{\ln 某地建设用地生产率}{\ln 全国平均（或区域内最高）建设用地生产率} \times 100 \qquad (4-18)$$

当 I_{BLP} 计算值>100（即意味着某地的建设用地生产率高于全国平均或高于区域内最高的建设用地生产率）时，I_{BLP} 取值为 100。

I_{BLP} 值越大，表明某地建设用地的产出水平越高，它所表征的土地利用经济可行性程度亦越大。

（四）地均财政收入指数（I_{FRUA}）

地均财政收入，一般用地方财政总收入与土地总面积的比例来表示，该指标是衡量土地利用过程中产出的总体经济收入状况，该指标为正指标，其值越大，则土地利用的经济可行性程度就越高。这里的地均财政收入是指单位土地面积财政收入（Fiscal Revenue per unit Land Area, FR_{UA}），其计算公式为：

$$FR_{UA} = \frac{地方财政总收入}{土地总面积} \qquad (4-19)$$

在式（4-19）中，地方财政总收入依据国民经济年度统计数据，土地总面积采用土地调查数据。

FR_{UA} 值越大，说明土地经济收入越高。与农用地产值相似，需以全国单位土地面积财政收入平均值（或区域内最高的地均财政收入）进行对比分析，以此来反映地区单位土地面积财政收入概况。为便于对比分析，将其转换为地均财政收入指数（Index of Fiscal Revenue per unit Land Area, I_{FRUA}），计算方法为：

$$I_{FRUA} = \frac{\ln 某地地均财政收入}{\ln 全国平均（或区域内最高）地均财政收入} \times 100 \qquad (4-20)$$

当 I_{FRUA} 计算值>100（即说明地区单位土地面积财政收入高于全国平均值）时，I_{FRUA} 取值为 100。

I_{FRUA} 值越大，说明土地经济收入越高，经济可行性越高。

（五）粮食单产指数（I_{YGC}）

粮食生产是贫困山区土地利用最主要的基础性任务，对山区群众的生存和社会稳定有着特别重要的意义。粮食单产指数（Index of Yield of Grain Crops Per Hectare，I_{YGC}）可以通过现实生产力（实际粮食单产）与粮食生产潜力（潜在单产）的比值来获得，它可反映当前耕地的产出水平和粮食生产潜力的发挥程度。其计算公式（已考虑了系统转换指数）为：

$$I_{YGC} = \frac{年均粮食单产}{粮食生产潜力} \times 100 \tag{4-21}$$

在式（4-21）中，年均粮食单产是指研究年份实际粮食单产值，可采用农业经济年度统计数据；粮食生产潜力可以利用联合国粮农组织（FAO）开发的农业生态区域法（Agriculture Ecological Zone）、国内已应用的光温水土系列生产潜力法等方法来测算[3]。

I_{YGC} 值越高，表示某地的粮食单产水平越高，而它所表征的土地利用经济可行性程度也越大。

（六）土地利用率指数（I_{LUR}）

土地利用率（Land Use Rate，LUR）是指已利用的土地面积（包括农用地和建设用地）占土地总面积的百分比值。用以反映研究区区域土地资源总的利用程度大小。计算方法为：

$$I_{LUR} = \frac{已利用土地面积}{土地总面积} \times 100\% = \frac{农用地面积 + 建设用地面积}{土地总面积} \times 100\% \tag{4-22}$$

在式（4-22）中，土地总面积和各地类面积采用土地调查数据。

LUR 的计算结果需要进行适当的指标转换，以确保其最终结果值介于 0~100。转换后的指数值称为土地利用率指数（Index of Land Use Rate，I_{LUR}），其计算方法为：

$$I_{LUR} = \frac{某地土地利用率}{规划土地利用率目标（或区域内最高土地利用率）} \times 100 \tag{4-23}$$

I_{LUR} 值越高，表示土地利用水平越高，它所表征的土地利用经济可行性程度相应也越大。

三、社会可接受性评价指标

在土地利用系统中，社会可接受性指标反映土地资源利用方式的社会可接受性程度和社会承受能力[10]。土地利用的目的和归宿乃是满足人类生存和发展的需要，因此，社会可接受性及其程度是土地可持续利用评价的重要内容。从山区人们的生存和发展需要出发，并考虑基础数据可得性和评价要求，这里主要考虑人口压力指数、人均 GDP 指数、农民人均纯收入指数、人均粮食产量指数等主导性指标，这些指标大致可以揭示山区土地利用的社会可接受性状况。

（一）人口压力指数（I_{PP}）

人是土地利用系统和人地关系地域系统的主体，而土地资源是人类生存和发展中最基本的物质基础，因此，人口的变化状况直接影响着土地资源的开发利用状况。如果人口增长过快，使土地实际承载的人口过多，人们为了生存，必将出现对土地资源的过度开发利用，甚至不惜破坏资源与环境，这在固有生态环境很脆弱的山区是很致命的。相反，如果人口呈合理的适度增长，土地实际承载的人口规模适中，那么将有利于土地资源的可持续利用。因此，人口压力的大小在很大程度上决定着人类社会能否协调、健康地可持续发展。在讨论人口压力指数时，常常需要进行土地人口承载力的分析与研究。土地人口承载力（Population-Supporting Capacity of Land Resources, PSCL）可以理解为：在一定的生产条件下，一国（或区域）土地资源最大可能的食物生产量所能够持续供养的人口数量，它实际上是一个比值，即土地的潜在食物产出量与满足一定水平的人均食物消费量之比值。如果一国（或区域）的现实人口量距离土地人口承载力（或称潜在人口承载量）较远，那么表明该国（或区域）土地资源承受的人口压力较小；反之，如果实际人口量已接近或超过土地人口承载力，那么说明人口压力大，应引起高度的警惕和重视，努力探寻对策和出路。因此，人口压力（这里用 PP 表示）可以按照以下方法来测算：

$$PP = \frac{实际人口量}{土地人口承载力} \qquad (4-24)$$

在式（4-24）中，实际人口量可采用年度人口统计数据；土地人口承载力则需要进行专门的分析研究而获得。按照上述概念，山区的土地人口承载力通常可按以下方法来测算：

$$PSCL = \frac{区域土地的可能粮食产出量（TYG）}{人均粮食消费水平（CY）} \qquad (4-25)$$

$$TYG = 宜耕地面积 \times 粮播比例 \times 可能粮食单产 \qquad (4-26)$$

按以上方法计算的 PP 值尚需要进行指标系统转化，转化后的指数称为人口压力指数（Index of Population Pressure, I_{PP}），其方法按照满意度转换法来计算。即设人口压力（PP）≤1.00（即现实人口量≤土地人口承载力）时为优，

这时 PP 取值为 1.00；人口压力（PP）≥10.00（即现实人口量达到土地人口承载力的 10 倍）时为差，这时 PP 取值为 0；人口压力（PP）在 1.00~10.00 时，根据满意度转换法来得出人口压力的系统转化指数（I_{PP}）：

$$I_{PP} = \frac{10.00 - PP}{10.00 - 1.00} \times 100 \qquad (4\text{-}27)$$

I_{PP} 值越大，表明某地人口压力就越小，而它所表征的土地利用社会可接受性程度则越大。

（二）人均 GDP 指数（I_{PGDP}）

人均 GDP 是反映山区经济社会发展活力和群众发展能力的相对水平与状况的重要指标。因此，人均 GDP 的高低，可以从另一方面反映山区土地利用的社会可接受性程度。在具体的评定标准上，也需要与全国的人均 GDP（或区域内最高的人均 GDP）水平进行对比分析，以揭示某地人均 GDP 的相对水平和状况。人均 GDP 指数（Index of Per Capita GDP，I_{PGDP}）属于反映这种与全国对比分析的指标，其计算式（已考虑了系统转换指数）为：

$$I_{PGDP} = \frac{\ln \text{某地的人均 GDP}}{\ln \text{全国平均 GDP（或区域内最高人均 GDP）}} \times 100 \qquad (4\text{-}28)$$

在式（4-28）中，计算人均 GDP 所需要的人口和 GDP 数据采用年度国民经济统计数据。当 I_{PGDP} 计算值>100（即意味着某地的人均 GDP 水平高于全国或高于区域内最高的人均 GDP 水平）时，I_{PGDP} 取值为 100。

I_{PGDP} 值越大，表明某地的人均 GDP 水平就越高，它所表征的土地利用社会可接受性程度也越大。

（三）农村居民人均可支配收入指数（I_{DIR}）

山区是我国"三农"问题的焦点区域，也是贫困发生率相对较高的地域，因而农村居民人均可支配收入水平对于贫困山区土地可持续利用评价而言是非常重要的指标。农村居民可支配收入是农村居民可用于最终消费支出和储蓄的总和，也就是农村居民可以用于自由支配的收入。按收入的来源，包含工资性收入、经营性净收入、财产性净收入和转移性净收入。农村居民可支配收入被认为是农村地区消费开支的最重要的决定性因素，常被用来衡量一个国家农村生活水平的变化情况。因此，贫困山区农村居民人均可支配收入的高低，从根本上反映了山区土地利用的社会可接受性程度。只是其具体的评定标准通常需要与全国的农村居民人均可支配收入（或区域内最高的农村居民人均可支配收入）水平进行对比分析，以揭示某地农村居民人均可支配收入的相对水平和状况。农村居民人均可支配收入指数（Index of Per Capita Disposable Income of Rural Residents，I_{DIR}）正是反映这种对比分析的指标，其计算式（已考虑了系统转换指数）为：

$$I_{DIR} = \frac{某地农村居民人均可支配收入}{全国平均（或区域内最高）农村居民人均可支配收入} \times 100 \qquad (4-29)$$

在式（4-29）中，农村居民人均可支配收入数据可采用年度国民经济统计数据。当 I_{DIR} 计算值>100（即意味着某地的农民人均纯收入高于全国或高于区域内最高的农民人均纯收入）时，I_{DIR} 取值为100。

I_{DIR} 值越大，表明某地的农民人均纯收入水平越高，它所表征的土地利用社会可接受性程度也越大。

（四）人均粮食产量指数（I_{PYG}）

解决"吃饭"问题是贫困山区土地利用的首要任务。人均粮食产量的多少，从根本上反映了山区群众"吃饭"问题的解决程度，同时，还在一定程度上反映山区群众生活的贫富程度。在衡量标准上，我国大多将人均粮食400千克作为基本标准。鲁奇[26]（1999）指出，人均400千克的粮食消费水平为温饱水平上限、小康水平下限，400~600千克为小康消费水平。陈百明[27]（2002）分析认为，2030年人均每日主要营养供给量若要城乡全面达到小康水平的标准（即热量达到2650大卡，蛋白质达到77克，脂肪达到76克），那么人均大致每年需要450千克的粮食；2050年人均每日主要营养供给量若要全面达到富裕水平的标准（即热量达到2750大卡，蛋白质达到85克，脂肪达到81克），那么人均大致每年需要500千克的粮食。杨子生等[28]（2008）经过综合分析，将粮食消费的发展类型分为6类，即低温饱型、温饱型、初步小康型、全面小康型、向富裕过渡型和富裕型，并制定出各类发展型的人均占有粮食量标准以及相应的粮食安全标准，认为人均占有粮食量500千克是全面小康型的上限、向富裕过渡型的下限。据此，这里将人均产粮500千克作为区域土地可持续利用的基本要求和评定标准。人均粮食产量指数（Index of Per Capita Yield of Grain Crops，I_{PYG}）的计算式（已考虑了系统转换指数）可表示为：

$$I_{PYG} = \frac{人均粮食产量（千克/人）}{500（千克/人）} \times 100 \qquad (4-30)$$

在式（4-30）中，实际的人均粮食产量可采用年度农村经济或国民经济统计数据。当 I_{PYG} 计算值>100（即意味着某地的实际人均粮食产量>500千克）时，I_{PYG} 取值为100。

I_{PYG} 值越大，表明某地的人均粮食产量越高，它所表征的土地利用社会可接受性程度亦越大。

第五节　土地利用可持续性综合评价方法

上述三大系列指标分别反映了区域可持续土地利用系统评价的具体内容和细节问题，这是整个评价工作中必不可少的重要基础。然而，在此基础上，通常还需要将所有指标有机地综合起来，从而得到一个或几个综合性指数，以便把从不同角度进行评价的零星、分散的单项信息融合在一起，并通过整个研究区域可持续土地利用系统得出整体性的评价和认识。综合评价应当是土地利用可持续性评价过程的核心，也是整个评价研究工作的目的与归宿。

一、综合评价指标的测算方法

为了从整体上对区域土地利用可持续性作出定量的评价，这里提出四个定量的综合性评价指标，即土地利用生态友好度、土地利用经济可行度、土地利用社会可接受度和土地利用总可持续度（Degrees of Overall Land Use Sustainability，D_{OS}），分别反映土地利用系统中的生态友好性程度、经济可行性程度、社会可接受性程度和总体可持续性程度。这四个综合指标的测算方法如下：

（一）土地利用生态友好度（Degrees of Ecological Friendliness，D_{EF}）

如前文所述，本书确定的反映县域土地利用生态友好性程度的单项指标有六个，即土地过度垦殖指数（I_{OR}）、裸地面积指数（I_{BLA}）、耕地有效灌溉指数（I_{EI}）、森林覆盖指数（I_{FC}）、生物丰度转化指数（I_{BRC}）、土地生态服务价值指数（I_{ESV}）。因此，在分别测算这些指数值的基础上，可按照以下方法来定量计算土地利用生态友好度（D_{EF}）值：

$$D_{EF}=w_{11} \cdot I_{OR}+w_{12} \cdot I_{BLA}+w_{13} \cdot I_{EI}+w_{14} \cdot I_{FC}+w_{15} \cdot I_{BRC}+w_{16} \cdot I_{ESV}$$

$$(4-31)$$

在式（4-31）中，w_{11}、w_{12}、w_{13}、w_{14}、w_{15}、w_{16}分别为土地过度垦殖指数（I_{OR}）、裸地面积指数（I_{BLA}）、耕地有效灌溉指数（I_{EI}）、森林覆盖指数（I_{FC}）、生物丰度转化指数（I_{BRC}）、土地生态服务价值指数（I_{ESV}）的权重值。

D_{EF}值越高，表示土地利用的生态友好性程度越大。

(二) 土地利用经济可行度 (Degrees of Economic Viability, D_{EV})

表征土地利用经济可行性程度的单项指标有土地综合生产率指数 (I_{CLP})、农用地生产率指数 (I_{ALP})、建设用地生产率指数 (I_{BLP})、地均财政收入指数 (I_{FRUA})、粮食单产指数 (I_{YGC})、土地利用率指数 (I_{LUR})。在分别测算这些指数值的基础上,可按照以下方法来定量测算土地利用经济可行度 (D_{EV}) 值:

$$D_{EV}=w_{21} \cdot I_{CLP}+w_{22} \cdot I_{ALP}+w_{23} \cdot I_{BLP}+w_{24} \cdot I_{FRUA}+w_{25} \cdot I_{YGC}+w_{26} \cdot I_{LUR} \qquad (4-32)$$

在式 (4-32) 中,w_{21}、w_{22}、w_{23}、w_{24}、w_{25} 和 w_{26} 分别为土地综合生产率指数 (I_{CLP})、农用地生产率指数 (I_{ALP})、建设用地生产率指数 (I_{BLP})、地均财政收入指数 (I_{FRUA})、粮食单产指数 (I_{YGC})、土地利用率指数 (I_{LUR}) 的权重值。

D_{EV} 值越高,表示土地利用的经济可行性程度越大。

(三) 土地利用社会可接受度 (Degrees of Social Acceptability, D_{SA})

表征土地利用社会可接受性程度的单项指标有人口压力指数 (I_{PP})、人均GDP 指数 (I_{PGDP})、农民人均可支配收入指数 (I_{NIR}) 和人均粮食产量指数 (I_{PYG})。在分别测算这些指数值的基础上,可按照以下方法来定量测算土地利用社会可接受度 (D_{SA}) 值:

$$D_{SA}=w_{31} \cdot I_{PP}+w_{32} \cdot I_{PGDP}+w_{33} \cdot I_{NIR}+w_{34} \cdot I_{PYG} \qquad (4-33)$$

在式 (4-33) 中,w_{31}、w_{32}、w_{33} 和 w_{34} 分别为人口压力指数 (I_{PP})、人均GDP 指数 (I_{PGDP})、农民人均可支配收入指数 (I_{NIR}) 和人均粮食产量指数 (I_{PYG}) 的权重值。

D_{SA} 值越高,表示土地利用的社会可接受性程度越大。

(四) 土地利用总可持续度 (Degrees of Overall Land Use Sustainability, D_{OS})

土地利用总可持续度是上述土地利用生态友好度 (D_{EF})、经济可行度 (D_{EV}) 和社会可接受度 (D_{SA}) 的有机综合与集成。在分别测算这三个综合指标值的基础上,可按照以下方法来定量测算土地利用总可持续度 (D_{OS}) 值:

$$D_{OS}=w_1 \cdot D_{EF}+w_2 \cdot D_{EV}+w_3 \cdot D_{SA} \qquad (4-34)$$

在式 (4-34) 中,w_1、w_2 和 w_3 分别为土地利用生态友好度 (D_{EF})、经济可行度 (D_{EV}) 和社会可接受度 (D_{SA}) 的权重值。

D_{OS} 值越高,表示土地利用的总体可持续性程度越大。

二、指标权重的确定方法及结果值

一般地,各指标对系统的影响程度是不同的,因此,在对系统进行综合评价时，通常需要确定各指标的不同权重值。这是土地利用评价过程中的重要环节。权重的确定方法主要有主成分分析法（Principal Components Analysis）、层次分析法（Analytic Hierarchy Process，AHP）、德尔菲法（Delphi Method）（或专家咨询法）等。其中，德尔菲法（专家咨询法）是较为常用的确定权重系数的方法，它通过组织专家对各因子权重进行赋值或打分，并通过反馈概率估算结果后，由专家对各因子权重进行第二轮、第三轮打分，使分散的赋值逐渐收敛，最后得到较为协调一致的各因子权重值。

按照德尔菲法（专家咨询法），2021 年 12 月我们组织了 18 位专家对上述区域土地利用可持续性评价各指标的权重进行赋值，经过相应处理后，得到了各层次指标的权重值（见表 4-5）。

表 4-5　区域土地利用可持续性评价各层次指标的权重值

第一层次指标	权重	第二层次指标	权重
1. 生态友好性程度	0.38	（1）土地过度垦殖指数	0.18
		（2）裸地面积指数	0.15
		（3）耕地有效灌溉指数	0.13
		（4）森林覆盖指数	0.20
		（5）生物丰度转化指数	0.18
		（6）土地生态服务价值指数	0.16
2. 经济可行性程度	0.32	（1）土地综合生产率指数	0.22
		（2）农用地产值指数	0.18
		（3）建设用地产值指数	0.16
		（4）地均财政收入指数	0.15
		（5）粮食单产指数	0.12
		（6）土地利用率指数	0.17
3. 社会可接受性程度	0.30	（1）人口压力指数	0.18
		（2）人均 GDP 指数	0.32
		（3）农村居民人均可支配收入指数	0.34
		（4）人均粮食产量指数	0.16

第六节　土地利用可持续性分级系统及其标准

在计算出研究区域的土地利用生态友好度、经济可行度、社会可接受度和总可持续度值之后，还需要以此为依据，对土地利用生态友好性、经济可行性、社会可接受性和总体可持续性进行分级，以便对不同等级的生态友好性程度、经济可行性程度、社会可接受性程度和总体可持续性程度进行定性，使研究成果做到定性与定量相结合，更好地为实施山区生态友好型土地利用战略提供科学指导和决策依据。

一、土地利用生态友好性分级

长期以来，国内外对土地利用生态友好性分级系统和分级标准尚未作过专门的探讨和研究。这里，根据我们在云南各地的长期调查和研究中形成的认识和体会，结合考虑本书的评价指标体系实际情况，拟将山区土地利用生态友好性程度划分为五个等级，即高度友好（Highly Friendly）、中度友好（Moderately Friendly）、低度友好（Lowly Friendly）、不友好（Unfriendly）和很不友好（Very Unfriendly）。同时，还确定了各生态友好性等级的划分标准及基本含义，如表4-6所示。

表4-6　土地利用生态友好性程度分级标准及基本含义

生态友好性等级	生态友好度值	基本含义
1. 高度友好	≥90	土地利用的生态友好性程度很高；土地开发利用活动没有对生态环境造成明显的影响和破坏；能够确保土地利用的生态可持续性
2. 中度友好	75~90	土地利用的生态友好性程度中等；土地开发利用活动对生态环境造成了一定程度的影响和破坏；通过采取一般性的生态建设与环境保护措施，可以确保土地利用的生态可持续性
3. 低度友好	60~75	土地利用的生态友好性程度较低；土地开发利用活动已对生态环境造成了显著的影响和破坏；需要采取切实有效的生态建设与环境保护措施，才能确保土地利用的生态可持续性

续表

生态友好性等级	生态友好度值	基本含义
4. 不友好	45~60	土地利用的生态友好性程度低下；土地开发利用活动已对生态环境造成了较大的影响和破坏；需要采取强有力的生态建设与环境保护措施，才能确保土地利用的生态可持续性
5. 很不友好	<45	土地利用的生态友好性程度非常低，不友好性特别突出；土地开发利用活动已对生态环境造成了重大的影响和破坏；需要从根本上扭转土地利用方式并采取重大的生态建设与环境保护措施，才能确保土地利用的生态可持续性

二、土地利用经济可行性和社会可接受性分级

同理，参照生态友好性程度等级体系及其划分标准，结合我们在云南各地长期调查和研究中形成的认识和体会，结合考虑本书的评价指标体系实际情况，拟将山区土地利用经济可行性程度划分为五个等级，即高度可行（Highly Viable）、中度可行（Moderately Viable）、低度可行（Lowly Viable）、不可行（Nonviable）和很不可行（Very Nonviable）。同样，可将山区土地利用的社会可接受性程度划分为五个等级，即高度可接受（Highly Acceptable）、中度可接受（Moderately Acceptable）、低度可接受（Lowly Acceptable）、不可接受（Unacceptable）和很不可接受（Very Unacceptable）。经济可行性程度和社会可接受性程度分级标准如表4-7所示。

表4-7　土地利用经济可行性程度和社会可接受性程度分级系统及标准

经济可行性分级系统及标准		社会可接受性分级系统及标准	
经济可行性等级	经济可行度值	社会可接受性等级	社会可接受度值
1. 高度可行	≥90	1. 高度可接受	≥90
2. 中度可行	75~90	2. 中度可接受	75~90
3. 低度可行	60~75	3. 低度可接受	60~75
4. 不可行	45~60	4. 不可接受	45~60
5. 很不可行	<45	5. 很不可接受	<45

三、土地利用总体可持续性分级

参照上述土地利用生态友好性程度、经济可行性程度和社会可接受性程度分级系统及标准，并考虑山区土地利用的总体特点以及本书的评价指标体系实际，结合我们在云南各地长期调查和研究中形成的认识和体会，这里拟将研究区域土地利用综合可持续性程度划分为五个等级，即高度可持续（Highly Sustainable）、中度可持续（Moderately Sustainable）、低度（勉强）可持续（Lowly Sustainable）、有条件可持续（Conditionally Sustainable）和不可持续（Unsustainable）。同时，还确定了各总体可持续性等级的划分标准及基本含义，如表4-8所示。

表4-8 土地利用综合可持续性程度分级标准及基本含义

可持续性等级	综合可持续度	基本含义
1. 高度可持续	≥90	土地利用的生态友好性、经济可行性和社会可接受性程度均很高，因而总体的可持续性程度高；土地开发利用活动没有对生态环境造成明显的影响和破坏，且经济效益和社会效益好；能够确保"人口—资源—环境—经济发展"系统的协调性和土地利用系统的可持续性
2. 中度可持续	75~90	土地利用的总体可持续性程度为中等，生态友好性、经济可行性和社会可接受性有着不同程度的不足或缺陷；土地开发利用活动对生态环境造成了一定程度的影响和破坏，或经济效益和社会效益不高；通过采取一般性的生态环境措施、经济措施或综合措施，一般可以确保"人口—资源—环境—经济发展"系统的协调性和土地利用系统的可持续性
3. 低度（勉强）可持续	60~75	土地利用的总体可持续性程度较低，生态友好性、经济可行性和社会可接受性有着显著的不足或缺陷；土地开发利用活动已对生态环境造成了显著的影响和破坏，或经济效益和社会效益低；需要采取切实有效的生态环境措施、经济措施或综合措施，才能确保"人口—资源—环境—经济发展"系统的协调性和土地利用系统的可持续性
4. 有条件可持续	45~60	土地利用的总体可持续性程度低下，生态友好性、经济可行性和社会可接受性有着较大的不足或缺陷，或者此三者中的1~2个方面有很大缺陷；如果能够采取强有力的生态环境措施、经济措施或综合措施，可以提高土地利用的可持续性程度，确保"人口—资源—环境—经济发展"系统的协调性和土地利用系统的可持续性

续表

可持续性等级	综合可持续度	基本含义
5. 不可持续	<45	土地利用的总体可持续性程度非常低，生态友好性、经济可行性和社会可接受性均有很大的不足或缺陷，或者此三者中的 1~2 个方面有重大缺陷，使土地利用系统的不可持续性特别突出；需要从根本上扭转土地利用方式并采取重大的生态环境措施、经济措施或综合措施，大幅度提高土地利用的总体可持续性程度，才能逐步增进"人口—资源—环境—经济发展"系统的协调性和土地利用系统的可持续性

本章参考文献

［1］张凤荣．持续土地利用管理的理论与实践［M］．北京：北京大学出版社，1996．

［2］陈百明，张凤荣．中国土地可持续利用指标体系的理论与方法［J］．自然资源学报，2001，16（3）：197-203．

［3］杨子生，刘彦随．中国山区生态友好型土地利用研究［M］．北京：中国科学技术出版社，2007．

［4］杨子生．土地资源学［M］．北京：经济管理出版社，2021．

［5］赵舒．金沙江中游区脱贫攻坚期间土地利用可持续度的时空变化研究——以云南省禄劝县为例［D］．云南财经大学硕士学位论文，2022．

［6］李红，智硕楠．新常态下中国能源安全动态研究——基于灰色关联 TOPSIS 模型［J］．生态经济，2020，36（8）：57-62+87．

［7］FAO. FESLM：An International Framework for Evaluating Sustainable Land Management［R］. Rome：World Soil Resources Report No. 73, Food and Agriculture Organization of the United Nations, 1993.

［8］FAO. The State of Food and Agriculture［R］. Rome：Food and Agriculture Organization of the United Nations, 1991.

［9］陈百明．区域土地可持续利用指标体系框架的构建与评价［J］．地理科学进展，2002，21（3）：204-215．

［10］张凤荣，王静，陈百明，等．土地资源可持续利用指标体系与评价方法［M］．北京：中国农业出版社，2003．

［11］水利部．中华人民共和国行业标准 SL 190—96：土壤侵蚀分类分级标准［S］．北京：中国水利水电出版社，1997．

［12］中华人民共和国国家质量监督检验检疫总局，中国国家标准化管理委员会．中华

人民共和国国家标准（GB/T 21010-2007）：土地利用现状分类［S］．北京：中国标准出版社，2007.

［13］中华人民共和国国家质量监督检验检疫总局，中国国家标准化管理委员会．中华人民共和国国家标准（GB/T 21010-2017）：土地利用现状分类［S］．北京：中国标准出版社，2017.

［14］国家环境保护总局．中华人民共和国环境保护行业标准 HJ192-2006：生态环境状况评价技术规范［S］．北京：中国环境科学出版社，2006.

［15］环境保护部．中华人民共和国国家环境保护标准 HJ192-2015：生态环境状况评价技术规范［S］．北京：中国环境科学出版社，2015.

［16］殷楠，王帅，刘焱序．生态系统服务价值评估：研究进展与展望［J］．生态学杂志，2021，40（1）：233-244.

［17］安国强，黄海浩，刘沼，等．中国土地利用与生态系统服务价值评估研究进展［J］．济南大学学报（自然科学版），2022，36（1）：28-37.

［18］Daily G. C. Eds. Nature's Service：Societal Dependence on Natural Ecosystems［M］. Washington, D. C.：Island Press, 1997.

［19］Costanza R, d'Arge R, de Groot R, et al. The Value of the World's Ecosystem Services and Natural Capital［J］. Nature, 1997, 387（6230）：253-260.

［20］谢高地，鲁春霞，成升魁．全球生态系统服务价值评估研究进展［J］．资源科学，2001，23（6）：5-9.

［21］谢高地，鲁春霞，冷允法，等．青藏高原生态资产的价值评估［J］．自然资源学报，2003，18（2）：189-195.

［22］杨子生．中国退耕还林工程驱动下的云南不同地貌区土地利用变化及其生态效应研究［M］．北京：中国科学技术出版社，2011.

［23］Renyi Yang, Fenglian Liu, Haiying Peng, et al. Analysis on the Spatio-temporal Change of Integrated Land Productivity of China in Recent 20 Years［C］//Henry Zhang, Changbo Cheng. Proceedings of The 8th Academic Conference of Geology Resource Management and Sustainable Development. Sydney, Australia：Aussino Academic Publishing House, 2020：585-595.

［24］杨子生，杨人懿，刘凤莲．基于贫困分级的云南省城乡收入差距时空演化与影响因素研究［J］．地理研究，2021，40（8）：2252-2271.

［25］任爱清．中国农用地生产率的区域差异性分析［J］．经济师，2021（11）：38-39+42.

［26］鲁奇．中国耕地资源开发、保护与粮食安全保障问题［J］．资源科学，1999，21（6）：5-8.

［27］陈百明．未来中国的农业资源综合生产能力与食物保障［J］．地理研究，2002，21（3）：294-304.

［28］杨子生，刘彦随，赵乔贵，等．基于耕地资源利用的区域粮食安全评估原理·方法及其在云南的实践［M］．北京：中国科学技术出版社，2008.

第五章

云南近 20 年土地利用可持续度的时空变化分析

随着土地利用/土地覆被的不断变化，研究区域内土地利用的可持续性程度相应地呈现出明显的变化。通过分析这些变化，可以把握土地利用可持续度的时空变化特征，据此研究和制定土地可持续利用战略的对策与措施，为区域经济社会发展提供基本保障。

第一节　土地利用可持续性定量综合评价结果

按照上述土地利用可持续性综合评价方法，定量测算出了 2000 年、2010 年和 2020 年全省 129 个县（市、区）土地利用生态友好度（D_{EF}）、土地利用经济可行度（D_{EV}）、土地利用社会可接受度（D_{SA}）和土地利用总可持续度（D_{OS}）（见表 5-1 至表 5-4）。根据测算结果，可以进行省域内各县（市、区）土地利用可持续度的时空变化分析。

表 5-1　2000 年、2010 年、2020 年云南省 129 个县（市、区）土地利用生态友好度

行政区	2000 年土地利用生态友好度	2010 年土地利用生态友好度	2020 年土地利用生态友好度	2010 年比2000 年增（+）或减（-）	2020 年比2010 年增（+）或减（-）	2020 年比2000 年增（+）或减（-）	年均增幅（%）
云南省	68.55	73.02	75.87	4.47	2.86	7.32	0.53
昆明市	63.22	66.99	70.08	3.77	3.09	6.86	0.54
五华区	52.90	63.37	65.90	10.47	2.53	13.01	1.23
盘龙区	55.27	62.74	64.37	7.47	1.63	9.10	0.82
官渡区	54.65	59.23	67.62	4.58	8.39	12.97	1.19
西山区	67.78	69.72	70.99	1.94	1.27	3.21	0.24

行政区	2000年土地利用生态友好度	2010年土地利用生态友好度	2020年土地利用生态友好度	2010年比2000年增(+)或减(-)	2020年比2010年增(+)或减(-)	2020年比2000年增(+)或减(-)	年均增幅（%）
东川区	49.04	53.32	54.41	4.28	1.09	5.37	0.55
呈贡区	57.70	58.29	64.25	0.59	5.96	6.55	0.57
晋宁区	63.83	65.55	68.56	1.72	3.01	4.73	0.37
富民县	61.20	63.62	65.31	2.42	1.69	4.10	0.34
宜良县	67.93	72.16	76.06	4.23	3.90	8.13	0.60
石林县	61.26	63.11	64.91	1.85	1.79	3.64	0.30
嵩明县	63.63	68.68	71.22	5.05	2.54	7.59	0.60
禄劝县	63.86	69.78	74.67	5.92	4.90	10.82	0.85
寻甸县	69.24	72.28	74.92	3.04	2.65	5.69	0.41
安宁市	67.52	68.95	72.01	1.43	3.07	4.50	0.33
曲靖市	58.54	62.10	64.04	3.56	1.94	5.50	0.47
麒麟区	62.19	65.24	68.42	3.05	3.18	6.23	0.50
沾益区	67.96	71.06	70.91	3.11	-0.15	2.95	0.22
马龙区	63.25	65.52	67.49	2.27	1.97	4.24	0.33
陆良县	57.89	62.07	64.03	4.18	1.96	6.13	0.53
师宗县	56.48	62.96	64.90	6.48	1.94	8.41	0.74
罗平县	50.09	52.24	54.71	2.16	2.47	4.62	0.46
富源县	54.54	57.35	59.32	2.81	1.97	4.78	0.44
会泽县	57.91	61.91	64.42	3.99	2.51	6.51	0.56
宣威市	58.86	62.27	63.72	3.41	1.45	4.86	0.41
玉溪市	71.26	75.28	78.59	4.03	3.31	7.33	0.51
红塔区	73.80	76.03	79.97	2.23	3.93	6.17	0.42
江川区	63.78	72.67	75.47	8.90	2.79	11.69	0.92
通海县	70.20	73.42	75.02	3.22	1.60	4.82	0.34
华宁县	55.89	58.51	60.40	2.62	1.89	4.51	0.40
易门县	69.34	71.73	74.05	2.39	2.32	4.71	0.34
峨山县	77.99	80.06	84.44	2.07	4.38	6.45	0.41
新平县	75.74	82.02	85.29	6.28	3.27	9.55	0.63
元江县	69.23	71.95	76.44	2.72	4.49	7.21	0.52
澄江市	64.06	68.36	70.34	4.31	1.98	6.29	0.49

行政区	2000年土地利用生态友好度	2010年土地利用生态友好度	2020年土地利用生态友好度	2010年比2000年增(+)或减(-)	2020年比2010年增(+)或减(-)	2020年比2000年增(+)或减(-)	年均增幅（%）
保山市	72.03	75.75	78.97	3.71	3.23	6.94	0.48
隆阳区	64.98	68.16	72.33	3.18	4.18	7.36	0.57
施甸县	65.22	68.40	71.97	3.19	3.57	6.76	0.52
龙陵县	69.46	73.52	76.59	4.06	3.07	7.14	0.51
昌宁县	75.34	77.38	80.57	2.04	3.20	5.24	0.35
腾冲市	79.98	85.28	87.31	5.30	2.03	7.33	0.46
昭通市	55.32	60.31	62.90	4.99	2.59	7.58	0.68
昭阳区	50.98	53.35	54.55	2.37	1.20	3.57	0.35
鲁甸县	54.57	57.22	60.08	2.65	2.87	5.52	0.51
巧家县	53.20	57.81	59.24	4.61	1.43	6.04	0.57
盐津县	62.80	68.84	71.50	6.04	2.66	8.70	0.69
大关县	58.06	63.46	65.95	5.40	2.49	7.89	0.68
永善县	50.44	53.53	59.48	3.09	5.95	9.04	0.90
绥江县	62.73	69.13	73.68	6.40	4.55	10.95	0.87
镇雄县	52.73	57.56	59.29	4.83	1.73	6.56	0.62
彝良县	55.91	65.66	68.00	9.74	2.34	12.08	1.08
威信县	56.90	61.08	63.18	4.18	2.10	6.28	0.55
水富市	67.31	72.90	76.01	5.59	3.11	8.70	0.65
丽江市	74.56	79.34	83.36	4.78	4.02	8.80	0.59
古城区	60.71	68.82	72.23	8.11	3.41	11.52	0.95
玉龙县	82.35	84.72	86.94	2.37	2.22	4.59	0.28
永胜县	67.18	70.67	77.15	3.49	6.48	9.97	0.74
华坪县	71.04	76.31	82.29	5.27	5.98	11.25	0.79
宁蒗县	77.24	82.11	83.55	4.86	1.44	6.30	0.41
普洱市	75.36	81.13	83.68	5.77	2.55	8.32	0.55
思茅区	79.96	81.59	83.62	1.62	2.03	3.66	0.23
宁洱县	77.92	84.25	85.22	6.33	0.97	7.30	0.47
墨江县	69.20	77.57	80.97	8.36	3.41	11.77	0.85
景东县	79.75	83.63	84.51	3.88	0.89	4.76	0.30
景谷县	77.30	82.02	83.08	4.72	1.05	5.77	0.37

续表

行政区	2000 年土地利用生态友好度	2010 年土地利用生态友好度	2020 年土地利用生态友好度	2010 年比2000 年增(+)或减(-)	2020 年比2010 年增(+)或减(-)	2020 年比2000 年增(+)或减(-)	年均增幅（%）
镇沅县	83.18	84.65	85.73	1.47	1.08	2.55	0.15
江城县	74.30	85.41	86.93	11.12	1.51	12.63	0.85
孟连县	73.37	78.53	80.34	5.16	1.81	6.97	0.47
澜沧县	70.21	75.44	78.73	5.23	3.29	8.52	0.61
西盟县	62.59	70.04	72.28	7.45	2.24	9.69	0.77
临沧市	64.33	69.93	72.79	5.60	2.86	8.46	0.66
临翔区	72.96	74.93	77.71	1.96	2.79	4.75	0.33
凤庆县	60.01	64.69	67.04	4.68	2.35	7.03	0.59
云县	58.60	65.59	68.84	6.99	3.25	10.24	0.87
永德县	59.34	65.67	68.17	6.33	2.51	8.83	0.74
镇康县	62.54	72.54	77.25	9.99	4.71	14.71	1.18
双江县	69.21	72.73	75.28	3.52	2.54	6.06	0.44
耿马县	64.68	70.09	72.36	5.41	2.26	7.68	0.59
沧源县	73.79	79.08	81.71	5.29	2.62	7.91	0.54
楚雄州	70.30	74.31	77.13	4.01	2.82	6.83	0.49
楚雄市	71.41	75.70	77.65	4.29	1.94	6.24	0.44
双柏县	65.02	69.21	72.67	4.19	3.46	7.65	0.59
牟定县	65.30	66.78	68.40	1.48	1.62	3.10	0.24
南华县	75.84	80.51	83.66	4.67	3.15	7.82	0.52
姚安县	75.23	76.75	79.39	1.53	2.64	4.16	0.28
大姚县	73.97	77.31	80.74	3.34	3.43	6.77	0.46
永仁县	69.53	75.98	79.98	6.45	4.00	10.45	0.75
元谋县	54.55	58.28	60.25	3.73	1.96	5.69	0.52
武定县	67.43	70.88	73.76	3.45	2.87	6.33	0.47
禄丰市	75.71	80.87	83.43	5.16	2.56	7.72	0.51
红河州	62.74	67.38	69.86	4.64	2.48	7.12	0.57
个旧市	61.45	64.72	67.26	3.26	2.54	5.81	0.47
开远市	60.16	61.70	63.24	1.54	1.54	3.08	0.26
蒙自市	59.46	62.06	64.79	2.61	2.73	5.34	0.45
弥勒市	63.16	64.06	66.24	0.90	2.17	3.07	0.24

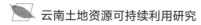

续表

行政区	2000年土地利用生态友好度	2010年土地利用生态友好度	2020年土地利用生态友好度	2010年比2000年增(+)或减(-)	2020年比2010年增(+)或减(-)	2020年比2000年增(+)或减(-)	年均增幅（%）
屏边县	60.60	67.09	70.54	6.49	3.45	9.94	0.82
建水县	61.94	67.18	69.37	5.24	2.19	7.43	0.60
石屏县	65.36	67.65	70.22	2.29	2.57	4.86	0.37
泸西县	56.75	58.53	60.60	1.78	2.07	3.85	0.34
元阳县	60.06	66.91	69.40	6.85	2.49	9.34	0.78
红河县	56.81	64.65	66.81	7.84	2.16	10.00	0.88
金平县	63.29	72.65	75.36	9.35	2.71	12.06	0.95
绿春县	65.00	70.16	72.23	5.16	2.07	7.23	0.56
河口县	72.31	78.47	81.38	6.16	2.92	9.07	0.63
文山州	60.15	64.72	66.71	4.57	1.99	6.56	0.55
文山市	54.97	59.41	61.61	4.43	2.20	6.64	0.60
砚山县	58.61	60.39	62.18	1.77	1.79	3.57	0.30
西畴县	56.71	62.60	64.94	5.88	2.34	8.23	0.73
麻栗坡县	53.89	62.21	64.68	8.32	2.47	10.79	1.00
马关县	58.24	66.10	68.27	7.87	2.17	10.03	0.86
丘北县	60.90	61.58	63.13	0.68	1.55	2.23	0.18
广南县	58.76	65.18	66.77	6.42	1.59	8.01	0.68
富宁县	70.27	74.78	76.96	4.51	2.18	6.70	0.48
西双版纳州	79.96	82.65	85.29	2.70	2.63	5.33	0.33
景洪市	78.08	80.67	83.32	2.59	2.64	5.24	0.34
勐海县	76.96	80.83	84.08	3.87	3.25	7.12	0.46
勐腊县	84.17	86.04	87.52	1.87	1.48	3.35	0.20
大理州	69.88	76.11	79.32	6.23	3.21	9.43	0.67
大理市	67.75	75.54	79.19	7.79	3.66	11.45	0.84
漾濞县	67.20	72.57	75.56	5.37	2.99	8.36	0.62
祥云县	66.91	70.62	72.44	3.71	1.82	5.53	0.41
宾川县	68.21	73.71	77.28	5.50	3.56	9.06	0.66
弥渡县	68.47	74.60	77.00	6.13	2.40	8.52	0.62
南涧县	66.46	73.21	76.24	6.75	3.03	9.78	0.74
巍山县	67.44	73.82	76.74	6.38	2.93	9.30	0.69

续表

行政区	2000 年土地利用生态友好度	2010 年土地利用生态友好度	2020 年土地利用生态友好度	2010 年比2000 年增(+)或减(−)	2020 年比2010 年增(+)或减(−)	2020 年比2000 年增(+)或减(−)	年均增幅（%）
永平县	70.74	78.73	81.87	7.99	3.15	11.13	0.79
云龙县	75.79	81.98	84.33	6.19	2.35	8.54	0.56
洱源县	66.15	73.71	77.19	7.55	3.48	11.04	0.83
剑川县	77.91	80.68	84.71	2.77	4.03	6.80	0.44
鹤庆县	62.07	71.30	73.65	9.23	2.35	11.58	0.93
德宏州	75.09	79.57	81.78	4.48	2.21	6.69	0.45
瑞丽市	78.67	81.73	84.28	3.05	2.55	5.60	0.36
芒市	73.64	75.63	78.51	1.99	2.87	4.87	0.33
梁河县	67.10	73.08	74.22	5.97	1.14	7.12	0.53
盈江县	77.50	83.17	84.80	5.66	1.64	7.30	0.47
陇川县	74.48	79.75	82.61	5.27	2.86	8.13	0.55
怒江州	77.55	80.28	83.31	2.73	3.03	5.76	0.37
泸水市	80.06	83.43	85.65	3.38	2.21	5.59	0.35
福贡县	82.76	83.51	85.49	0.75	1.98	2.73	0.16
贡山县	64.72	74.94	79.76	10.23	4.81	15.04	1.16
兰坪县	77.69	79.87	82.48	2.18	2.61	4.79	0.31
迪庆州	74.04	77.32	80.67	3.28	3.36	6.64	0.45
香格里拉市	73.96	77.99	80.95	4.04	2.96	6.99	0.47
德钦县	70.02	72.09	75.64	2.06	3.55	5.62	0.40
维西县	79.19	82.15	83.70	2.96	1.54	4.50	0.28

表 5-2　2000 年、2010 年、2020 年云南省 129 个县（市、区）土地利用经济可行度

行政区	2000 年土地利用经济可行度	2010 年土地利用经济可行度	2020 年土地利用经济可行度	2010 年比2000 年增(+)或减(−)	2020 年比2010 年增(+)或减(−)	2020 年比2000 年增(+)或减(−)	年均增幅（%）
云南省	69.22	71.07	74.05	1.85	2.98	4.82	0.35
昆明市	78.58	79.28	81.08	0.70	1.80	2.50	0.16
五华区	78.29	84.46	88.04	6.17	3.57	9.74	0.62
盘龙区	78.47	83.28	83.87	4.81	0.60	5.41	0.34
官渡区	87.83	88.03	88.37	0.20	0.34	0.54	0.03

行政区	2000年土地利用经济可行度	2010年土地利用经济可行度	2020年土地利用经济可行度	2010年比2000年增(+)或减(−)	2020年比2010年增(+)或减(−)	2020年比2000年增(+)或减(−)	年均增幅（％）
西山区	78.70	81.05	83.29	2.35	2.24	4.59	0.29
东川区	63.89	68.29	68.54	4.40	0.25	4.65	0.36
呈贡区	78.59	82.87	85.85	4.28	2.98	7.26	0.46
晋宁区	75.63	76.89	78.02	1.26	1.12	2.38	0.16
富民县	71.96	74.54	76.41	2.57	1.87	4.45	0.31
宜良县	76.39	77.47	78.03	1.08	0.56	1.64	0.11
石林县	71.02	72.01	74.38	0.99	2.36	3.36	0.24
嵩明县	76.80	79.54	80.67	2.73	1.14	3.87	0.25
禄劝县	66.25	68.21	71.58	1.96	3.37	5.33	0.40
寻甸县	65.79	68.92	71.80	3.13	2.88	6.01	0.46
安宁市	80.33	81.06	84.86	0.73	3.81	4.53	0.28
曲靖市	70.93	74.37	76.66	3.44	2.29	5.73	0.40
麒麟区	80.14	82.04	84.17	1.90	2.13	4.03	0.25
沾益区	70.69	75.12	77.18	4.43	2.06	6.49	0.46
马龙区	65.76	70.02	72.85	4.26	2.83	7.09	0.54
陆良县	73.88	76.96	79.45	3.08	2.49	5.57	0.38
师宗县	68.55	73.61	76.61	5.06	3.00	8.06	0.59
罗平县	69.32	73.59	77.51	4.27	3.91	8.18	0.59
富源县	69.81	75.21	76.27	5.40	1.06	6.46	0.46
会泽县	66.29	70.11	72.24	3.82	2.13	5.95	0.45
宣威市	67.82	70.94	73.16	3.12	2.21	5.34	0.39
玉溪市	77.57	78.07	78.56	0.49	0.49	0.99	0.06
红塔区	85.78	86.08	86.58	0.30	0.50	0.80	0.05
江川区	79.86	81.15	83.14	1.29	1.99	3.28	0.21
通海县	78.44	78.64	81.73	0.20	3.08	3.28	0.21
华宁县	71.80	73.85	76.17	2.05	2.33	4.38	0.30
易门县	71.63	72.53	75.43	0.89	2.91	3.80	0.27
峨山县	70.31	71.79	74.96	1.48	3.16	4.65	0.33
新平县	65.20	68.47	72.85	3.27	4.38	7.65	0.59
元江县	66.55	69.01	71.66	2.47	2.65	5.12	0.38

续表

行政区	2000 年土地利用经济可行度	2010 年土地利用经济可行度	2020 年土地利用经济可行度	2010 年比2000 年增(+)或减(−)	2020 年比2010 年增(+)或减(−)	2020 年比2000 年增(+)或减(−)	年均增幅（%）
澄江市	75.11	79.23	81.31	4.13	2.08	6.21	0.41
保山市	68.18	71.00	74.39	2.82	3.39	6.21	0.46
隆阳区	71.60	75.58	77.99	3.98	2.41	6.38	0.45
施甸县	66.16	67.04	70.51	0.88	3.47	4.35	0.33
龙陵县	64.34	67.36	72.17	3.02	4.81	7.83	0.61
昌宁县	64.14	67.91	71.52	3.76	3.61	7.37	0.57
腾冲市	67.52	71.20	74.37	3.68	3.17	6.85	0.51
昭通市	65.84	69.91	72.86	4.08	2.95	7.03	0.53
昭阳区	79.64	79.76	81.35	0.12	1.59	1.72	0.11
鲁甸县	66.29	71.83	73.39	5.54	1.56	7.09	0.54
巧家县	61.58	64.88	68.64	3.29	3.76	7.06	0.57
盐津县	63.39	66.12	67.13	2.73	1.01	3.74	0.29
大关县	64.60	66.71	67.72	2.11	1.01	3.12	0.24
永善县	60.62	65.14	70.76	4.52	5.62	10.15	0.84
绥江县	63.91	69.34	72.44	5.43	3.10	8.53	0.67
镇雄县	65.37	69.40	73.14	4.03	3.74	7.77	0.59
彝良县	62.72	67.52	71.72	4.80	4.20	9.00	0.72
威信县	65.38	70.31	73.17	4.92	2.86	7.78	0.60
水富市	73.22	74.72	75.35	1.50	0.64	2.13	0.15
丽江市	62.78	67.31	69.82	4.53	2.51	7.04	0.56
古城区	70.46	75.05	77.38	4.59	2.33	6.92	0.49
玉龙县	60.25	63.94	66.69	3.70	2.74	6.44	0.53
永胜县	64.23	67.46	70.70	3.23	3.24	6.47	0.53
华坪县	65.38	69.13	68.63	3.75	−0.49	3.26	0.25
宁蒗县	56.31	61.24	63.71	4.92	2.47	7.40	0.66
普洱市	60.64	65.06	67.38	4.42	2.31	6.73	0.55
思茅区	64.80	68.23	71.26	3.44	3.02	6.46	0.50
宁洱县	62.94	64.76	66.12	1.83	1.36	3.18	0.25
墨江县	61.01	63.05	66.21	2.04	3.15	5.20	0.43
景东县	63.62	66.35	68.62	2.73	2.27	4.99	0.39

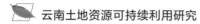

续表

行政区	2000年土地利用经济可行度	2010年土地利用经济可行度	2020年土地利用经济可行度	2010年比2000年增(+)或减(-)	2020年比2010年增(+)或减(-)	2020年比2000年增(+)或减(-)	年均增幅（%）
景谷县	61.27	65.34	66.06	4.07	0.72	4.78	0.39
镇沅县	58.84	62.89	67.94	4.04	5.05	9.09	0.77
江城县	58.17	61.46	64.56	3.30	3.09	6.39	0.55
孟连县	60.58	63.34	68.31	2.76	4.97	7.73	0.64
澜沧县	55.76	59.92	63.41	4.16	3.49	7.65	0.69
西盟县	56.79	60.50	64.47	3.71	3.97	7.68	0.68
临沧市	64.17	65.90	69.40	1.73	3.51	5.24	0.41
临翔区	64.95	68.16	72.58	3.21	4.42	7.63	0.59
凤庆县	63.52	67.44	70.93	3.92	3.50	7.42	0.58
云县	65.41	66.90	69.04	1.49	2.14	3.63	0.28
永德县	59.75	63.21	66.22	3.46	3.02	6.48	0.54
镇康县	59.23	62.17	65.50	2.94	3.33	6.27	0.53
双江县	60.48	63.38	67.44	2.90	4.06	6.96	0.58
耿马县	63.44	66.15	69.83	2.71	3.68	6.39	0.50
沧源县	60.81	62.91	67.43	2.11	4.52	6.63	0.55
楚雄州	69.50	70.50	73.39	0.99	2.89	3.89	0.28
楚雄市	73.76	74.54	76.68	0.78	2.14	2.92	0.20
双柏县	60.51	62.49	66.82	1.98	4.33	6.31	0.52
牟定县	68.80	70.24	74.04	1.44	3.80	5.24	0.38
南华县	67.69	68.90	73.69	1.21	4.79	6.00	0.44
姚安县	69.45	70.53	74.14	1.08	3.61	4.69	0.34
大姚县	65.14	66.72	70.32	1.58	3.60	5.18	0.40
永仁县	62.69	64.87	69.65	2.18	4.77	6.95	0.55
元谋县	66.24	67.95	71.39	1.71	3.44	5.15	0.39
武定县	64.99	68.09	71.58	3.09	3.50	6.59	0.51
禄丰市	72.26	73.45	74.95	1.19	1.51	2.70	0.19
红河州	65.96	70.46	73.25	4.49	2.80	7.29	0.55
个旧市	74.57	76.21	77.42	1.64	1.21	2.85	0.19
开远市	71.63	74.67	76.51	3.03	1.84	4.88	0.34
蒙自市	67.82	72.30	75.69	4.48	3.40	7.88	0.58

续表

行政区	2000 年土地利用经济可行度	2010 年土地利用经济可行度	2020 年土地利用经济可行度	2010 年比2000 年增(+)或减(-)	2020 年比2010 年增(+)或减(-)	2020 年比2000 年增(+)或减(-)	年均增幅（%）
弥勒市	69.00	70.96	73.95	1.96	2.99	4.95	0.36
屏边县	59.24	62.11	65.59	2.87	3.48	6.34	0.54
建水县	68.09	70.43	72.99	2.34	2.56	4.90	0.36
石屏县	66.53	67.92	71.40	1.39	3.48	4.87	0.37
泸西县	69.98	72.97	77.28	2.99	4.31	7.30	0.52
元阳县	62.58	66.26	69.29	3.68	3.03	6.71	0.54
红河县	62.93	64.88	68.92	1.95	4.05	5.99	0.48
金平县	59.25	63.87	66.26	4.63	2.38	7.01	0.59
绿春县	54.91	61.63	65.01	6.73	3.38	10.10	0.92
河口县	65.41	69.63	74.19	4.22	4.56	8.78	0.67
文山州	62.39	65.86	69.21	3.47	3.35	6.82	0.55
文山市	67.25	72.00	74.13	4.75	2.13	6.88	0.51
砚山县	63.14	67.33	71.34	4.19	4.01	8.20	0.65
西畴县	63.46	64.81	69.26	1.34	4.46	5.80	0.46
麻栗坡县	62.39	65.33	68.00	2.94	2.67	5.61	0.45
马关县	62.53	66.77	70.10	4.24	3.32	7.56	0.60
丘北县	59.49	62.97	66.80	3.48	3.83	7.31	0.61
广南县	59.73	62.12	65.85	2.39	3.73	6.12	0.51
富宁县	60.01	62.62	65.55	2.61	2.93	5.54	0.46
西双版纳州	67.38	67.03	70.95	-0.34	3.91	3.57	0.27
景洪市	67.16	68.68	71.02	1.53	2.34	3.86	0.29
勐海县	64.53	65.23	71.00	0.69	5.77	6.46	0.50
勐腊县	63.45	65.02	67.15	1.58	2.12	3.70	0.29
大理州	69.33	72.13	75.24	2.81	3.10	5.91	0.43
大理市	80.48	83.53	84.01	3.04	0.48	3.52	0.22
漾濞县	62.15	64.90	68.86	2.75	3.97	6.72	0.54
祥云县	71.80	73.35	77.41	1.55	4.06	5.61	0.39
宾川县	71.65	72.85	75.25	1.20	2.40	3.60	0.25
弥渡县	71.28	71.76	77.14	0.48	5.37	5.85	0.41
南涧县	66.53	67.33	71.72	0.80	4.39	5.19	0.39

续表

行政区	2000年土地利用经济可行度	2010年土地利用经济可行度	2020年土地利用经济可行度	2010年比2000年增(+)或减(-)	2020年比2010年增(+)或减(-)	2020年比2000年增(+)或减(-)	年均增幅（%）
巍山县	68.43	69.32	73.73	0.90	4.40	5.30	0.39
永平县	65.12	66.15	69.58	1.03	3.43	4.46	0.34
云龙县	62.76	65.45	68.98	2.69	3.53	6.22	0.50
洱源县	70.41	71.64	74.89	1.22	3.25	4.48	0.32
剑川县	65.61	67.19	71.51	1.58	4.32	5.90	0.45
鹤庆县	65.97	69.99	74.27	4.02	4.29	8.30	0.63
德宏州	67.57	70.58	74.43	3.01	3.85	6.86	0.51
瑞丽市	73.55	75.69	79.01	2.14	3.32	5.46	0.37
芒市	67.99	70.90	74.92	2.91	4.02	6.93	0.51
梁河县	66.08	68.09	71.72	2.01	3.63	5.64	0.43
盈江县	64.81	68.56	70.59	3.75	2.03	5.78	0.45
陇川县	66.86	68.71	73.10	1.85	4.39	6.24	0.47
怒江州	58.43	61.40	64.93	2.98	3.53	6.50	0.56
泸水市	61.04	63.58	67.72	2.55	4.14	6.68	0.55
福贡县	56.71	57.81	62.38	1.10	4.57	5.67	0.50
贡山县	50.30	52.44	58.82	2.14	6.39	8.53	0.85
兰坪县	61.69	64.46	67.96	2.76	3.50	6.27	0.51
迪庆州	56.84	62.98	65.35	6.14	2.37	8.51	0.75
香格里拉市	56.91	63.16	65.04	6.25	1.88	8.13	0.71
德钦县	52.03	59.96	61.73	7.93	1.77	9.70	0.93
维西县	57.94	64.28	66.93	6.35	2.64	8.99	0.78

表5-3 2000年、2010年、2020年云南省129个县（市、区）土地利用社会可接受度

行政区	2000年土地利用社会可接受度	2010年土地利用社会可接受度	2020年土地利用社会可接受度	2010年比2000年增(+)或减(-)	2020年比2010年增(+)或减(-)	2020年比2000年增(+)或减(-)	年均增幅（%）
云南省	60.12	63.84	74.72	3.71	10.88	14.60	1.21
昆明市	62.98	63.75	71.08	0.77	7.33	8.10	0.64
五华区	38.76	48.14	59.40	9.38	11.26	20.63	2.66
盘龙区	57.52	56.60	66.93	-0.92	10.33	9.41	0.82

续表

行政区	2000 年土地利用社会可接受度	2010 年土地利用社会可接受度	2020 年土地利用社会可接受度	2010 年比 2000 年增（+）或减（-）	2020 年比 2010 年增（+）或减（-）	2020 年比 2000 年增（+）或减（-）	年均增幅（%）
官渡区	61.82	62.60	63.10	0.78	0.50	1.28	0.10
西山区	60.91	58.80	68.04	-2.11	9.23	7.13	0.59
东川区	52.26	58.97	63.73	6.71	4.75	11.46	1.10
呈贡区	62.26	62.33	70.27	0.08	7.94	8.01	0.64
晋宁区	66.63	66.00	72.34	-0.64	6.35	5.71	0.43
富民县	66.78	70.07	82.17	3.29	12.10	15.39	1.15
宜良县	70.49	72.52	82.02	2.02	9.50	11.53	0.82
石林县	66.59	73.97	84.96	7.38	10.99	18.37	1.38
嵩明县	64.09	64.86	69.45	0.76	4.59	5.35	0.42
禄劝县	57.81	64.55	74.62	6.74	10.08	16.81	1.45
寻甸县	56.49	64.25	74.32	7.76	10.07	17.83	1.58
安宁市	66.35	66.23	75.31	-0.12	9.08	8.96	0.68
曲靖市	59.73	67.44	80.59	7.71	13.15	20.86	1.75
麒麟区	65.55	66.47	78.15	0.92	11.68	12.60	0.96
沾益区	67.12	72.33	84.53	5.21	12.21	17.42	1.30
马龙区	57.35	66.28	78.55	8.93	12.27	21.20	1.85
陆良县	62.44	71.29	84.75	8.85	13.46	22.31	1.79
师宗县	59.07	66.74	79.83	7.67	13.10	20.77	1.76
罗平县	58.71	69.42	84.98	10.72	15.55	26.27	2.24
富源县	59.40	66.70	79.81	7.31	13.11	20.42	1.72
会泽县	54.05	61.16	76.68	7.11	15.52	22.63	2.09
宣威市	58.23	66.90	79.39	8.66	12.49	21.16	1.82
玉溪市	65.82	65.58	77.49	-0.24	11.91	11.67	0.89
红塔区	73.25	67.44	73.93	-5.81	6.49	0.68	0.05
江川区	61.06	61.40	72.27	0.34	10.86	11.20	0.92
通海县	63.26	62.56	74.32	-0.69	11.75	11.06	0.87
华宁县	62.62	65.49	79.33	2.88	13.83	16.71	1.33
易门县	63.42	64.70	80.92	1.28	16.22	17.50	1.38
峨山县	62.55	66.44	82.99	3.89	16.55	20.44	1.63
新平县	59.54	65.19	83.27	5.65	18.09	23.74	1.99

续表

行政区	2000年土地利用社会可接受度	2010年土地利用社会可接受度	2020年土地利用社会可接受度	2010年比2000年增（+）或减（−）	2020年比2010年增（+）或减（−）	2020年比2000年增（+）或减（−）	年均增幅（%）
元江县	58.88	66.02	81.74	7.15	15.71	22.86	1.94
澄江市	62.99	66.36	75.11	3.37	8.75	12.12	0.96
保山市	60.00	65.87	78.49	5.87	12.62	18.50	1.54
隆阳区	60.71	66.45	80.38	5.74	13.93	19.67	1.62
施甸县	60.18	63.65	76.16	3.47	12.51	15.98	1.33
龙陵县	59.43	63.42	77.63	3.99	14.21	18.20	1.53
昌宁县	60.54	66.80	78.74	6.26	11.94	18.20	1.50
腾冲市	59.33	68.60	78.38	9.27	9.78	19.05	1.61
昭通市	52.15	57.61	69.84	5.46	12.23	17.70	1.70
昭阳区	59.66	61.87	70.65	2.21	8.78	11.00	0.92
鲁甸县	51.72	58.57	68.85	6.84	10.28	17.12	1.66
巧家县	50.22	58.69	72.62	8.47	13.93	22.40	2.23
盐津县	50.91	56.64	70.95	5.72	14.31	20.03	1.97
大关县	51.33	56.51	70.03	5.18	13.52	18.70	1.82
永善县	51.31	59.54	77.21	8.23	17.67	25.90	2.52
绥江县	50.85	55.95	65.41	5.11	9.45	14.56	1.43
镇雄县	46.81	52.82	66.02	6.00	13.21	19.21	2.05
彝良县	49.27	56.32	69.76	7.05	13.44	20.49	2.08
威信县	52.94	58.24	71.35	5.30	13.10	18.40	1.74
水富市	56.81	58.25	69.52	1.44	11.28	12.72	1.12
丽江市	58.53	61.98	73.40	3.45	11.43	14.87	1.27
古城区	58.91	62.01	74.16	3.10	12.15	15.25	1.29
玉龙县	64.32	66.61	77.82	2.29	11.21	13.50	1.05
永胜县	59.16	62.00	77.36	2.84	15.36	18.20	1.54
华坪县	62.40	65.52	75.28	3.12	9.76	12.88	1.03
宁蒗县	51.26	55.55	64.70	4.29	9.15	13.44	1.31
普洱市	56.81	62.20	76.94	5.39	14.74	20.13	1.77
思茅区	57.45	58.48	65.87	1.03	7.39	8.42	0.73
宁洱县	59.63	63.26	77.95	3.63	14.69	18.32	1.54
墨江县	53.84	58.38	76.09	4.54	17.71	22.25	2.07

行政区	2000 年土地利用社会可接受度	2010 年土地利用社会可接受度	2020 年土地利用社会可接受度	2010 年比2000 年增（+）或减（-）	2020 年比2010 年增（+）或减（-）	2020 年比2000 年增（+）或减（-）	年均增幅（%）
景东县	58.32	62.97	77.81	4.65	14.84	19.49	1.67
景谷县	59.96	68.14	78.71	8.18	10.58	18.76	1.56
镇沅县	56.22	62.65	79.01	6.43	16.36	22.79	2.03
江城县	56.03	58.48	75.99	2.45	17.51	19.96	1.78
孟连县	57.29	59.96	76.54	2.67	16.58	19.25	1.68
澜沧县	52.34	57.83	75.03	5.49	17.21	22.70	2.17
西盟县	52.93	57.10	74.46	4.16	17.36	21.52	2.03
临沧市	56.51	60.60	76.30	4.09	15.70	19.79	1.75
临翔区	56.61	58.43	69.70	1.82	11.27	13.09	1.16
凤庆县	55.17	60.24	76.31	5.07	16.07	21.14	1.92
云县	57.86	63.49	78.53	5.63	15.04	20.68	1.79
永德县	55.94	60.46	76.67	4.51	16.21	20.73	1.85
镇康县	56.00	60.60	76.74	4.60	16.14	20.74	1.85
双江县	55.25	59.53	75.79	4.29	16.26	20.55	1.86
耿马县	57.56	61.69	76.32	4.13	14.64	18.77	1.63
沧源县	56.35	58.52	76.39	2.18	17.87	20.04	1.78
楚雄州	62.33	64.40	78.27	2.07	13.87	15.94	1.28
楚雄市	65.46	64.76	73.86	-0.71	9.11	8.40	0.64
双柏县	59.50	58.24	76.97	-1.27	18.73	17.47	1.47
牟定县	61.29	62.50	77.31	1.21	14.81	16.03	1.31
南华县	60.87	64.46	77.65	3.59	13.19	16.78	1.38
姚安县	62.07	65.16	78.34	3.08	13.18	16.27	1.31
大姚县	60.33	63.75	77.64	3.42	13.89	17.31	1.43
永仁县	61.51	62.72	77.30	1.22	14.58	15.79	1.28
元谋县	60.84	64.79	79.30	3.94	14.51	18.46	1.52
武定县	58.59	60.66	76.62	2.07	15.96	18.03	1.54
禄丰市	65.75	69.11	80.10	3.36	11.00	14.36	1.09
红河州	58.14	62.63	76.03	4.49	13.40	17.89	1.54
个旧市	58.32	62.39	74.77	4.07	12.38	16.45	1.41
开远市	63.01	67.75	85.62	4.73	17.88	22.61	1.79

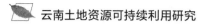

续表

行政区	2000年土地利用社会可接受度	2010年土地利用社会可接受度	2020年土地利用社会可接受度	2010年比2000年增（+）或减（－）	2020年比2010年增（+）或减（－）	2020年比2000年增（+）或减（－）	年均增幅（%）
蒙自市	59.48	64.06	75.64	4.57	11.59	16.16	1.36
弥勒市	62.57	65.32	83.20	2.75	17.88	20.63	1.65
屏边县	56.15	59.71	73.84	3.56	14.13	17.69	1.58
建水县	59.65	63.52	80.44	3.88	16.92	20.79	1.74
石屏县	58.87	62.48	79.15	3.60	16.67	20.28	1.72
泸西县	58.25	62.21	79.66	3.96	17.45	21.41	1.84
元阳县	53.59	57.59	71.23	4.00	13.64	17.64	1.65
红河县	53.53	55.58	72.99	2.05	17.41	19.46	1.82
金平县	52.55	56.21	69.72	3.66	13.51	17.17	1.63
绿春县	52.25	57.05	72.66	4.80	15.61	20.41	1.95
河口县	54.42	57.02	72.80	2.60	15.78	18.38	1.69
文山州	54.77	60.20	75.04	5.43	14.84	20.27	1.85
文山市	55.92	62.21	72.84	6.29	10.63	16.92	1.51
砚山县	55.14	63.29	77.10	8.16	13.81	21.97	1.99
西畴县	52.50	56.62	74.10	4.12	17.48	21.60	2.06
麻栗坡县	53.62	59.02	73.55	5.40	14.53	19.93	1.86
马关县	54.72	61.64	76.21	6.92	14.57	21.49	1.96
丘北县	55.47	59.87	75.83	4.40	15.96	20.36	1.84
广南县	51.91	57.71	73.37	5.80	15.66	21.46	2.07
富宁县	54.10	58.59	70.89	4.49	12.29	16.78	1.55
西双版纳州	63.66	64.71	77.43	1.05	12.72	13.77	1.08
景洪市	63.37	64.25	73.09	0.88	8.84	9.72	0.77
勐海县	62.55	68.07	79.57	5.52	11.50	17.02	1.36
勐腊县	64.47	61.79	72.00	－2.67	10.21	7.54	0.58
大理州	62.88	64.48	78.86	1.61	14.38	15.99	1.27
大理市	66.56	63.85	72.36	－2.71	8.51	5.79	0.44
漾濞县	61.58	64.59	77.72	3.01	13.13	16.14	1.31
祥云县	60.65	62.74	79.94	2.09	17.20	19.29	1.59
宾川县	64.96	65.11	84.61	0.16	19.50	19.65	1.51
弥渡县	60.43	59.07	76.38	－1.36	17.31	15.95	1.32

行政区	2000 年土地利用社会可接受度	2010 年土地利用社会可接受度	2020 年土地利用社会可接受度	2010 年比2000 年增(+)或减(-)	2020 年比2010 年增(+)或减(-)	2020 年比2000 年增(+)或减(-)	年均增幅（%）
南涧县	58.65	58.06	75.15	-0.59	17.09	16.50	1.41
巍山县	59.16	59.80	76.57	0.65	16.77	17.41	1.47
永平县	62.47	63.44	77.25	0.97	13.80	14.78	1.18
云龙县	60.88	63.63	75.76	2.75	12.13	14.88	1.22
洱源县	61.87	66.87	77.44	5.01	10.57	15.57	1.26
剑川县	59.95	60.82	74.21	0.87	13.38	14.26	1.19
鹤庆县	58.63	65.48	77.10	6.84	11.63	18.47	1.58
德宏州	59.36	66.93	77.15	7.57	10.22	17.79	1.50
瑞丽市	66.65	67.79	69.53	1.13	1.75	2.88	0.22
芒市	60.87	67.56	78.66	6.69	11.09	17.79	1.46
梁河县	55.36	58.13	73.36	2.76	15.23	18.00	1.63
盈江县	60.13	68.13	77.64	8.00	9.51	17.51	1.46
陇川县	58.83	65.19	76.05	6.36	10.86	17.22	1.46
怒江州	55.78	56.70	62.42	0.92	5.72	6.64	0.60
泸水市	56.35	55.99	61.71	-0.36	5.71	5.35	0.47
福贡县	52.09	52.46	54.84	0.37	2.38	2.75	0.26
贡山县	54.14	52.91	57.01	-1.22	4.09	2.87	0.27
兰坪县	57.21	58.69	67.45	1.48	8.76	10.24	0.90
迪庆州	58.95	63.60	71.48	4.65	7.88	12.53	1.06
香格里拉市	60.38	64.91	69.91	4.54	5.00	9.53	0.79
德钦县	57.16	62.31	71.48	5.15	9.18	14.33	1.25
维西县	57.06	62.42	73.45	5.35	11.04	16.39	1.44

表 5-4　2000 年、2010 年、2020 年云南省 129 个县（市、区）土地利用总可持续度

行政区	2000 年土地利用总可持续度	2010 年土地利用总可持续度	2020 年土地利用总可持续度	2010 年比2000 年增(+)或减(-)	2020 年比2010 年增(+)或减(-)	2020 年比2000 年增(+)或减(-)	年均增幅（%）
云南省	66.24	69.64	74.94	3.40	5.30	8.71	0.66
昆明市	68.07	69.95	73.90	1.88	3.95	5.84	0.43
五华区	56.78	65.55	71.03	8.77	5.48	14.25	1.25

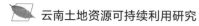

续表

行政区	2000年土地利用总可持续度	2010年土地利用总可持续度	2020年土地利用总可持续度	2010年比2000年增(+)或减(−)	2020年比2010年增(+)或减(−)	2020年比2000年增(+)或减(−)	年均增幅（%）
盘龙区	63.37	67.47	71.38	4.10	3.91	8.01	0.63
官渡区	67.42	69.46	72.90	2.04	3.45	5.48	0.41
西山区	69.22	70.07	74.04	0.86	3.97	4.82	0.35
东川区	54.76	59.81	61.73	5.05	1.92	6.97	0.64
呈贡区	65.75	67.37	72.97	1.62	5.60	7.22	0.55
晋宁区	68.45	69.31	72.72	0.86	3.41	4.27	0.31
富民县	66.32	69.05	73.92	2.73	4.87	7.60	0.57
宜良县	71.41	73.97	78.48	2.56	4.51	7.07	0.50
石林县	65.98	69.22	73.95	3.23	4.73	7.97	0.60
嵩明县	67.98	71.01	73.71	3.02	2.70	5.73	0.42
禄劝县	62.81	67.70	73.67	4.90	5.96	10.86	0.86
寻甸县	64.31	68.79	73.74	4.49	4.95	9.44	0.73
安宁市	71.27	72.01	77.12	0.74	5.11	5.85	0.41
曲靖市	62.86	67.63	73.04	4.77	5.42	10.18	0.81
麒麟区	68.94	70.99	76.38	2.04	5.40	7.44	0.54
沾益区	68.58	72.74	77.00	4.16	4.26	8.42	0.61
马龙区	62.28	67.19	72.52	4.90	5.33	10.24	0.82
陆良县	64.37	69.60	75.18	5.23	5.58	10.81	0.84
师宗县	61.12	67.50	73.13	6.38	5.63	12.01	0.98
罗平县	58.83	64.23	71.08	5.40	6.85	12.26	1.04
富源县	60.88	65.87	70.89	4.99	5.02	10.01	0.82
会泽县	59.43	64.31	70.60	4.87	6.29	11.17	0.94
宣威市	61.54	66.43	71.44	4.89	5.01	9.90	0.80
玉溪市	71.65	73.26	78.25	1.62	4.99	6.60	0.46
红塔区	77.47	76.67	80.27	−0.80	3.60	2.80	0.18
江川区	68.11	72.00	76.96	3.90	4.96	8.85	0.65
通海县	70.75	71.83	76.96	1.08	5.12	6.20	0.44
华宁县	63.00	65.51	71.13	2.51	5.61	8.13	0.65
易门县	68.30	69.88	76.56	1.58	6.68	8.26	0.60

续表

行政区	2000 年土地利用总可持续度	2010 年土地利用总可持续度	2020 年土地利用总可持续度	2010 年比2000 年增(+)或减(−)	2020 年比2010 年增(+)或减(−)	2020 年比2000 年增(+)或减(−)	年均增幅（％）
峨山县	70.90	73.33	80.97	2.43	7.64	10.07	0.71
新平县	67.51	72.63	80.70	5.13	8.07	13.20	0.98
元江县	65.27	69.23	76.50	3.97	7.27	11.23	0.86
澄江市	67.27	71.24	75.28	3.97	4.04	8.01	0.60
保山市	67.19	71.26	77.36	4.07	6.10	10.17	0.76
隆阳区	65.82	70.02	76.56	4.20	6.54	10.74	0.82
施甸县	64.01	66.54	72.76	2.53	6.22	8.76	0.68
龙陵县	64.81	68.52	75.49	3.71	6.97	10.67	0.82
昌宁县	67.32	71.17	77.13	3.86	5.95	9.81	0.73
腾冲市	69.80	75.77	80.49	5.97	4.72	10.69	0.77
昭通市	57.73	62.57	68.17	4.84	5.60	10.44	0.90
昭阳区	62.75	64.36	67.96	1.60	3.60	5.21	0.41
鲁甸县	57.47	62.30	66.97	4.83	4.67	9.50	0.83
巧家县	54.99	60.34	66.26	5.35	5.93	11.27	1.03
盐津县	59.43	64.31	69.94	4.88	5.63	10.51	0.88
大关县	58.13	62.42	67.74	4.28	5.33	9.61	0.83
永善县	53.96	59.05	68.41	5.09	9.36	14.45	1.34
绥江县	59.54	65.24	70.80	5.70	5.56	11.26	0.95
镇雄县	55.00	59.93	65.74	4.93	5.82	10.74	0.98
彝良县	56.10	63.45	69.72	7.35	6.27	13.62	1.21
威信县	58.43	63.18	68.82	4.75	5.64	10.40	0.89
水富市	66.05	69.08	73.85	3.04	4.77	7.81	0.59
丽江市	65.98	70.28	76.04	4.30	5.76	10.06	0.76
古城区	63.29	68.77	74.46	5.48	5.69	11.17	0.88
玉龙县	69.87	72.64	77.72	2.77	5.08	7.85	0.56
永胜县	63.83	67.04	75.15	3.21	8.11	11.32	0.89
华坪县	66.64	70.78	75.82	4.14	5.04	9.18	0.69
宁蒗县	62.75	67.46	71.54	4.71	4.08	8.79	0.70
普洱市	65.09	70.31	76.44	5.22	6.13	11.35	0.87

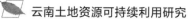

续表

行政区	2000年土地利用总可持续度	2010年土地利用总可持续度	2020年土地利用总可持续度	2010年比2000年增(+)或减(-)	2020年比2010年增(+)或减(-)	2020年比2000年增(+)或减(-)	年均增幅（%）
思茅区	68.36	70.38	74.34	2.02	3.96	5.98	0.44
宁洱县	67.64	71.72	76.93	4.08	5.21	9.29	0.69
墨江县	61.97	67.17	74.78	5.20	7.62	12.81	1.03
景东县	68.16	71.90	77.42	3.74	5.51	9.25	0.68
景谷县	66.97	72.52	76.32	5.55	3.80	9.35	0.70
镇沅县	67.30	71.08	78.02	3.78	6.94	10.71	0.80
江城县	63.65	69.67	76.49	6.02	6.82	12.83	1.01
孟连县	64.45	68.10	75.35	3.64	7.25	10.90	0.85
澜沧县	60.22	65.19	72.72	4.97	7.53	12.49	1.04
西盟县	57.84	63.11	70.43	5.27	7.33	12.60	1.09
临沧市	61.93	65.84	72.76	3.91	6.92	10.83	0.87
临翔区	65.49	67.81	73.66	2.32	5.85	8.17	0.62
凤庆县	59.68	64.24	71.07	4.55	6.83	11.39	0.95
云县	60.56	65.38	71.81	4.82	6.43	11.26	0.93
永德县	58.45	63.32	70.10	4.87	6.78	11.65	1.00
镇康县	59.52	65.64	73.34	6.12	7.70	13.82	1.16
双江县	62.23	65.78	72.92	3.55	7.14	10.70	0.86
耿马县	62.15	66.31	72.74	4.16	6.43	10.59	0.85
沧源县	64.40	67.74	75.54	3.34	7.80	11.14	0.86
楚雄州	67.65	70.12	76.27	2.46	6.16	8.62	0.64
楚雄市	70.38	72.05	76.20	1.67	4.16	5.82	0.41
双柏县	61.92	63.77	72.09	1.85	8.32	10.16	0.82
牟定县	65.22	66.60	72.88	1.39	6.28	7.66	0.59
南华县	68.74	71.98	78.67	3.24	6.69	9.93	0.72
姚安县	69.43	71.28	77.40	1.85	6.11	7.96	0.57
大姚县	67.05	69.85	76.47	2.80	6.62	9.42	0.70
永仁县	64.93	68.45	75.87	3.51	7.42	10.93	0.84
元谋县	60.18	63.33	69.53	3.15	6.20	9.35	0.78
武定县	64.00	66.92	73.92	2.92	7.00	9.92	0.78

续表

行政区	2000 年土地利用总可持续度	2010 年土地利用总可持续度	2020 年土地利用总可持续度	2010 年比2000 年增(+)或减(-)	2020 年比2010 年增(+)或减(-)	2020 年比2000 年增(+)或减(-)	年均增幅（%）
禄丰市	71.62	74.97	79.72	3.35	4.75	8.10	0.57
红河州	62.39	66.94	72.80	4.55	5.86	10.41	0.83
个旧市	64.71	67.70	72.76	2.99	5.07	8.05	0.62
开远市	64.69	67.66	74.20	2.98	6.54	9.51	0.74
蒙自市	62.14	65.94	71.54	3.80	5.60	9.40	0.76
弥勒市	64.85	66.65	73.79	1.79	7.15	8.94	0.69
屏边县	58.83	63.28	69.94	4.45	6.66	11.11	0.94
建水县	63.22	67.12	73.85	3.90	6.73	10.63	0.84
石屏县	63.79	66.19	73.28	2.40	7.09	9.49	0.74
泸西县	61.43	64.25	71.66	2.82	7.40	10.22	0.83
元阳县	58.93	63.91	69.91	4.98	6.01	10.99	0.93
红河县	57.79	62.00	69.34	4.22	7.34	11.56	1.00
金平县	58.78	64.91	70.75	6.13	5.85	11.98	1.02
绿春县	57.95	63.50	70.05	5.55	6.55	12.10	1.04
河口县	64.74	69.21	76.51	4.47	7.30	11.77	0.91
文山州	59.25	63.73	70.01	4.47	6.28	10.76	0.91
文山市	59.19	64.28	68.99	5.09	4.71	9.80	0.83
砚山县	59.02	63.48	69.59	4.46	6.11	10.57	0.90
西畴县	57.61	61.51	69.07	3.90	7.56	11.46	0.99
麻栗坡县	56.53	62.25	68.40	5.72	6.15	11.87	1.05
马关县	58.56	64.98	71.24	6.42	6.26	12.68	1.08
丘北县	58.82	61.51	68.11	2.69	6.60	9.29	0.79
广南县	57.01	61.96	68.45	4.95	6.49	11.44	1.00
富宁县	62.14	66.03	71.49	3.90	5.45	9.35	0.75
西双版纳州	71.04	72.27	78.34	1.23	6.07	7.30	0.51
景洪市	70.17	71.91	76.31	1.74	4.40	6.14	0.44
勐海县	68.66	72.01	78.54	3.35	6.53	9.88	0.72
勐腊县	71.63	72.04	76.35	0.41	4.30	4.72	0.33
大理州	67.60	71.35	77.87	3.75	6.53	10.27	0.76

续表

行政区	2000年土地利用总可持续度	2010年土地利用总可持续度	2020年土地利用总可持续度	2010年比2000年增（+）或减（-）	2020年比2010年增（+）或减（-）	2020年比2000年增（+）或减（-）	年均增幅（%）
大理市	71.47	74.59	78.68	3.12	4.10	7.22	0.50
漾濞县	63.90	67.72	74.07	3.82	6.34	10.17	0.80
祥云县	66.60	69.13	76.28	2.53	7.15	9.68	0.73
宾川县	68.34	70.86	78.83	2.52	7.97	10.49	0.77
弥渡县	66.96	69.03	76.86	2.07	7.82	9.90	0.74
南涧县	64.14	66.78	74.47	2.64	7.68	10.33	0.81
巍山县	65.27	68.18	75.73	2.90	7.55	10.45	0.80
永平县	66.46	70.12	76.55	3.66	6.43	10.09	0.76
云龙县	67.15	71.18	76.84	4.04	5.66	9.70	0.72
洱源县	66.23	70.99	76.53	4.76	5.54	10.30	0.78
剑川县	68.59	70.41	77.34	1.82	6.93	8.75	0.64
鹤庆县	62.29	69.13	74.88	6.85	5.75	12.60	1.01
德宏州	67.96	72.90	78.04	4.94	5.14	10.08	0.74
瑞丽市	73.43	75.61	78.17	2.19	2.55	4.74	0.32
芒市	68.00	71.70	77.40	3.70	5.71	9.40	0.69
梁河县	63.25	66.99	73.16	3.74	6.17	9.91	0.78
盈江县	68.23	73.98	78.10	5.75	4.12	9.88	0.72
陇川县	67.34	71.85	77.60	4.50	5.75	10.26	0.76
怒江州	64.90	67.17	71.16	2.26	4.00	6.26	0.48
泸水市	66.86	68.85	72.73	1.99	3.88	5.87	0.44
福贡县	65.22	65.97	68.90	0.75	2.93	3.68	0.28
贡山县	56.93	61.13	66.23	4.20	5.10	9.30	0.82
兰坪县	66.43	68.58	73.33	2.16	4.74	6.90	0.52
迪庆州	64.01	68.61	73.01	4.61	4.40	9.00	0.70
香格里拉市	64.43	69.32	72.55	4.89	3.23	8.12	0.63
德钦县	60.41	65.27	69.94	4.86	4.67	9.54	0.79
维西县	65.75	70.51	75.26	4.76	4.74	9.51	0.72

第二节　土地利用可持续性的总体特征与空间差异性

一、云南省土地利用生态友好性分析

按照前文生态友好性评价指标体系及其测算方法，我们测算了 2020 年云南省 129 个县（市、区）的综合评价指数值——土地利用生态友好度（D_{EF}）和各单项指数值——土地过度垦殖指数（I_{OR}）、裸地面积指数（I_{BLA}）、耕地有效灌溉指数（I_{EI}）、森林覆盖指数（I_{FC}）、生物丰度转化指数（I_{BRC}）、土地生态服务价值指数（I_{ESV}）。以各县（市、区）的综合评价指数值——土地利用生态友好度（D_{EF}）为基本依据，按照已拟定的分级标准（见第四章表 4-6），分别确定了各县（市、区）土地利用生态友好性程度等级（见表 5-5），为分析云南省土地利用生态友好性现状特点、探讨对策和制定措施奠定了基础依据。

表 5-5　2020 年云南省分县土地利用生态友好度计算值及生态友好性等级

行政区	土地过度垦殖指数（I_{OR}）	裸地面积指数（I_{BLA}）	耕地有效灌溉指数（I_{EI}）	森林覆盖指数（I_{FC}）	生物丰度转化指数（I_{BRC}）	土地生态服务价值指数（I_{ESV}）	土地利用生态友好度（D_{EF}）	生态友好性等级
云南省	85.38	97.90	24.64	69.06	83.27	78.56	75.87	2. 中度友好
昆明市	90.92	98.03	35.04	45.72	73.22	68.74	70.08	3. 低度友好
五华区	97.28	98.64	30.97	43.56	63.99	55.01	65.90	3. 低度友好
盘龙区	92.46	98.52	29.49	47.09	57.84	55.05	64.37	3. 低度友好
官渡区	97.46	99.53	50.93	43.41	58.21	61.86	67.62	3. 低度友好
西山区	96.64	98.80	42.87	42.81	64.33	81.24	70.99	3. 低度友好
东川区	87.80	94.89	10.41	24.80	58.27	44.54	54.41	4. 不友好
呈贡区	98.15	98.01	53.79	17.46	57.53	68.16	64.25	3. 低度友好
晋宁区	95.20	97.86	46.78	30.71	67.89	73.91	68.56	3. 低度友好
富民县	84.57	98.48	21.01	41.73	73.92	64.11	65.31	3. 低度友好
宜良县	91.45	99.60	39.72	57.75	75.74	76.24	76.06	2. 中度友好

行政区	土地过度垦殖指数（I_{OR}）	裸地面积指数（I_{BLA}）	耕地有效灌溉指数（I_{EI}）	森林覆盖指数（I_{FC}）	生物丰度转化指数（I_{BRC}）	土地生态服务价值指数（I_{ESV}）	土地利用生态友好度（D_{EF}）	生态友好性等级
石林县	85.42	94.99	31.85	44.23	65.45	61.52	64.91	3. 低度友好
嵩明县	88.67	98.82	59.14	45.98	66.35	65.43	71.22	3. 低度友好
禄劝县	91.81	97.84	21.64	52.17	86.08	77.09	74.67	3. 低度友好
寻甸县	90.66	99.05	43.17	50.32	83.77	73.87	74.92	3. 低度友好
安宁市	95.41	99.55	26.42	58.25	71.60	68.79	72.01	3. 低度友好
曲靖市	87.17	95.79	31.82	40.59	64.88	58.42	64.04	3. 低度友好
麒麟区	94.59	98.34	56.97	41.36	59.76	58.59	68.42	3. 低度友好
沾益区	85.60	98.33	29.18	58.52	73.86	70.81	70.91	3. 低度友好
马龙区	84.63	99.66	30.64	46.93	71.42	65.54	67.49	3. 低度友好
陆良县	81.40	97.28	50.84	38.26	58.67	57.88	64.03	3. 低度友好
师宗县	89.23	95.84	39.80	31.61	70.05	59.89	64.90	3. 低度友好
罗平县	81.62	87.33	34.22	21.56	56.39	47.87	54.71	4. 不友好
富源县	86.88	97.77	15.94	36.32	59.45	52.01	59.32	4. 不友好
会泽县	89.06	95.73	19.18	43.75	69.12	60.12	64.42	3. 低度友好
宣威市	92.90	95.61	17.75	43.93	62.97	57.30	63.72	3. 低度友好
玉溪市	90.25	99.29	27.44	67.81	85.39	84.23	78.59	2. 中度友好
红塔区	98.09	99.54	51.48	66.94	78.43	75.54	79.97	2. 中度友好
江川区	91.28	99.49	43.77	42.87	75.41	95.09	75.47	2. 中度友好
通海县	93.82	99.90	45.49	50.84	74.97	79.99	75.02	2. 中度友好
华宁县	87.97	97.70	18.54	22.08	69.48	61.15	60.40	3. 低度友好
易门县	86.02	97.92	22.82	56.88	88.19	78.30	74.05	3. 低度友好
峨山县	91.99	99.74	16.34	85.65	95.17	91.13	84.44	2. 中度友好
新平县	92.36	99.58	20.99	90.70	92.64	90.73	85.29	2. 中度友好
元江县	81.90	99.88	20.62	69.64	84.31	79.81	76.44	2. 中度友好
澄江市	93.73	98.66	26.43	28.14	73.51	99.32	70.34	3. 低度友好
保山市	90.03	99.73	27.89	76.46	81.67	79.70	78.97	2. 中度友好
隆阳区	90.20	99.55	17.02	58.65	76.91	72.43	72.33	3. 低度友好
施甸县	87.62	99.41	35.74	56.48	72.11	67.40	71.97	3. 低度友好
龙陵县	93.14	99.80	12.68	72.32	82.34	78.68	76.59	2. 中度友好

行政区	土地过度垦殖指数（I_{OR}）	裸地面积指数（I_{BLA}）	耕地有效灌溉指数（I_{EI}）	森林覆盖指数（I_{FC}）	生物丰度转化指数（I_{BRC}）	土地生态服务价值指数（I_{ESV}）	土地利用生态友好度（D_{EF}）	生态友好性等级
昌宁县	94.68	99.95	21.76	84.37	79.95	81.90	80.57	2. 中度友好
腾冲市	86.28	99.79	49.86	95.11	89.72	89.06	87.31	2. 中度友好
昭通市	81.06	99.21	12.40	39.02	72.20	62.87	62.90	3. 低度友好
昭阳区	85.03	98.92	15.73	18.07	59.02	49.45	54.55	4. 不友好
鲁甸县	90.88	98.86	23.51	18.31	69.36	55.02	60.08	3. 低度友好
巧家县	88.61	98.65	11.88	28.04	66.85	55.18	59.24	4. 不友好
盐津县	84.26	99.86	4.51	64.97	81.31	74.88	71.50	3. 低度友好
大关县	77.82	99.37	2.28	44.70	85.40	72.47	65.95	3. 低度友好
永善县	62.78	97.74	12.75	37.50	68.56	60.19	59.48	4. 不友好
绥江县	71.64	99.91	14.33	73.76	81.18	81.13	73.68	3. 低度友好
镇雄县	83.35	99.88	12.11	28.60	68.15	57.56	59.29	4. 不友好
彝良县	78.20	99.79	8.81	55.36	78.90	71.89	68.00	3. 低度友好
威信县	70.60	99.71	15.19	43.68	74.47	66.19	63.18	3. 低度友好
水富市	90.40	99.62	9.43	69.53	84.28	81.47	76.01	2. 中度友好
丽江市	77.03	98.51	26.61	91.81	92.77	91.27	83.36	2. 中度友好
古城区	84.88	99.00	11.27	60.56	83.94	76.64	72.23	3. 低度友好
玉龙县	86.83	97.56	29.13	100.00	96.21	96.94	86.94	2. 中度友好
永胜县	62.99	98.66	37.34	69.42	87.08	85.25	77.15	2. 中度友好
华坪县	79.65	98.96	31.18	80.43	90.29	86.23	82.29	2. 中度友好
宁蒗县	78.10	99.11	15.60	100.00	96.61	95.21	83.55	2. 中度友好
普洱市	88.59	99.90	9.15	93.84	93.76	91.63	83.68	2. 中度友好
思茅区	82.67	99.96	7.71	97.25	97.52	95.68	83.62	2. 中度友好
宁洱县	91.39	99.87	9.13	100.00	96.68	95.09	85.22	2. 中度友好
墨江县	95.49	99.87	5.89	79.66	92.04	87.98	80.97	2. 中度友好
景东县	88.08	99.94	9.47	100.00	95.50	95.36	84.51	2. 中度友好
景谷县	73.40	99.95	14.34	100.00	97.90	96.23	83.08	2. 中度友好
镇沅县	89.80	99.96	11.57	100.00	97.07	97.44	85.73	2. 中度友好
江城县	95.96	99.94	8.01	100.00	99.73	97.89	86.93	2. 中度友好
孟连县	87.55	99.99	11.46	84.42	86.99	85.22	80.34	2. 中度友好

续表

行政区	土地过度垦殖指数（I_{OR}）	裸地面积指数（I_{BLA}）	耕地有效灌溉指数（I_{EI}）	森林覆盖指数（I_{FC}）	生物丰度转化指数（I_{BRC}）	土地生态服务价值指数（I_{ESV}）	土地利用生态友好度（D_{EF}）	生态友好性等级
澜沧县	91.53	99.77	8.90	78.64	86.90	83.10	78.73	2. 中度友好
西盟县	88.30	99.96	1.87	66.16	80.71	76.58	72.28	3. 低度友好
临沧市	89.11	99.67	8.42	66.12	78.54	75.18	72.79	3. 低度友好
临翔区	81.57	99.65	12.65	84.72	84.13	83.07	77.71	2. 中度友好
凤庆县	84.70	99.08	5.98	50.56	75.45	72.52	67.04	3. 低度友好
云县	88.94	99.76	4.60	57.95	71.69	69.29	68.84	3. 低度友好
永德县	88.04	99.62	8.52	57.08	72.68	67.12	68.17	3. 低度友好
镇康县	89.22	99.83	10.74	71.26	82.45	79.65	77.25	2. 中度友好
双江县	90.61	99.85	20.93	65.71	81.87	76.39	75.28	2. 中度友好
耿马县	94.12	99.84	8.87	61.59	78.81	73.36	72.36	3. 低度友好
沧源县	94.67	99.86	3.63	93.64	87.46	87.02	81.71	2. 中度友好
楚雄州	84.53	98.84	24.29	69.72	87.33	81.38	77.13	2. 中度友好
楚雄市	91.42	99.82	18.47	74.63	84.08	80.90	77.65	2. 中度友好
双柏县	75.94	96.52	9.78	61.50	92.48	82.23	72.67	3. 低度友好
牟定县	78.98	99.40	30.62	40.35	82.89	71.90	68.40	3. 低度友好
南华县	95.17	99.78	25.65	80.51	92.90	87.49	83.66	2. 中度友好
姚安县	84.41	99.93	41.23	67.35	89.17	81.94	79.39	2. 中度友好
大姚县	75.20	99.23	19.86	86.42	91.97	88.40	80.74	2. 中度友好
永仁县	76.23	98.61	20.55	83.41	90.40	87.84	79.98	2. 中度友好
元谋县	76.70	99.74	35.15	24.24	68.76	55.83	60.25	3. 低度友好
武定县	84.67	98.21	24.27	56.28	87.45	77.29	73.76	3. 低度友好
禄丰市	90.99	98.48	28.54	88.76	86.51	86.88	83.43	2. 中度友好
红河州	86.31	98.10	28.24	50.01	77.65	68.89	69.86	3. 低度友好
个旧市	93.78	97.42	20.74	46.07	71.61	63.43	67.26	3. 低度友好
开远市	91.37	95.27	25.35	29.65	73.31	59.92	63.24	3. 低度友好
蒙自市	92.17	95.17	28.10	38.44	66.88	60.35	64.79	3. 低度友好
弥勒市	88.35	98.25	34.16	35.75	74.38	62.80	66.24	3. 低度友好
屏边县	73.71	99.67	13.61	72.92	72.32	70.28	70.54	3. 低度友好
建水县	92.85	95.62	26.56	43.70	79.95	68.44	69.37	3. 低度友好

行政区	土地过度垦殖指数（I_{OR}）	裸地面积指数（I_{BLA}）	耕地有效灌溉指数（I_{EI}）	森林覆盖指数（I_{FC}）	生物丰度转化指数（I_{BRC}）	土地生态服务价值指数（I_{ESV}）	土地利用生态友好度（D_{EF}）	生态友好性等级
石屏县	86.08	99.47	24.17	43.48	85.54	73.81	70.22	3. 低度友好
泸西县	85.03	93.85	38.58	25.26	63.90	56.97	60.60	3. 低度友好
元阳县	80.88	99.91	31.27	52.40	75.18	67.30	69.40	3. 低度友好
红河县	76.80	99.88	29.31	40.85	80.34	67.54	66.81	3. 低度友好
金平县	75.09	99.80	22.98	75.49	82.54	78.38	75.36	2. 中度友好
绿春县	75.54	99.80	26.25	61.80	82.37	74.52	72.23	3. 低度友好
河口县	83.16	99.96	5.59	90.49	93.83	89.01	81.38	2. 中度友好
文山州	81.49	92.01	32.24	44.18	76.38	66.76	66.71	3. 低度友好
文山市	81.54	91.53	28.33	35.69	67.81	59.58	61.61	3. 低度友好
砚山县	79.02	89.76	38.99	33.23	68.46	61.51	62.18	3. 低度友好
西畴县	73.35	88.43	43.82	43.35	73.17	63.45	64.94	3. 低度友好
麻栗坡县	70.43	95.18	9.48	47.15	82.30	71.06	64.68	3. 低度友好
马关县	79.38	98.84	23.38	55.30	73.56	67.53	68.27	3. 低度友好
丘北县	80.21	89.16	27.21	36.67	75.24	64.31	63.13	3. 低度友好
广南县	88.33	87.93	34.31	39.42	78.58	65.85	66.77	3. 低度友好
富宁县	84.44	98.82	41.71	64.48	84.54	76.97	76.96	2. 中度友好
西双版纳州	87.03	99.98	26.50	92.25	94.99	91.51	85.29	2. 中度友好
景洪市	85.30	99.98	20.21	87.40	96.22	91.83	83.32	2. 中度友好
勐海县	84.97	99.98	35.93	88.22	88.93	86.67	84.08	2. 中度友好
勐腊县	94.18	99.97	20.68	100.00	98.52	95.02	87.52	2. 中度友好
大理州	80.30	99.50	34.65	75.41	85.52	83.71	79.32	2. 中度友好
大理市	84.08	98.98	54.22	56.16	77.79	99.58	79.19	2. 中度友好
漾濞县	72.08	99.64	11.21	77.51	88.28	83.51	75.56	2. 中度友好
祥云县	81.99	98.76	32.43	62.62	75.49	73.67	72.44	3. 低度友好
宾川县	81.71	99.30	39.24	67.59	81.44	78.16	77.28	2. 中度友好
弥渡县	77.33	99.53	41.84	68.56	83.45	79.38	77.00	2. 中度友好
南涧县	87.29	99.76	3.11	76.01	86.42	81.71	76.24	2. 中度友好
巍山县	77.99	99.83	30.34	68.14	88.06	81.48	76.74	2. 中度友好
永平县	80.74	99.85	14.79	92.55	90.70	88.68	81.87	2. 中度友好

行政区	土地过度垦殖指数（I_{OR}）	裸地面积指数（I_{BLA}）	耕地有效灌溉指数（I_{EI}）	森林覆盖指数（I_{FC}）	生物丰度转化指数（I_{BRC}）	土地生态服务价值指数（I_{ESV}）	土地利用生态友好度（D_{EF}）	生态友好性等级
云龙县	84.07	99.88	12.62	96.74	96.89	94.67	84.33	2. 中度友好
洱源县	79.03	99.82	46.67	63.69	82.23	77.80	77.19	2. 中度友好
剑川县	77.45	99.55	49.47	87.16	88.77	87.25	84.71	2. 中度友好
鹤庆县	78.41	98.77	46.80	61.76	75.32	71.53	73.65	3. 低度友好
德宏州	77.27	99.95	42.33	84.85	87.13	86.23	81.78	2. 中度友好
瑞丽市	91.63	99.95	48.69	85.61	82.67	84.26	84.28	2. 中度友好
芒市	82.53	99.97	37.78	71.23	84.69	81.19	78.51	2. 中度友好
梁河县	63.90	99.93	25.79	79.41	82.93	80.91	74.22	3. 低度友好
盈江县	68.52	99.95	52.17	94.79	91.72	91.61	84.80	2. 中度友好
陇川县	81.04	99.94	41.25	85.94	85.09	85.84	82.61	2. 中度友好
怒江州	85.94	98.64	11.58	94.74	94.34	91.25	83.31	2. 中度友好
泸水市	94.56	99.57	9.43	97.91	96.93	94.24	85.65	2. 中度友好
福贡县	93.61	95.77	10.57	100.00	98.91	95.17	85.49	2. 中度友好
贡山县	78.54	99.88	7.54	86.61	90.00	86.43	79.76	2. 中度友好
兰坪县	80.54	98.52	12.87	96.60	93.98	91.50	82.48	2. 中度友好
迪庆州	81.83	92.02	10.82	93.00	92.99	87.41	80.67	2. 中度友好
香格里拉市	80.02	90.70	15.86	95.68	92.14	89.10	80.95	2. 中度友好
德钦县	77.99	91.34	2.60	83.31	91.54	80.42	75.64	2. 中度友好
维西县	86.54	96.49	7.54	100.00	97.52	94.47	83.70	2. 中度友好

（一）土地利用生态友好性现状特点

根据研究结果（见表5-5）可以看出，目前云南省土地利用生态友好性具有以下两个基本特点：

1. 省域整体土地利用生态友好性程度已达"中度友好"级的下限值

测算结果表明，目前云南省平均土地利用生态友好度（D_{EF}）值已达到75.87，按第四章表4-6的分级标准，云南省生态友好性程度等级已达到"中度友好"级的下限，即已进入了"中度友好"级的范围。

2. 土地利用生态友好性程度的区域差异较大

由表5-5可知，云南省内各区域的土地利用生态友好性程度差异较大。大体上，云南省土地利用生态友好性程度以滇南、滇西南、滇西和滇西北地区较高，而以滇东北、滇东和滇东南喀斯特地区较低。

从16个州（市）来看，滇南地区的西双版纳州、普洱市，西南地区的德宏州、保山市，滇西和滇西北地区的大理州、怒江州、迪庆州土地利用生态友好度（D_{EF}）值均在78以上，最高为西双版纳州（D_{EF}值为85.29），均属于"中度友好"级。其次为滇中地区的玉溪市、楚雄州，其D_{EF}值分别为78.59和77.13，也属"中度友好"级。再次为临沧市和昆明市，其D_{EF}值分别为72.79和70.08，生态友好性等级属"低度友好"级；滇东北地区的昭通市、滇东地区的曲靖市、滇东南喀斯特地区的红河州和文山州土地利用生态友好度（D_{EF}）值均在70以下。最低为滇东北地区的昭通市，其D_{EF}值仅为62.90，均属"低度友好"级。

3. 县域土地利用生态友好性程度还不高，一半以上尚属"低度友好"和"不友好"级

从129个县（市、区）土地利用生态友好性程度等级来看，云南省各县（市、区）均未达到"高度友好"级和"很不友好"级的标准，D_{EF}最高值为西双版纳州勐腊县（87.52），最低值为滇东北金沙江峡谷区的昆明市东川区（54.41）。统计结果表明（见表5-6），共有61个县（市、区）的生态友好度（D_{EF}）值介于75~90，属"中度友好"级，占全省总县数的47.29%；也有61个县（市、区）的生态友好度（D_{EF}）值介于60~75，属"低度友好"级，亦占云南省总县数的47.29%；有7个县（区）的生态友好度（D_{EF}）值介于45~60，属"不友好"级，占云南省总县数的5.42%。也就是说，云南省1/2以上的县（市、区）目前土地利用生态友好性表现为"低度友好"和"不友好"，意味着县域土地利用生态友好性程度还不高。

表5-6　2020年云南省129个县（市、区）土地利用生态友好度分级简况

生态友好性 等级	生态友好度 （D_{EF}）	包括的县（市、区）
2. 中度友好	75~90	61个县（市、区）：勐腊县、腾冲市、玉龙县、江城县、镇沅县、泸水市、福贡县、新平县、宁蒗县、盈江县、剑川县、景东县、峨山县、云龙县、瑞丽市、勐海县、维西县、南华县、思茅区、宁蒗县、禄丰县、景洪市、景谷县、陇川县、兰坪县、华坪县、永平县、沧源县、河口县、墨江县、香格里拉市、大姚县、昌宁县、孟连县、永仁县、红塔区、贡山县、姚安县、大理市、澜沧县、芒市、临翔区、楚雄市、宾川县、镇康县、洱源县、永胜县、弥渡县、富宁县、巍山县、龙陵县、元江县、南涧县、宜良县、水富市、德钦县、漾濞县、江川区、金平县、双江县、通海县

生态友好性等级	生态友好度（D_{EF}）	包括的县（市、区）
3. 低度友好	60~75	61个县（市、区）：寻甸县、禄劝县、梁河县、易门县、武定县、绥江县、鹤庆县、双柏县、祥云县、耿马县、隆阳区、西盟县、绿春县、古城区、安宁市、施甸县、盐津县、嵩明县、西山区、沾益区、屏边县、澄江市、石屏县、元阳县、建水县、云县、晋宁区、麒麟区、牟定县、马关县、永德县、彝良县、官渡区、马龙区、个旧市、凤庆县、红河县、广南县、弥勒市、大关县、五华区、富民县、西畴县、石林县、师宗县、蒙自市、麻栗坡县、会泽县、盘龙区、呈贡区、陆良县、宣威市、开远市、威信县、丘北县、砚山县、文山市、泸西县、华宁县、元谋县、鲁甸县
4. 不友好	45~60	7个县（区）：永善县、富源县、镇雄县、巧家县、罗平县、昭阳区、东川区

（二）土地利用生态友好度不高的基本原因

山区土地利用生态友好度的高低是土地过度开发状况、土地改造（整治）水平和土地保护水平的综合体现。云南省土地利用生态友好度之所以较低，首先是过度开发利用土地的结果，尤其体现在过度垦殖（包括毁林开垦、陡坡耕种），一些山区甚至还维持着原始、粗放、落后的开发利用方式，造成云南省长期以来普遍性地以坡耕地为主，陡坡耕地占了相当大的比例[1-3]。据《云南省第三次全国国土调查主要数据公报》[4]，云南省15~25°（含25°）的坡耕地占27.22%；位于25°以上的陡坡耕地占比达18.64%（含>25°梯田）。基于本次2020年遥感影像解译结果进行分析评价，云南省宜耕地面积（包括现有耕地中的宜耕地和未利用土地中的宜耕地）为470.76万公顷，适宜垦殖率仅12.25%，而2020年实际垦殖率达14.04%；目前云南省过度垦殖面积达68.80万公顷，占宜耕地面积的比例（即过度垦殖率）达14.62%。各县（市、区）均存在着不同程度的过度开发利用现象，云南省68.22%的县（市、区）过度垦殖率超过了10%，近1/4的县（市、区）过度垦殖率达20%以上（见表5-7），这是云南土地利用生态环境总体不佳的根源之一。

表5-7　2020年云南省129个县（市、区）土地过度垦殖率分级简况

过度垦殖率（%）	包括的县（市、区）
≥30	4个县：永善县、永胜县、梁河县、盈江县

过度垦殖率（%）	包括的县（市、区）
20~30	28 个县：麻栗坡县、威信县、绥江县、漾濞县、西畴县、景谷县、屏边县、金平县、大姚县、绿春县、双柏县、永仁县、元谋县、红河县、弥渡县、剑川县、大关县、巍山县、德钦县、宁蒗县、彝良县、鹤庆县、贡山县、牟定县、砚山县、洱源县、马关县、华坪县
10~20	56 个县（市、区）：香格里拉市、丘北县、兰坪县、永平县、元阳县、陇川县、陆良县、文山市、临翔区、罗平县、宾川县、元江县、祥云县、芒市、思茅区、河口县、镇雄县、云龙县、大理市、盐津县、姚安县、富宁县、富民县、马龙区、武定县、凤庆县、古城区、勐海县、昭阳区、泸西县、景洪市、石林县、沾益区、易门县、石屏县、腾冲市、维西县、玉龙县、富源县、南涧县、孟连县、施甸县、东川区、华宁县、永德县、景东县、西盟县、广南县、弥勒市、巧家县、嵩明县、云县、会泽县、镇康县、师宗县、镇沅县
5~10	31 个县（市、区）：隆阳区、水富市、双江县、寻甸县、鲁甸县、禄丰市、江川区、开远市、宁洱县、楚雄市、宜良县、澜沧县、瑞丽市、禄劝县、峨山县、蒙自市、新平县、盘龙区、建水县、宣威市、龙陵县、福贡县、澄江市、个旧市、通海县、耿马县、勐腊县、泸水市、麒麟区、沧源县、昌宁县
<5	10 个县（市、区）：南华县、晋宁区、安宁市、墨江县、江城县、西山区、五华区、官渡区、红塔区、呈贡区

另外，相应的土地改造（整治）措施和土地保护措施却未能跟上，表现在以下五个方面：

1. 耕地有效灌溉率不高

据本次遥感影像解译结果，2020 年全省耕地有效灌溉面积（这里指水田面积）只有 131.39 万公顷，耕地有效灌溉率仅 24.35%。从分县来看，全省 95% 以上的县（市、区）耕地有效灌溉率在 50% 以下，其中 2/3 的县（市、区）耕地有效灌溉率低于 30%，有 25 个县（市、区）耕地有效灌溉率在 10% 以下，如表 5-8 所示。

表 5-8　2020 年云南省 129 个县（市、区）耕地有效灌溉率分级简况

耕地有效灌溉率（%）	包括的县（市、区）
≥50	6 个县（市、区）：嵩明县、麒麟区、大理市、盈江县、呈贡区、陆良县
40~50	17 个县（市、区）：腾冲市、剑川县、瑞丽市、红塔区、鹤庆县、洱源县、通海县、晋宁区、西畴县、江川区、寻甸县、弥渡县、陇川县、师宗县、富宁县、姚安县、西山区

耕地有效灌溉率 （%）	包括的县（市、区）
30~40	20个县（市、区）：宜良县、泸西县、砚山县、宾川县、官渡区、芒市、永胜县、勐海县、元谋县、施甸县、广南县、罗平县、弥勒市、祥云县、元阳县、华坪县、牟定县、石林县、马龙区、巍山县
20~30	30个县（市、区）：玉龙县、盘龙区、蒙自市、红河县、五华区、禄丰市、文山市、丘北县、安宁市、建水县、绿春县、梁河县、澄江市、沾益区、南华县、武定县、石屏县、马关县、金平县、鲁甸县、开远市、易门县、禄劝县、新平县、昌宁县、双江县、永仁县、元江县、勐腊县、富民县
10~20	31个县（市、区）：个旧市、大姚县、宣威市、景洪市、会泽县、华宁县、楚雄市、隆阳区、峨山县、香格里拉市、富源县、孟连县、宁蒗县、威信县、昭阳区、景谷县、永平县、绥江县、屏边县、永善县、兰坪县、龙陵县、云龙县、临翔区、镇雄县、镇沅县、巧家县、古城区、漾濞县、镇康县、东川区
<10	25个县（市、区）：双柏县、福贡县、麻栗坡县、水富市、景东县、宁洱县、泸水市、耿马县、澜沧县、彝良县、永德县、江城县、维西县、贡山县、思茅区、墨江县、凤庆县、河口县、云县、盐津县、沧源县、德钦县、南涧县、大关县、西盟县

2. 森林覆盖率的区域差异较大

总的来看，云南近些年的森林抚育和保护已取得了较好的成效，省域森林覆盖率在全国层面已达较高的水平①。据本次遥感影像解译结果，2020年全省森林覆盖率达49.05%，但各地的森林覆盖率水平差异较大。总体上看，滇西北高山高原峡谷区、滇南和滇西南中低山宽谷盆地地区森林覆盖率较高，其中怒江州、迪庆州、丽江市、普洱市和西双版纳州均达63%~68%，德宏州、保山市和大理州亦达54%~58%；滇中地区的昆明市、滇东南喀斯特地区的红河州和文山州、滇东喀斯特地区的曲靖市和滇东北中高山山原区的昭通市森林覆盖率普遍较低，均低于36%，其中曲靖市和昭通市均在29%以下。

从分县来看，全省38.76%的县（市、区）森林覆盖率在40%以下，其中有9个县（区）森林覆盖率则在20%以下，如表5-9所示。

---

① 据第九次全国森林资源清查（2014~2018年）资料，云南省森林覆盖率达55.04%，仅次于福建省（66.08%）、江西省（61.16%）、广西壮族自治区（60.17%）、浙江省（59.43%）、海南省（57.36%），在全国31个省（自治区、直辖市）中居第六位，是全国平均水平（22.96%）的2.4倍。

表5-9 2020年云南省129个县森林覆盖率分级简况

森林覆盖率 （%）	包括的县（市、区）
≥60	30个县（市、区）：玉龙县、镇沅县、江城县、福贡县、维西县、宁蒗县、景东县、宁洱县、云龙县、泸水市、景谷县、思茅区、兰坪县、香格里拉市、勐腊县、永平县、腾冲市、新平县、贡山县、沧源县、河口县、盈江县、剑川县、勐海县、禄丰市、峨山县、大姚县、华坪县、陇川县、永仁县
40~60	49个县（市、区）：景洪市、昌宁县、孟连县、德钦县、瑞丽市、临翔区、南华县、墨江县、镇康县、澜沧县、永胜县、漾濞县、南涧县、金平县、梁河县、绥江县、屏边县、元江县、楚雄市、龙陵县、芒市、宾川县、水富市、弥渡县、巍山县、红塔区、姚安县、洱源县、西盟县、双江县、盐津县、富宁县、宜良县、鹤庆县、绿春县、隆阳区、双柏县、耿马县、云县、祥云县、古城区、施甸县、禄劝县、沾益区、易门县、武定县、安宁市、永德县、大理市
20~40	41个县（市、区）：彝良县、马关县、元阳县、寻甸县、凤庆县、通海县、嵩明县、麻栗坡县、个旧市、马龙区、永善县、盘龙区、官渡区、大关县、江川区、石林县、宣威市、会泽县、建水县、威信县、五华区、石屏县、西畴县、富民县、麒麟区、西山区、红河县、牟定县、广南县、蒙自市、陆良县、丘北县、富源县、弥勒市、文山市、砚山县、师宗县、晋宁区、开远市、镇雄县、澄江市
<20	9个县（区）：巧家县、元谋县、泸西县、东川区、华宁县、罗平县、鲁甸县、昭阳区、呈贡区

3. 多数县域均有不同规模的裸地分布

受长期不同强度、不同方式土地开发利用的影响，省内多数县域均有不同规模的裸地分布，尤以滇东和滇东南喀斯特地区较为显著。据本次遥感影像解译结果，2020年全省裸地面积比例为2.10%，其中文山州和迪庆州均接近8%。从分县来看，全省42.64%的县（市、区）裸地面积比例均在1%以上，其中有6个县（市、区）裸地面积比例达5%~10%，有5个县裸地面积比例达10%以上，如表5-10所示。

表5-10 2020年云南省129个县（市、区）裸地比例分级简况

裸地面积比例 （%）	包括的县（市、区）
≥10	5个县：罗平县、广南县、西畴县、丘北县、砚山县
5~10	6个县（市、区）：香格里拉市、德钦县、文山市、泸西县、东川区、石林县

续表

裸地面积比例（%）	包括的县（市、区）
1~5	44个县（市、区）：蒙自市、麻栗坡县、开远市、宣威市、建水县、会泽县、福贡县、师宗县、维西县、双柏县、陆良县、个旧市、玉龙县、华宁县、永善县、富源县、禄劝县、晋宁区、易门县、呈贡区、武定县、弥勒市、沾益区、麒麟区、富民县、禄丰市、盘龙区、兰坪县、永仁县、五华区、巧家县、澄江市、永胜县、祥云县、鹤庆县、西山区、嵩明县、富宁县、马关县、鲁甸县、昭阳区、华坪县、大理市、古城区
<1	74个县（市、区）：寻甸县、凤庆县、宁蒗县、大姚县、宾川县、大关县、牟定县、施甸县、石屏县、江川区、弥渡县、官渡区、红塔区、安宁市、剑川县、隆阳区、泸水市、新平县、宜良县、水富市、永德县、漾濞县、临翔区、马龙区、屏边县、威信县、峨山县、元谋县、南涧县、云县、澜沧县、南华县、彝良县、腾冲市、龙陵县、绿春县、金平县、洱源县、楚雄市、镇康县、巍山县、耿马县、双江县、永平县、盐津县、沧源县、宁洱县、墨江县、元江县、镇雄县、云龙县、贡山县、红河县、通海县、元阳县、绥江县、梁河县、姚安县、陇川县、景东县、江城县、盈江县、景谷县、昌宁县、瑞丽市、河口县、西盟县、思茅区、镇沅县、芒市、勐腊县、勐海县、景洪市、孟连县

4. 各地生物丰度指数的差异较为突出

计算结果表明，全省县域生物丰度指数的差异较突出，最大为江城县，其生物丰度指数为 154.59；最小为罗平县，其生物丰度指数为 87.41。从县域统计结果来看，全省近 40% 的县（市、区）生物丰度指数低于 120，其中有 13 个县（市、区）生物丰度指数在 100 以下，如表 5-11 所示。

表 5-11 2020 年云南省 129 个县（市、区）生物丰度指数分级简况

生物丰度指数（%）	包括的县（市、区）
≥150	9个县（市、区）：江城县、福贡县、勐腊县、景谷县、维西县、思茅区、镇沅县、泸水市、云龙县
120~150	69个县（市、区）：宁洱县、宁蒗县、景洪市、玉龙县、景东县、峨山县、兰坪县、河口县、南华县、新平县、双柏县、香格里拉市、墨江县、大姚县、盈江县、德钦县、永平县、永仁县、华坪县、贡山县、腾冲市、姚安县、勐海县、剑川县、漾濞县、易门县、巍山县、沧源县、武定县、永胜县、孟连县、澜沧县、禄丰市、南涧县、禄劝县、石屏县、大关县、陇川县、芒市、富宁县、元江县、水富市、临翔区、楚雄市、古城区、寻甸县、弥渡县、梁河县、牟定县、瑞丽市、金平县、镇康县、绿春县、龙陵县、麻栗坡县、洱源县、双江县、宾川县、盐津县、绥江县、西盟县、红河县、昌宁县、建水县、彝良县、耿马县、广南县、红塔区、大理市

生物丰度指数 （%）	包括的县（市、区）
100~120	38 个县（市、区）：隆阳区、宜良县、祥云县、凤庆县、江川区、鹤庆县、丘北县、元阳县、通海县、威信县、弥勒市、富民县、沾益区、马关县、澄江市、开远市、西畴县、永德县、屏边县、施甸县、云县、个旧市、安宁市、马龙区、师宗县、华宁县、鲁甸县、会泽县、元谋县、永善县、砚山县、镇雄县、晋宁区、文山市、蒙自市、巧家县、嵩明县、石林县
<100	13 个县（市、区）：西山区、五华区、泸西县、宣威市、麒麟区、富源县、昭阳区、陆良县、东川区、官渡区、盘龙区、呈贡区、罗平县

5. 各地单位土地平均生态服务价值（ESV）相差悬殊

据本次计算结果，全省县域单位土地平均生态服务价值的差异较显著，最大为大理市，其单位土地平均生态服务价值为 164.31 万元/平方千米；最小为东川区，其单位土地平均生态服务价值为 73.49 万元/平方千米，不及大理市的 1/2。从县域统计结果来看，全省近 40% 的县（市、区）单位土地平均生态服务价值低于 120 万元/平方千米，其中有 20 个县（市、区）单位土地平均生态服务价值在 100 万元/平方千米以下，如表 5-12 所示。

表 5-12 2020 年云南省 129 个县（市、区）单位土地平均生态服务价值分级简况

单位土地平均 生态服务价值 （万元/平方千米）	包括的县（市、区）
≥150	20 个县（市、区）：大理市、澄江市、江城县、镇沅县、玉龙县、景谷县、思茅区、景东县、宁蒗县、福贡县、宁洱县、江川区、勐腊县、云龙县、维西县、泸水市、景洪市、盈江县、兰坪县、峨山县
120~150	58 个县（市、区）：新平县、香格里拉市、腾冲市、河口县、永平县、大姚县、墨江县、永仁县、南华县、剑川县、沧源县、禄丰市、勐海县、贡山县、华坪县、陇川县、永胜县、孟连县、瑞丽市、漾濞县、澜沧县、临翔区、双柏县、姚安县、昌宁县、南涧县、巍山县、水富市、西山区、芒市、绥江县、梁河县、楚雄市、德钦县、通海县、元江县、镇康县、弥渡县、龙陵县、金平县、易门县、宾川县、洱源县、武定县、禄劝县、富宁县、古城区、西盟县、双江县、宜良县、红塔区、盐津县、绿春县、晋宁区、寻甸县、石屏县、祥云县、耿马县

续表

单位土地平均 生态服务价值 （万元/平方千米）	包括的县（市、区）
100~120	31个县（市、区）：凤庆县、大关县、隆阳区、牟定县、彝良县、鹤庆县、麻栗坡县、沾益区、屏边县、云县、安宁市、建水县、呈贡区、红河县、马关县、施甸县、元阳县、永德县、威信县、广南县、马龙区、嵩明县、丘北县、富民县、西畴县、个旧市、弥勒市、官渡区、石林县、砚山县、华宁县
<100	20个县（市、区）：蒙自市、永善县、会泽县、开远市、师宗县、文山市、麒麟区、陆良县、镇雄县、宣威市、泸西县、元谋县、巧家县、盘龙区、鲁甸县、五华区、富源县、昭阳区、罗平县、东川区

二、土地利用经济可行性和社会可接受性分析

按照前述经济可行性和社会可接受性评价指标体系及其测算方法，我们测算了云南省2020年129个县（市、区）的综合评价指数值——土地利用经济可行度（D_{EV}）及其各单项指数值——土地综合生产率指数（I_{CLP}）、农用地生产率指数（I_{ALP}）、建设用地生产率指数（I_{BLP}）、地均财政收入指数（I_{FRUA}）、粮食单产指数（I_{YGC}）、土地利用率指数（I_{LUR}）（见表5-13），以及社会可接受度（D_{SA}）及其各单项指数值——人口压力指数（I_{PP}）、人均GDP指数（I_{PGDP}）、农民人均可支配收入指数（I_{DIR}）和人均粮食产量指数（I_{PYG}）（见表5-14）。以各县（市、区）的综合评价指数值——土地利用经济可行度（D_{EV}）和社会可接受度（D_{SA}）为基本依据，按照已拟定的分级标准（见表4-7），分别确定了各县（市、区）土地利用经济可行性程度等级和社会可接受性程度等级，为分析云南省土地利用经济可行性和社会可接受性状况奠定了基础依据。

表5-13　2020年云南省分县土地利用经济可行度计算值及经济可行性等级

行政区	土地综合 生产率指数 （I_{CLP}）	农用地 生产率指数 （I_{ALP}）	建设用地 生产率指数 （I_{BLP}）	地均财政 收入指数 （I_{FRUA}）	粮食单产 指数 （I_{YGC}）	土地利用 率指数 （I_{LUR}）	经济 可行度 （D_{EV}）	经济 可行性 等级
云南省	71.08	83.58	78.38	67.09	43.97	91.09	74.05	3. 低度可行
昆明市	82.53	89.15	83.36	84.78	45.81	90.15	81.08	2. 中度可行
五华区	99.33	83.33	90.68	98.29	49.61	93.98	88.04	2. 中度可行

续表

行政区	土地综合生产率指数（I_{CLP}）	农用地生产率指数（I_{ALP}）	建设用地生产率指数（I_{BLP}）	地均财政收入指数（I_{FRUA}）	粮食单产指数（I_{YGC}）	土地利用率指数（I_{LUR}）	经济可行度（D_{EV}）	经济可行性等级
盘龙区	92.24	84.24	84.40	90.35	44.09	94.53	83.87	2. 中度可行
官渡区	96.87	92.13	86.50	94.25	46.51	99.48	88.37	2. 中度可行
西山区	91.73	80.79	86.71	90.12	52.26	87.68	83.29	2. 中度可行
东川区	71.02	81.83	77.92	61.96	34.35	72.35	68.54	3. 低度可行
呈贡区	90.62	89.54	82.80	90.66	55.75	95.64	85.85	2. 中度可行
晋宁区	78.37	93.92	79.12	74.88	41.69	88.08	78.02	2. 中度可行
富民县	74.96	89.28	78.50	68.05	45.59	91.83	76.41	2. 中度可行
宜良县	78.03	97.76	76.86	65.25	46.40	91.85	78.03	2. 中度可行
石林县	73.88	91.63	76.05	63.01	49.18	82.99	74.38	3. 低度可行
嵩明县	79.74	95.06	79.19	77.92	48.77	92.98	80.67	2. 中度可行
禄劝县	68.53	83.76	75.32	51.33	48.43	93.33	71.58	3. 低度可行
寻甸县	69.43	84.81	72.50	56.46	44.00	93.59	71.80	3. 低度可行
安宁市	83.10	90.11	81.84	87.03	70.63	92.58	84.86	2. 中度可行
曲靖市	75.18	92.45	77.65	66.82	61.06	80.62	76.66	2. 中度可行
麒麟区	86.28	95.45	84.31	77.25	69.41	85.88	84.17	2. 中度可行
沾益区	75.72	92.63	77.98	60.79	61.59	87.42	77.18	2. 中度可行
马龙区	70.25	84.84	72.81	64.04	42.86	92.49	72.85	3. 低度可行
陆良县	79.11	99.98	75.98	66.01	58.93	87.77	79.45	2. 中度可行
师宗县	72.52	90.54	74.45	59.44	73.55	86.52	76.61	2. 中度可行
罗平县	75.42	94.43	76.33	60.87	71.92	82.01	77.51	2. 中度可行
富源县	73.39	92.78	77.36	64.53	75.81	72.17	76.27	2. 中度可行
会泽县	70.67	88.82	74.62	58.58	54.09	79.35	72.24	3. 低度可行
宣威市	72.79	91.69	75.20	59.30	60.82	73.02	73.16	3. 低度可行
玉溪市	76.10	87.23	81.56	72.12	50.64	95.15	78.56	2. 中度可行
红塔区	88.90	92.59	86.01	80.17	66.61	97.51	86.58	2. 中度可行
江川区	79.97	96.37	79.92	69.56	69.89	97.61	83.14	2. 中度可行
通海县	81.76	96.80	81.69	67.19	53.75	98.33	81.73	2. 中度可行
华宁县	75.80	92.40	79.28	59.47	52.76	87.82	76.17	2. 中度可行
易门县	73.00	83.82	79.01	65.55	44.10	97.16	75.43	2. 中度可行

行政区	土地综合生产率指数（I_{CLP}）	农用地生产率指数（I_{ALP}）	建设用地生产率指数（I_{BLP}）	地均财政收入指数（I_{FRUA}）	粮食单产指数（I_{YGC}）	土地利用率指数（I_{LUR}）	经济可行度（D_{EV}）	经济可行性等级
峨山县	71.03	82.54	78.19	56.91	56.66	97.81	74.96	3. 低度可行
新平县	68.69	79.83	78.67	60.91	44.58	95.85	72.85	3. 低度可行
元江县	69.95	85.55	77.36	53.18	41.76	91.22	71.66	3. 低度可行
澄江市	79.52	89.55	82.76	73.74	56.46	97.79	81.31	2. 中度可行
保山市	70.75	86.78	74.88	62.18	53.91	90.73	74.39	3. 低度可行
隆阳区	73.42	88.74	76.90	63.98	67.39	93.35	77.99	2. 中度可行
施甸县	70.28	88.22	72.31	61.33	39.73	80.20	70.51	3. 低度可行
龙陵县	69.30	86.41	73.93	57.14	48.68	88.98	72.17	3. 低度可行
昌宁县	69.86	88.44	74.10	54.16	49.85	83.94	71.52	3. 低度可行
腾冲市	69.32	83.18	74.17	60.45	55.45	97.41	74.37	3. 低度可行
昭通市	70.45	84.74	76.00	63.25	45.43	88.30	72.86	3. 低度可行
昭阳区	77.69	90.28	79.16	69.49	76.96	92.28	81.35	2. 中度可行
鲁甸县	70.66	86.05	74.22	60.01	51.86	89.73	73.39	3. 低度可行
巧家县	68.15	86.39	70.88	54.81	37.31	82.69	68.64	3. 低度可行
盐津县	66.35	81.31	72.18	48.01	34.27	88.46	67.13	3. 低度可行
大关县	65.27	78.49	74.52	45.40	33.50	96.96	67.72	3. 低度可行
永善县	67.93	82.27	75.98	59.90	48.05	82.95	70.76	3. 低度可行
绥江县	69.70	82.25	74.48	64.41	33.89	97.96	72.44	3. 低度可行
镇雄县	71.19	85.61	77.01	58.52	53.67	85.45	73.14	3. 低度可行
彝良县	68.38	84.60	74.64	55.92	49.14	89.51	71.72	3. 低度可行
威信县	69.68	82.97	76.26	55.65	58.49	90.19	73.17	3. 低度可行
水富市	75.51	81.20	79.56	71.72	33.54	97.73	75.35	2. 中度可行
丽江市	63.75	73.53	75.55	57.15	45.91	96.44	69.82	3. 低度可行
古城区	76.37	79.83	81.09	70.84	56.00	93.47	77.38	3. 低度可行
玉龙县	59.99	71.08	71.87	51.33	42.12	96.70	66.69	3. 低度可行
永胜县	63.79	78.08	72.45	48.78	63.20	94.84	70.70	3. 低度可行
华坪县	65.35	75.85	75.51	51.86	36.20	96.48	68.63	3. 低度可行
宁蒗县	57.88	66.93	74.12	41.95	34.19	98.09	63.71	3. 低度可行
普洱市	64.00	76.99	74.57	51.08	28.51	96.61	67.38	3. 低度可行

行政区	土地综合生产率指数（I_{CLP}）	农用地生产率指数（I_{ALP}）	建设用地生产率指数（I_{BLP}）	地均财政收入指数（I_{FRUA}）	粮食单产指数（I_{YGC}）	土地利用率指数（I_{LUR}）	经济可行度（D_{EV}）	经济可行性等级
思茅区	69.76	77.11	78.83	58.46	32.26	98.70	71.26	3. 低度可行
宁洱县	62.80	75.65	72.29	47.85	26.63	98.52	66.12	3. 低度可行
墨江县	62.36	75.38	72.73	46.20	29.60	98.82	66.21	3. 低度可行
景东县	66.25	81.31	73.09	48.21	31.73	98.08	68.62	3. 低度可行
景谷县	62.64	76.79	73.97	45.80	24.74	98.69	66.06	3. 低度可行
镇沅县	64.77	79.70	73.98	49.26	29.22	97.69	67.94	3. 低度可行
江城县	61.35	73.97	75.41	38.37	29.45	96.40	64.56	3. 低度可行
孟连县	67.17	82.96	74.93	48.44	30.23	92.44	68.31	3. 低度可行
澜沧县	60.39	73.17	72.92	44.48	24.88	91.92	63.41	3. 低度可行
西盟县	63.39	74.66	73.16	42.44	25.92	93.55	64.47	3. 低度可行
临沧市	68.28	84.60	74.97	56.79	29.36	88.92	69.40	3. 低度可行
临翔区	71.84	83.47	79.35	62.29	31.92	93.41	72.58	3. 低度可行
凤庆县	71.02	89.55	74.68	55.93	29.91	89.79	70.93	3. 低度可行
云县	68.88	86.69	72.91	53.88	30.33	87.61	69.04	3. 低度可行
永德县	66.01	82.56	72.56	49.66	30.95	82.75	66.22	3. 低度可行
镇康县	64.40	79.13	74.21	52.59	22.19	86.28	65.50	3. 低度可行
双江县	66.36	81.75	74.47	53.18	26.26	88.74	67.44	3. 低度可行
耿马县	68.54	86.23	75.29	52.09	34.40	89.63	69.83	3. 低度可行
沧源县	64.23	78.67	73.26	52.70	28.10	94.95	67.43	3. 低度可行
楚雄州	69.15	82.84	76.08	61.42	46.69	95.76	73.39	3. 低度可行
楚雄市	73.54	82.77	80.33	67.77	52.36	95.87	76.68	3. 低度可行
双柏县	61.43	74.67	72.05	46.06	43.39	95.42	66.82	3. 低度可行
牟定县	70.45	85.93	74.21	59.91	46.99	97.51	74.04	3. 低度可行
南华县	69.06	83.87	74.07	58.83	50.59	97.95	73.69	3. 低度可行
姚安县	70.24	87.00	74.84	57.19	52.15	95.41	74.14	3. 低度可行
大姚县	65.68	80.43	74.09	53.70	42.60	96.30	70.32	3. 低度可行
永仁县	65.21	78.98	74.89	55.00	38.54	95.43	69.65	3. 低度可行
元谋县	70.16	86.50	75.07	55.71	39.82	89.61	71.39	3. 低度可行
武定县	67.96	82.59	74.04	54.08	46.41	95.52	71.58	3. 低度可行

行政区	土地综合生产率指数（I_{CLP}）	农用地生产率指数（I_{ALP}）	建设用地生产率指数（I_{BLP}）	地均财政收入指数（I_{FRUA}）	粮食单产指数（I_{YGC}）	土地利用率指数（I_{LUR}）	经济可行度（D_{EV}）	经济可行性等级
禄丰市	71.19	86.19	75.17	59.49	52.29	97.35	74.95	3. 低度可行
红河州	72.07	85.69	78.31	65.47	42.49	85.45	73.25	3. 低度可行
个旧市	78.63	88.94	77.97	71.62	45.67	90.67	77.42	2. 中度可行
开远市	76.37	89.11	79.68	71.29	48.26	84.92	76.51	2. 中度可行
蒙自市	78.18	90.98	81.17	70.16	36.00	84.04	75.69	2. 中度可行
弥勒市	74.08	86.42	79.51	66.04	41.22	85.44	73.95	3. 低度可行
屏边县	66.08	80.50	76.28	49.11	34.40	75.64	65.59	3. 低度可行
建水县	71.69	86.85	76.53	63.28	40.36	88.27	72.99	3. 低度可行
石屏县	69.50	86.02	75.70	56.62	38.18	90.85	71.40	3. 低度可行
泸西县	75.16	91.38	76.80	68.64	52.83	90.45	77.28	3. 低度可行
元阳县	68.62	85.07	77.86	49.86	47.36	77.99	69.29	3. 低度可行
红河县	68.12	84.22	76.90	47.62	42.86	83.46	68.92	3. 低度可行
金平县	64.25	78.20	74.24	43.71	45.15	83.49	66.26	3. 低度可行
绿春县	62.16	76.52	76.62	42.78	40.06	82.79	65.01	3. 低度可行
河口县	73.20	85.09	81.38	59.50	37.06	96.35	74.19	3. 低度可行
文山州	67.65	82.14	75.46	57.17	35.85	85.82	69.21	3. 低度可行
文山市	74.05	83.99	80.96	70.71	37.03	86.59	74.13	3. 低度可行
砚山县	69.57	84.48	74.65	57.90	41.89	89.26	71.34	3. 低度可行
西畴县	68.77	85.75	72.51	54.75	39.20	83.41	69.26	3. 低度可行
麻栗坡县	67.33	81.85	75.65	54.01	32.11	84.67	68.00	3. 低度可行
马关县	69.39	85.41	76.29	60.62	32.53	83.86	70.10	3. 低度可行
丘北县	65.35	81.30	73.64	49.25	37.13	83.31	66.80	3. 低度可行
广南县	64.42	80.11	72.98	46.10	34.47	85.45	65.85	3. 低度可行
富宁县	64.67	79.21	72.77	45.90	29.79	88.01	65.55	3. 低度可行
西双版纳州	66.88	80.25	76.63	56.04	39.99	96.04	70.95	3. 低度可行
景洪市	68.94	80.34	78.42	57.58	29.86	97.79	71.02	3. 低度可行
勐海县	66.49	80.60	75.46	49.85	51.32	95.00	71.00	3. 低度可行
勐腊县	64.46	79.87	74.07	42.33	35.19	95.09	67.15	3. 低度可行
大理州	70.73	85.80	76.33	63.32	55.63	93.21	75.24	2. 中度可行

续表

行政区	土地综合生产率指数（I_{CLP}）	农用地生产率指数（I_{ALP}）	建设用地生产率指数（I_{BLP}）	地均财政收入指数（I_{FRUA}）	粮食单产指数（I_{YGC}）	土地利用率指数（I_{LUR}）	经济可行度（D_{EV}）	经济可行性等级
大理市	81.38	88.24	81.67	81.04	69.65	97.88	84.01	2. 中度可行
漾濞县	63.84	78.94	73.20	51.44	45.90	92.20	68.86	3. 低度可行
祥云县	74.19	91.34	75.97	65.36	59.54	91.43	77.41	2. 中度可行
宾川县	73.77	93.26	74.86	57.77	46.10	94.45	75.25	2. 中度可行
弥渡县	72.91	90.89	73.68	61.30	61.58	96.25	77.14	2. 中度可行
南涧县	70.03	86.01	74.04	57.34	39.48	92.01	71.72	3. 低度可行
巍山县	70.36	87.47	73.51	56.16	50.46	95.67	73.73	3. 低度可行
永平县	65.97	82.66	73.74	49.78	46.07	90.54	69.58	3. 低度可行
云龙县	60.96	73.47	74.13	45.73	61.26	95.68	68.98	3. 低度可行
洱源县	68.51	86.06	71.13	54.26	76.21	92.15	74.89	3. 低度可行
剑川县	64.94	77.47	75.13	53.73	58.98	94.84	71.51	3. 低度可行
鹤庆县	69.02	84.61	74.86	60.68	68.11	85.91	74.27	3. 低度可行
德宏州	70.59	84.25	75.80	63.15	46.12	97.66	74.43	3. 低度可行
瑞丽市	79.16	88.45	80.34	72.73	41.72	99.43	79.01	2. 中度可行
芒市	71.84	85.27	76.13	59.90	49.09	98.30	74.92	3. 低度可行
梁河县	68.09	82.69	72.88	54.49	47.07	96.29	71.72	3. 低度可行
盈江县	66.31	81.75	73.42	52.45	42.91	97.17	70.59	3. 低度可行
陇川县	69.58	85.96	71.71	55.95	48.71	97.71	73.10	3. 低度可行
怒江州	59.20	68.01	77.84	49.86	35.68	90.90	64.93	3. 低度可行
泸水市	63.76	72.98	79.59	52.99	30.88	95.13	67.72	3. 低度可行
福贡县	56.11	64.91	77.26	41.12	32.28	93.81	62.38	3. 低度可行
贡山县	50.43	59.03	78.41	35.71	42.78	82.75	58.82	4. 不可行
兰坪县	61.41	70.16	76.56	51.84	48.09	94.25	67.96	3. 低度可行
迪庆州	56.16	58.05	77.62	45.06	64.69	91.76	65.35	3. 低度可行
香格里拉市	57.23	56.01	77.78	45.38	66.77	88.87	65.04	3. 低度可行
德钦县	50.47	49.15	77.00	30.58	73.67	94.29	61.73	3. 低度可行
维西县	59.18	66.86	77.66	40.90	59.64	95.03	66.93	3. 低度可行

表 5-14　2020 年云南省分县土地利用社会可接受度计算值及社会可接受性等级

行政区	人口压力指数 (I_{PP})	人均 GDP 指数 (I_{PGDP})	农民人均可支配收入指数 (I_{DIR})	人均粮食产量指数 (I_{PYG})	社会可接受度 (D_{SA})	社会可接受性等级
云南省	100.00	80.42	53.34	80.30	74.72	3. 低度可接受
昆明市	86.84	82.83	73.60	24.49	71.08	3. 低度可接受
五华区	0.00	84.26	94.67	1.53	59.40	4. 不可接受
盘龙区	36.23	84.33	95.35	6.27	66.93	3. 低度可接受
官渡区	12.84	82.67	100.00	2.07	63.10	3. 低度可接受
西山区	40.40	84.54	98.01	2.44	68.04	3. 低度可接受
东川区	99.59	79.16	42.55	37.52	63.73	3. 低度可接受
呈贡区	62.40	81.44	96.78	0.45	70.27	3. 低度可接受
晋宁区	98.33	82.06	77.59	12.53	72.34	3. 低度可接受
富民县	100.00	83.08	72.17	81.52	82.17	2. 中度可接受
宜良县	100.00	83.97	73.53	75.95	82.02	2. 中度可接受
石林县	100.00	82.27	72.44	100.00	84.96	2. 中度可接受
嵩明县	90.08	77.68	71.61	25.18	69.45	3. 低度可接受
禄劝县	100.00	80.37	43.84	100.00	74.62	3. 低度可接受
寻甸县	100.00	78.13	45.06	100.00	74.32	3. 低度可接受
安宁市	89.44	84.22	88.94	12.67	75.31	2. 中度可接受
曲靖市	99.23	80.74	61.45	100.00	80.59	2. 中度可接受
麒麟区	90.08	82.86	81.95	47.27	78.15	2. 中度可接受
沾益区	100.00	84.33	69.26	100.00	84.53	2. 中度可接受
马龙区	100.00	79.59	56.13	100.00	78.55	2. 中度可接受
陆良县	99.54	81.53	72.77	100.00	84.75	2. 中度可接受
师宗县	100.00	81.15	58.43	100.00	79.83	2. 中度可接受
罗平县	100.00	82.06	72.70	100.00	84.98	2. 中度可接受
富源县	99.18	78.29	61.49	100.00	79.81	2. 中度可接受
会泽县	100.00	79.10	51.08	100.00	76.68	2. 中度可接受
宣威市	100.00	78.11	59.99	100.00	79.39	2. 中度可接受
玉溪市	100.00	84.39	69.93	54.40	77.49	2. 中度可接受
红塔区	89.13	86.23	83.03	12.87	73.93	3. 低度可接受

行政区	人口压力指数 （I_{PP}）	人均GDP指数 （I_{PGDP}）	农民人均可 支配收入指数 （I_{DIR}）	人均粮食 产量指数 （I_{PYG}）	社会可接受度 （D_{SA}）	社会可接 受性等级
江川区	100.00	82.16	65.22	36.26	72.27	3. 低度可接受
通海县	98.55	82.19	80.57	18.01	74.32	3. 低度可接受
华宁县	100.00	83.91	68.68	69.52	79.33	2. 中度可接受
易门县	100.00	84.61	67.38	80.87	80.92	2. 中度可接受
峨山县	100.00	84.96	64.14	100.00	82.99	2. 中度可接受
新平县	100.00	83.99	65.87	100.00	83.27	2. 中度可接受
元江县	100.00	84.02	62.84	96.78	81.74	2. 中度可接受
澄江市	99.09	84.49	74.63	30.39	75.11	2. 中度可接受
保山市	100.00	79.78	55.77	100.00	78.49	2. 中度可接受
隆阳区	100.00	79.37	61.70	100.00	80.38	2. 中度可接受
施甸县	100.00	77.66	50.91	100.00	76.16	2. 中度可接受
龙陵县	100.00	80.62	52.45	100.00	77.63	2. 中度可接受
昌宁县	100.00	82.47	53.97	100.00	78.74	2. 中度可接受
腾冲市	100.00	79.27	55.92	100.00	78.38	2. 中度可接受
昭通市	95.18	74.08	46.87	81.69	69.84	3. 低度可接受
昭阳区	96.55	76.80	52.58	67.64	70.65	3. 低度可接受
鲁甸县	98.62	72.80	47.08	73.69	68.85	3. 低度可接受
巧家县	98.83	75.55	46.50	92.77	72.62	3. 低度可接受
盐津县	94.79	72.70	47.18	91.14	70.95	3. 低度可接受
大关县	97.50	73.78	44.60	85.67	70.03	3. 低度可接受
永善县	97.22	76.57	46.31	121.65	77.21	3. 低度可接受
绥江县	97.75	75.29	46.96	48.44	65.41	3. 低度可接受
镇雄县	88.20	70.58	47.73	70.82	66.02	3. 低度可接受
彝良县	96.12	73.81	43.48	87.84	69.76	3. 低度可接受
威信县	92.52	72.19	45.86	100.00	71.35	3. 低度可接受
水富市	94.05	79.57	54.09	54.62	69.52	3. 低度可接受
丽江市	100.00	78.37	51.38	80.32	73.40	3. 低度可接受
古城区	82.43	80.94	85.70	26.77	74.16	3. 低度可接受

续表

行政区	人口压力指数 (I_{PP})	人均GDP指数 (I_{PGDP})	农民人均可 支配收入指数 (I_{DIR})	人均粮食 产量指数 (I_{PYG})	社会可接受度 (D_{SA})	社会可接 受性等级
玉龙县	100.00	78.82	55.72	97.83	77.82	2. 中度可接受
永胜县	100.00	77.35	54.72	100.00	77.36	2. 中度可接受
华坪县	100.00	78.38	59.59	74.59	75.28	2. 中度可接受
宁蒗县	100.00	75.32	37.27	62.03	64.70	3. 低度可接受
普洱市	100.00	79.72	51.37	99.79	76.94	2. 中度可接受
思茅区	92.11	80.14	54.98	30.96	65.87	3. 低度可接受
宁洱县	100.00	80.19	53.79	100.00	77.95	2. 中度可接受
墨江县	100.00	77.94	50.44	100.00	76.09	2. 中度可接受
景东县	100.00	80.26	53.32	100.00	77.81	2. 中度可接受
景谷县	100.00	81.73	54.59	100.00	78.71	2. 中度可接受
镇沅县	100.00	82.65	54.59	100.00	79.01	2. 中度可接受
江城县	100.00	81.39	49.34	94.79	75.99	2. 中度可接受
孟连县	100.00	80.27	49.57	100.00	76.54	2. 中度可接受
澜沧县	100.00	76.24	48.93	100.00	75.03	2. 中度可接受
西盟县	100.00	76.84	48.75	95.59	74.46	3. 低度可接受
临沧市	100.00	79.54	53.27	92.12	76.30	2. 中度可接受
临翔区	98.63	79.85	53.46	51.35	69.70	3. 低度可接受
凤庆县	100.00	80.89	54.14	87.61	76.31	2. 中度可接受
云县	100.00	79.32	56.33	100.00	78.53	2. 中度可接受
永德县	100.00	76.33	53.66	100.00	76.67	2. 中度可接受
镇康县	100.00	78.07	52.22	100.00	76.74	2. 中度可接受
双江县	100.00	79.40	53.43	88.85	75.79	2. 中度可接受
耿马县	100.00	81.78	56.01	81.94	76.32	2. 中度可接受
沧源县	100.00	78.38	51.51	98.71	76.39	2. 中度可接受
楚雄州	100.00	81.57	53.42	100.00	78.27	2. 中度可接受
楚雄市	96.50	81.95	57.12	67.80	73.86	3. 低度可接受
双柏县	100.00	80.90	50.24	100.00	76.97	2. 中度可接受
牟定县	100.00	81.32	50.86	100.00	77.31	2. 中度可接受

行政区	人口压力指数（I_{PP}）	人均 GDP 指数（I_{PGDP}）	农民人均可支配收入指数（I_{DIR}）	人均粮食产量指数（I_{PYG}）	社会可接受度（D_{SA}）	社会可接受性等级
南华县	100.00	80.97	52.19	100.00	77.65	2. 中度可接受
姚安县	100.00	81.67	53.54	100.00	78.34	2. 中度可接受
大姚县	100.00	81.27	51.86	100.00	77.64	2. 中度可接受
永仁县	100.00	82.70	49.52	100.00	77.30	2. 中度可接受
元谋县	100.00	81.32	60.94	90.98	79.30	2. 中度可接受
武定县	100.00	80.60	49.50	100.00	76.62	2. 中度可接受
禄丰市	100.00	82.13	58.30	100.00	80.10	2. 中度可接受
红河州	100.00	80.43	56.41	81.95	76.03	2. 中度可接受
个旧市	94.31	82.03	76.36	34.89	74.77	3. 低度可接受
开远市	98.39	83.76	75.72	96.03	85.62	2. 中度可接受
蒙自市	98.17	81.41	68.78	53.35	75.64	2. 中度可接受
弥勒市	100.00	82.86	66.72	100.00	83.20	2. 中度可接受
屏边县	100.00	79.77	43.51	97.01	73.84	3. 低度可接受
建水县	100.00	79.85	68.79	84.37	80.44	2. 中度可接受
石屏县	100.00	81.53	62.88	85.53	79.15	2. 中度可接受
泸西县	100.00	79.17	61.58	96.21	79.66	2. 中度可接受
元阳县	100.00	75.03	42.58	92.15	71.23	3. 低度可接受
红河县	100.00	75.82	43.33	100.00	72.99	3. 低度可接受
金平县	100.00	75.16	42.83	81.90	69.72	3. 低度可接受
绿春县	100.00	75.51	42.64	100.00	72.66	3. 低度可接受
河口县	92.74	87.19	62.20	44.12	72.80	3. 低度可接受
文山州	99.10	77.33	49.85	96.92	75.04	2. 中度可接受
文山市	93.63	78.91	55.33	74.52	72.84	3. 低度可接受
砚山县	100.00	78.63	52.78	100.00	77.10	2. 中度可接受
西畴县	95.98	76.84	47.75	100.00	74.10	3. 低度可接受
麻栗坡县	99.01	77.61	49.78	87.33	73.55	3. 低度可接受
马关县	100.00	78.72	50.07	100.00	76.21	2. 中度可接受
丘北县	100.00	76.36	51.17	100.00	75.83	2. 中度可接受

续表

行政区	人口压力指数 (I_{PP})	人均GDP指数 (I_{PGDP})	农民人均可支配收入指数 (I_{DIR})	人均粮食产量指数 (I_{PYG})	社会可接受度 (D_{SA})	社会可接受性等级
广南县	96.87	74.63	47.50	99.37	73.37	3. 低度可接受
富宁县	99.92	77.46	51.73	65.78	70.89	3. 低度可接受
西双版纳州	100.00	80.94	64.23	73.07	77.43	2. 中度可接受
景洪市	99.05	80.44	73.17	29.01	73.09	3. 低度可接受
勐海县	100.00	80.84	57.95	100.00	79.57	2. 中度可接受
勐腊县	100.00	82.00	53.07	60.74	72.00	3. 低度可接受
大理州	100.00	80.45	56.68	99.05	78.86	2. 中度可接受
大理市	85.95	80.66	78.79	26.79	72.36	3. 低度可接受
漾濞县	100.00	79.89	53.40	100.00	77.72	2. 中度可接受
祥云县	100.00	81.24	58.66	100.00	79.94	2. 中度可接受
宾川县	100.00	82.73	75.52	90.36	84.61	2. 中度可接受
弥渡县	100.00	79.55	49.77	100.00	76.38	2. 中度可接受
南涧县	100.00	80.19	45.56	100.00	75.15	2. 中度可接受
巍山县	100.00	79.66	50.23	100.00	76.57	2. 中度可接受
永平县	100.00	81.29	50.69	100.00	77.25	2. 中度可接受
云龙县	100.00	78.62	48.81	100.00	75.76	2. 中度可接受
洱源县	100.00	79.56	52.89	100.00	77.44	2. 中度可接受
剑川县	100.00	78.30	44.56	100.00	74.21	3. 低度可接受
鹤庆县	100.00	79.71	51.75	100.00	77.10	2. 中度可接受
德宏州	100.00	80.32	51.33	100.00	77.15	2. 中度可接受
瑞丽市	100.00	82.31	57.97	34.28	69.53	3. 低度可接受
芒市	100.00	79.45	56.57	100.00	78.66	2. 中度可接受
梁河县	100.00	77.21	43.10	100.00	73.36	3. 低度可接受
盈江县	100.00	80.41	52.67	100.00	77.64	2. 中度可接受
陇川县	100.00	80.94	47.50	100.00	76.05	2. 中度可接受
怒江州	96.28	77.50	32.44	57.87	62.42	3. 低度可接受
泸水市	90.99	77.71	33.12	57.52	61.71	3. 低度可接受

行政区	人口压力指数 (I_{PP})	人均 GDP 指数 (I_{PGDP})	农民人均可支配收入指数 (I_{DIR})	人均粮食产量指数 (I_{PYG})	社会可接受度 (D_{SA})	社会可接受性等级
福贡县	89.86	73.05	31.39	28.85	54.84	4. 不可接受
贡山县	93.06	80.73	31.91	22.34	57.01	4. 不可接受
兰坪县	100.00	78.51	32.90	82.14	67.45	3. 低度可接受
迪庆州	100.00	81.45	41.90	82.32	71.48	3. 低度可接受
香格里拉市	100.00	82.91	42.12	69.10	69.91	3. 低度可接受
德钦县	100.00	82.22	41.73	81.17	71.48	3. 低度可接受
维西县	100.00	78.82	41.85	100.00	73.45	3. 低度可接受

（一）土地利用经济可行性分析

根据研究结果（见表 5-13），可以看出，目前云南省土地利用经济可行性程度还不高，云南省平均土地利用经济可行度（D_{EV}）值为 74.05，按表 4-7 的分级标准，虽然已接近"中度可行"级的下限（D_{EV} 值 75），但云南省土地利用经济可行性程度等级总体上尚属"低度可行"级。从 16 个州（市）情况来看，云南省以昆明市相对较高，其平均土地利用经济可行度（D_{EV}）值为 81.08，其次为玉溪市、曲靖市和大理州，其平均土地利用经济可行度（D_{EV}）值均在 75 以上，属于"中度可行"级，其余 12 个州（市）土地利用经济可行度（D_{EV}）值均在 75 以下，均属"低度可行"级，其中以迪庆州和怒江州土地利用经济可行度（D_{EV}）值最低，分别为 65.35 和 64.93。

从各县（市、区）土地利用经济可行性程度等级（见表 5-13）来看，云南省 129 个县（市、区）中，土地利用经济可行度（D_{EV}）值以官渡区最高，为 88.37；以贡山县最低，其土地利用经济可行度（D_{EV}）值为 58.82。也就是说，省内没有出现"高度可行"和"很不可行"两个等级的情况。由表 5-15 可见，有 36 个县（市、区）土地利用经济可行性程度达到"中度可行"级，占云南省总县数的 27.91%；有 92 个县（市、区）属于"低度可行"级，占云南省总县数的 71.32%；有 1 个县（即贡山县）属"不可行"级，占云南省总县数的 0.77%。这表明，目前云南省 72% 的县（市、区）在土地利用经济可行性上表现为"低度可行"甚至"不可行"。

表5-15 2020年云南省129个县（市、区）土地利用经济可行度分级简况

经济可行性 等级	经济可行度 (D_{EV})	包括的县（市、区）
2. 中度可行	75～90	36个县（市、区）：官渡区、五华区、红塔区、呈贡区、安宁市、麒麟区、大理市、盘龙区、西山区、江川区、通海县、昭阳区、澄江市、嵩明县、陆良县、瑞丽市、宜良县、晋宁区、隆阳区、罗平县、个旧市、祥云县、古城区、泸西县、沾益区、弥渡县、楚雄市、师宗县、开远市、富民县、富源县、华宁县、蒙自市、易门县、水富市、宾川县
3. 低度可行	60～75	92个县（市、区）：峨山县、禄丰市、芒市、洱源县、石林县、腾冲市、鹤庆县、河口县、姚安县、文山市、牟定县、弥勒县、巍山县、南华县、鲁甸县、威信县、宣威市、镇雄县、陇川县、建水县、新平县、马龙区、临翔区、绥江县、会泽县、龙陵县、寻甸县、南涧县、彝良县、梁河县、元江县、武定县、禄劝县、昌宁县、剑川县、石屏县、元谋县、砚山县、思茅区、景洪市、勐海县、凤庆县、永善县、永胜县、盈江县、施甸县、大姚县、马关县、耿马县、永仁县、永平县、元阳县、西畴县、云县、云龙县、红河县、漾濞县、巧家县、华坪县、景东县、东川区、孟连县、麻栗坡县、兰坪县、镇沅县、大关县、泸水市、双江县、沧源县、勐腊县、盐津县、维西县、双柏县、丘北县、玉龙县、金平县、永德县、墨江县、宁洱县、景谷县、广南县、屏边县、富宁县、镇康县、香格里拉市、绿春县、江城县、西盟县、宁蒗县、澜沧县、福贡县、德钦县
4. 不可行	45～60	1个县：贡山县

造成云南省大部分县（市、区）土地利用经济可行性程度偏低的原因，除了粮食生产水平不高、生产潜力未能充分发挥从而各地粮食单产指数（I_{YGC}）普遍偏低之外，主要是与省内较高水平县相比，多数县（市、区）的土地综合生产率指数（I_{CLP}）、农用地生产率指数（I_{ALP}）、建设用地生产率指数（I_{BLP}）、地均财政收入指数（I_{FRUA}）都较低，因而据此测算的经济可行度（D_{EV}）值亦相应的较低。这也表明，云南目前还是一个经济上尚不发达的省份。

（二）土地利用社会可接受性分析

由表5-14可以看出，目前云南省土地利用社会可接受度在总体上接近于中等水平，全省平均土地利用社会可接受度（D_{SA}）值为74.72，按表4-7的分级标准，虽然在总体上尚属"低度可接受"级，但已接近"中度可接受"级的下限（D_{SA}值75）。就16个州（市）情况而言，云南省以曲靖市相对较高，其平均土地利用社会可接受度（D_{SA}）值为80.59，其次为大理州、保山市、楚雄

州、玉溪市、西双版纳州、德宏州、普洱市、临沧市、红河州和文山州，其平均土地利用社会可接受度（D_{SA}）值均在75以上，属于"中度可接受"级，其余5个州（市）土地利用社会可接受度（D_{SA}）值均在75以下，均属"低度可接受"级，其中以昭通市和怒江州土地利用社会可接受度（D_{SA}）值最低，分别为69.84和62.42。

从各县（市、区）土地利用社会可接受性程度等级（见表5-14）来看，差异较为悬殊：云南省129个县（市、区）中，土地利用社会可接受度（D_{SA}）值以开远市相对较高，为85.62；以贡山县和福贡县最低，其土地利用社会可接受度（D_{SA}）值分别为57.01和54.84。这表明，省内没有出现"高度可接受"和"很不可接受"两个等级的情况。由表5-16可知，有75个县（市、区）达到"中度可接受"级，占全省总县数的58.14%；51个县（市、区）达到"低度可接受"级，占全省总县数的39.53%；有3个县（区）属"不可接受"级，占全省总县数的2.33%。也就是说，目前云南省41%以上的县（市、区）土地利用社会可接受性程度仍然较低。

表5-16　2020年云南省129个县（市、区）土地利用社会可接受度分级简况

社会可接受性等级	社会可接受度（D_{EV}）	包括的县（市、区）
2. 中度可接受	75~90	75个县（市、区）：开远市、罗平县、石林县、陆良县、宾川县、沾益区、新平县、弥勒市、峨山县、富民县、宜良县、元江县、易门县、建水县、隆阳区、禄丰市、祥云县、师宗县、富源县、泸西县、勐海县、宣威市、华宁县、元谋县、石屏县、镇沅县、昌宁县、景谷县、芒市、马龙区、云县、腾冲市、姚安县、麒麟区、宁洱县、玉龙县、景东县、漾濞县、南华县、盈江县、大姚县、龙陵县、洱源县、永胜县、牟定县、永仁县、永平县、永善县、砚山县、鹤庆县、双柏县、镇康县、会泽县、永德县、武定县、巍山县、孟连县、沧源县、弥渡县、耿马县、凤庆县、马关县、施甸县、墨江县、陇川县、江城县、丘北县、双江县、云龙县、蒙自市、安宁市、华坪县、南涧县、澄江市、澜沧县
3. 低度可接受	60~75	51个县（市、区）：个旧市、禄劝县、西盟县、寻甸县、通海县、剑川县、古城区、西畴县、红塔区、楚雄市、屏边县、麻栗坡县、维西县、广南县、梁河县、景洪市、红河县、文山市、河口县、绿春县、巧家县、大理市、晋宁县、江川区、勐腊县、德钦县、威信县、元阳县、盐津县、富宁县、昭阳区、呈贡区、大关县、香格里拉市、彝良县、金平县、临翔区、瑞丽市、水富市、嵩明县、鲁甸县、西山区、兰坪县、盘龙区、镇雄县、思茅区、绥江县、宁蒗县、东川区、官渡区、泸水市
4. 不可接受	45~60	3个县（区）：五华区、贡山县、福贡县

造成云南省县域土地利用社会可接受性程度不高的原因主要是与较高水平县相比，不少县（市、区）的人口压力指数（I_{PP}）、人均 GDP 指数（I_{PGDP}）、农民人均可支配收入指数（I_{DIR}）和人均粮食产量指数（I_{PYG}）都较低，因而据此测算的社会可接受度（D_{SA}）值亦相应的偏低。

三、土地利用总体可持续性分析

按照前述土地利用可持续性评价指标及其测算方法，我们测算了云南省2020 年 129 个县（市、区）的综合评价指数值——土地利用总可持续度（D_{OS}）（见表 5-17），并以此为基本依据，按照已拟定的分级标准（见第四章表 4-8），分别确定了各县（市、区）土地利用总可持续性程度等级，为分析云南省土地利用总体可持续性现状特点、探讨对策和制定措施提供了基本依据。

表 5-17　2020 年云南省分县土地利用总可持续度计算值及总体可持续性等级

行政区	生态友好度（D_{EF}）	经济可行度（D_{EV}）	社会可接受度（D_{SA}）	总可持续度（D_{OS}）	总可持续性等级
云南省	75.87	74.05	74.72	74.94	3. 低度可持续
昆明市	70.08	81.08	71.08	73.90	3. 低度可持续
五华区	65.90	88.04	59.40	71.03	3. 低度可持续
盘龙区	64.37	83.87	66.93	71.38	3. 低度可持续
官渡区	67.62	88.37	63.10	72.90	3. 低度可持续
西山区	70.99	83.29	68.04	74.04	3. 低度可持续
东川区	54.41	68.54	63.73	61.73	3. 低度可持续
呈贡区	64.25	85.85	70.27	72.97	3. 低度可持续
晋宁区	68.56	78.02	72.34	72.72	3. 低度可持续
富民县	65.31	76.41	82.17	73.92	3. 低度可持续
宜良县	76.06	78.03	82.02	78.48	2. 中度可持续
石林县	64.91	74.38	84.96	73.95	3. 低度可持续
嵩明县	71.22	80.67	69.45	73.71	3. 低度可持续
禄劝县	74.67	71.58	74.62	73.67	3. 低度可持续
寻甸县	74.92	71.80	74.32	73.74	3. 低度可持续
安宁市	72.01	84.86	75.31	77.12	2. 中度可持续
曲靖市	64.04	76.66	80.59	73.04	3. 低度可持续

行政区	生态友好度 （D_{EF}）	经济可行度 （D_{EV}）	社会可接受度 （D_{SA}）	总可持续度 （D_{OS}）	总可持续性 等级
麒麟区	68.42	84.17	78.15	76.38	2. 中度可持续
沾益区	70.91	77.18	84.53	77.00	2. 中度可持续
马龙区	67.49	72.85	78.55	72.52	3. 低度可持续
陆良县	64.03	79.45	84.75	75.18	2. 中度可持续
师宗县	64.90	76.61	79.83	73.13	3. 低度可持续
罗平县	54.71	77.51	84.98	71.08	3. 低度可持续
富源县	59.32	76.27	79.81	70.89	3. 低度可持续
会泽县	64.42	72.24	76.68	70.60	3. 低度可持续
宣威市	63.72	73.16	79.39	71.44	3. 低度可持续
玉溪市	78.59	78.56	77.49	78.25	2. 中度可持续
红塔区	79.97	86.58	73.93	80.27	2. 中度可持续
江川区	75.47	83.14	72.27	76.96	2. 中度可持续
通海县	75.02	81.73	74.32	76.96	2. 中度可持续
华宁县	60.40	76.17	79.33	71.13	3. 低度可持续
易门县	74.05	75.43	80.92	76.56	2. 中度可持续
峨山县	84.44	74.96	82.99	80.97	2. 中度可持续
新平县	85.29	72.85	83.27	80.70	2. 中度可持续
元江县	76.44	71.66	81.74	76.50	2. 中度可持续
澄江市	70.34	81.31	75.11	75.28	2. 中度可持续
保山市	78.97	74.39	78.49	77.36	2. 中度可持续
隆阳区	72.33	77.99	80.38	76.56	2. 中度可持续
施甸县	71.97	70.51	76.16	72.76	3. 低度可持续
龙陵县	76.59	72.17	77.63	75.49	2. 中度可持续
昌宁县	80.57	71.52	78.74	77.13	2. 中度可持续
腾冲市	87.31	74.37	78.38	80.49	2. 中度可持续
昭通市	62.90	72.86	69.84	68.17	3. 低度可持续
昭阳区	54.55	81.35	70.65	67.96	3. 低度可持续
鲁甸县	60.08	73.39	68.85	66.97	3. 低度可持续
巧家县	59.24	68.64	72.62	66.26	3. 低度可持续
盐津县	71.50	67.13	70.95	69.94	3. 低度可持续

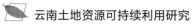
续表

行政区	生态友好度 (D_{EF})	经济可行度 (D_{EV})	社会可接受度 (D_{SA})	总可持续度 (D_{OS})	总可持续性等级
大关县	65.95	67.72	70.03	67.74	3. 低度可持续
永善县	59.48	70.76	77.21	68.41	3. 低度可持续
绥江县	73.68	72.44	65.41	70.80	3. 低度可持续
镇雄县	59.29	73.14	66.02	65.74	3. 低度可持续
彝良县	68.00	71.72	69.76	69.72	3. 低度可持续
威信县	63.18	73.17	71.35	68.82	3. 低度可持续
水富市	76.01	75.35	69.52	73.85	3. 低度可持续
丽江市	83.36	69.82	73.40	76.04	2. 中度可持续
古城区	72.23	77.38	74.16	74.46	3. 低度可持续
玉龙县	86.94	66.69	77.82	77.72	2. 中度可持续
永胜县	77.15	70.70	77.36	75.15	2. 中度可持续
华坪县	82.29	68.63	75.28	75.82	2. 中度可持续
宁蒗县	83.55	63.71	64.70	71.54	3. 低度可持续
普洱市	83.68	67.38	76.94	76.44	2. 中度可持续
思茅区	83.62	71.26	65.87	74.34	3. 低度可持续
宁洱县	85.22	66.12	77.95	76.93	2. 中度可持续
墨江县	80.97	66.21	76.09	74.78	3. 低度可持续
景东县	84.51	68.62	77.81	77.42	2. 中度可持续
景谷县	83.08	66.06	78.71	76.32	2. 中度可持续
镇沅县	85.73	67.94	79.01	78.02	2. 中度可持续
江城县	86.93	64.56	75.99	76.49	2. 中度可持续
孟连县	80.34	68.31	76.54	75.35	2. 中度可持续
澜沧县	78.73	63.41	75.03	72.72	3. 低度可持续
西盟县	72.28	64.47	74.46	70.43	3. 低度可持续
临沧市	72.79	69.40	76.30	72.76	3. 低度可持续
临翔区	77.71	72.58	69.70	73.66	3. 低度可持续
凤庆县	67.04	70.93	76.31	71.07	3. 低度可持续
云县	68.84	69.04	78.53	71.81	3. 低度可持续
永德县	68.17	66.22	76.67	70.10	3. 低度可持续
镇康县	77.25	65.50	76.74	73.34	3. 低度可持续

续表

行政区	生态友好度 （D_{EF}）	经济可行度 （D_{EV}）	社会可接受度 （D_{SA}）	总可持续度 （D_{OS}）	总可持续性 等级
双江县	75.28	67.44	75.79	72.92	3. 低度可持续
耿马县	72.36	69.83	76.32	72.74	3. 低度可持续
沧源县	81.71	67.43	76.39	75.54	2. 中度可持续
楚雄州	77.13	73.39	78.27	76.27	2. 中度可持续
楚雄市	77.65	76.68	73.86	76.20	2. 中度可持续
双柏县	72.67	66.82	76.97	72.09	3. 低度可持续
牟定县	68.40	74.04	77.31	72.88	3. 低度可持续
南华县	83.66	73.69	77.65	78.67	2. 中度可持续
姚安县	79.39	74.14	78.34	77.40	2. 中度可持续
大姚县	80.74	70.32	77.64	76.47	2. 中度可持续
永仁县	79.98	69.65	77.30	75.87	2. 中度可持续
元谋县	60.25	71.39	79.30	69.53	3. 低度可持续
武定县	73.76	71.58	76.62	73.92	3. 低度可持续
禄丰市	83.43	74.95	80.10	79.72	2. 中度可持续
红河州	69.86	73.25	76.03	72.80	3. 低度可持续
个旧市	67.26	77.42	74.77	72.76	3. 低度可持续
开远市	63.24	76.51	85.62	74.20	3. 低度可持续
蒙自市	64.79	75.69	75.64	71.54	3. 低度可持续
弥勒市	66.24	73.95	83.20	73.79	3. 低度可持续
屏边县	70.54	65.59	73.84	69.94	3. 低度可持续
建水县	69.37	72.99	80.44	73.85	3. 低度可持续
石屏县	70.22	71.40	79.15	73.28	3. 低度可持续
泸西县	60.60	77.28	79.66	71.66	3. 低度可持续
元阳县	69.40	69.29	71.23	69.91	3. 低度可持续
红河县	66.81	68.92	72.99	69.34	3. 低度可持续
金平县	75.36	66.26	69.72	70.75	3. 低度可持续
绿春县	72.23	65.01	72.66	70.05	3. 低度可持续
河口县	81.38	74.19	72.80	76.51	2. 中度可持续
文山州	66.71	69.21	75.04	70.01	3. 低度可持续
文山市	61.61	74.13	72.84	68.99	3. 低度可持续

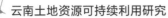
行政区	生态友好度（D_{EF}）	经济可行度（D_{EV}）	社会可接受度（D_{SA}）	总可持续度（D_{OS}）	总可持续性等级
砚山县	62.18	71.34	77.10	69.59	3. 低度可持续
西畴县	64.94	69.26	74.10	69.07	3. 低度可持续
麻栗坡县	64.68	68.00	73.55	68.40	3. 低度可持续
马关县	68.27	70.10	76.21	71.24	3. 低度可持续
丘北县	63.13	66.80	75.83	68.11	3. 低度可持续
广南县	66.77	65.85	73.37	68.45	3. 低度可持续
富宁县	76.96	65.55	70.89	71.49	3. 低度可持续
西双版纳州	85.29	70.95	77.43	78.34	2. 中度可持续
景洪市	83.32	71.02	73.09	76.31	2. 中度可持续
勐海县	84.08	71.00	79.57	78.54	2. 中度可持续
勐腊县	87.52	67.15	72.00	76.35	2. 中度可持续
大理州	79.32	75.24	78.86	77.87	2. 中度可持续
大理市	79.19	84.01	72.36	78.68	2. 中度可持续
漾濞县	75.56	68.86	77.72	74.07	3. 低度可持续
祥云县	72.44	77.41	79.94	76.28	2. 中度可持续
宾川县	77.28	75.25	84.61	78.83	2. 中度可持续
弥渡县	77.00	77.14	76.38	76.86	2. 中度可持续
南涧县	76.24	71.72	75.15	74.47	3. 低度可持续
巍山县	76.74	73.73	76.57	75.73	2. 中度可持续
永平县	81.87	69.58	77.25	76.55	2. 中度可持续
云龙县	84.33	68.98	75.76	76.84	2. 中度可持续
洱源县	77.19	74.89	77.44	76.53	2. 中度可持续
剑川县	84.71	71.51	74.21	77.34	2. 中度可持续
鹤庆县	73.65	74.27	77.10	74.88	3. 低度可持续
德宏州	81.78	74.43	77.15	78.04	2. 中度可持续
瑞丽市	84.28	79.01	69.53	78.17	2. 中度可持续
芒市	78.51	74.92	78.66	77.40	2. 中度可持续
梁河县	74.22	71.72	73.36	73.16	3. 低度可持续
盈江县	84.80	70.59	77.64	78.10	2. 中度可持续
陇川县	82.61	73.10	76.05	77.60	2. 中度可持续

行政区	生态友好度 (D_{EF})	经济可行度 (D_{EV})	社会可接受度 (D_{SA})	总可持续度 (D_{OS})	总可持续性 等级
怒江州	83.31	64.93	62.42	71.16	3. 低度可持续
泸水市	85.65	67.72	61.71	72.73	3. 低度可持续
福贡县	85.49	62.38	54.84	68.90	3. 低度可持续
贡山县	79.76	58.82	57.01	66.23	3. 低度可持续
兰坪县	82.48	67.96	67.45	73.33	3. 低度可持续
迪庆州	80.67	65.35	71.48	73.01	3. 低度可持续
香格里拉市	80.95	65.04	69.91	72.55	3. 低度可持续
德钦县	75.64	61.73	71.48	69.94	3. 低度可持续
维西县	83.70	66.93	73.45	75.26	2. 中度可持续

（一）土地利用总体可持续性现状特点

由表 5-17 可以看出，目前云南省在土地利用总体可持续性上具有以下两个基本特点：

1. 省域土地利用总体可持续性程度属中等水平

测算结果表明，云南省平均土地利用总可持续度（D_{OS}）值只有 74.94，虽然云南省总体可持续性程度等级属"低度可持续"级，但已接近于"中度可持续"级的下限（D_{OS} 值 75）。其基本表现是生态友好性、经济可行性和社会可接受性有着明显的不足或缺陷，土地开发利用活动已对生态环境造成了一定的影响和破坏，经济效益和社会效益不高。

2. 土地利用总体可持续性程度的区域差异较大

由表 5-17 可见，云南省内各区域的土地利用总体可持续性程度差异较大。大体上，云南省以滇东北中山山原区和滇东南喀斯特中低山区总体可持续性程度较低，尤其以滇东北中山山原区最低；滇南、滇西南和滇中地区总体可持续性程度高于上述区域，其总可持续度（D_{OS}）值大多达到"中度可持续"级。

就 16 个州（市）情况而言，云南省以西双版纳州、玉溪市、德宏州、大理州、保山市、普洱市、楚雄州、丽江市相对较高，其平均土地利用总可持续度（D_{OS}）值为 76~78，属于"中度可持续"级，其余 8 个州（市）土地利用总可持续度（D_{OS}）值均在 75 以下，均属"低度可持续"级，其中以昭通市土地利用总可持续度（D_{OS}）值最低，为 68.17。

从各县（市、区）土地利用可持续性程度等级来看，在云南省 129 个县

（市、区）中，土地利用总可持续度（D_{OS}）值以峨山县、新平县、腾冲市、红塔区相对较高，为80~81；以红河县、西畴县、文山市、福贡县、威信县、广南县、永善县、麻栗坡县、丘北县、昭阳区、大关县、鲁甸县、巧家县、贡山县、镇雄县、东川区较低，其土地利用总可持续度（D_{OS}）值为61~69。这表明，省内没有出现"高度可持续""有条件可持续"和"不可持续"级的标准。统计结果表明（见表5-18），云南省有51个县（市、区）的土地利用总可持续度（D_{OS}）值超过75，属"中度可持续"级，占全省总县数的39.53%；有78个县（市、区）的总可持续度（D_{OS}）值介于60~75，属"低度可持续"级，占云南省总县数的60.47%。这也就是说，目前云南省3/5以上的县（市、区）的土地利用总体可持续性程度还较低。

表5-18　2020年云南省129个县（市、区）土地利用总体可持续性程度分级简况

总可持续性等级	总可持续度（D_{OS}）	包括的县（市、区）
2. 中度可持续	75~90	51个县（市、区）：峨山县、新平县、腾冲市、红塔区、禄丰市、宾川县、大理市、南华县、勐海县、宜良县、瑞丽市、盈江县、镇沅县、玉龙县、陇川县、景东县、芒市、姚安县、剑川县、昌宁县、安宁市、沾益区、江川区、通海县、宁洱县、弥渡县、云龙县、隆阳区、易门县、永平县、洱源县、河口县、元江县、江城县、大姚县、麒麟区、勐腊县、景谷县、景洪市、祥云县、楚雄市、永仁县、华坪县、巍山县、沧源县、龙陵县、孟连县、澄江市、维西县、陆良县、永胜县
3. 低度可持续	60~75	78个县（市、区）：鹤庆县、墨江县、南涧县、古城区、思茅区、开远市、漾濞县、西山区、石林县、武定县、富民县、水富市、建水县、弥勒市、寻甸县、嵩明县、禄劝县、临翔区、镇康县、兰坪县、石屏县、梁河县、师宗县、呈贡区、双江县、官渡区、牟定县、个旧市、施甸县、耿马县、泸水市、晋宁区、澜沧县、香格里拉市、马龙区、双柏县、云县、泸西县、宁蒗县、蒙自市、富宁县、宣威市、盘龙区、马关县、华宁县、罗平县、凤庆县、五华区、富源县、绥江县、金平县、会泽县、西盟县、永德县、绿春县、屏边县、德钦县、盐津县、元阳县、彝良县、砚山县、元谋县、红河县、西畴县、文山市、福贡县、威信县、广南县、永善县、麻栗坡县、丘北县、昭阳区、大关县、鲁甸县、巧家县、贡山县、镇雄县、东川区

（二）土地利用总可持续度不高的基本原因

山区土地利用总可持续度的高低是土地利用生态友好性、经济可行性和社

会可接受性三个方面因素共同决定的，是土地利用生态友好性程度、经济可行性程度和社会可接受性程度的综合体现[5-7]。总体来看，目前云南生态环境问题还较为突出[8-10]，云南省多数县域土地利用生态友好度还较低，加之各地经济可行度亦较低、社会可接受度又不高，因而总可持续度必然相应的偏低。

为了推进云南土地资源的可持续利用，必须要大幅度地提高总可持续度。为此，迫切要求在云南省范围内因地制宜地采取切实有效的生态环境措施、经济措施或综合措施，稳步提高土地利用的生态友好性程度、经济可行性程度和社会可接受性程度，从而相应地提高土地利用的总体可持续性程度，确保"人口—资源—环境—经济发展"系统的协调性和土地利用系统的可持续性。对于评价结果为"低度可持续"级的县，则需要从根本上扭转土地利用方式并采取重大的生态环境措施、经济措施或综合措施，大幅度提高土地利用的总体可持续性程度，才能逐步增进"人口—资源—环境—经济发展"系统的协调性和土地利用系统的可持续性。

第三节　近 20 年土地利用可持续度的变化状况

在研究期限（2000~2020 年）内，由于土地利用发生了较为明显的变化，同时，人口和社会经济条件也发生了显著的变化，使云南省及各地土地利用生态友好度、经济可行度、社会可接受度以及据此测算的总可持续度出现了相应的变化。分析和揭示各地的这种变化特征，有助于区域土地可持续利用战略的科学决策和管理。

一、土地利用生态友好度的变化特征

从 2000~2020 年云南省和各地土地利用生态友好度和生态友好度等级的变化情况（见表 5-1 和表 5-19）来看，主要有以下两个特点：

（1）20 年间云南省土地利用生态友好度逐渐提高，生态友好度等级从"低度友好"级提升至"中度友好"级。云南省平均 2000 年土地利用生态友好度为 68.55，到 2020 年增至 75.87，净增加值 7.32，年均增幅 0.53%。相应地，省域生态友好度等级从"低度友好"级提升至"中度友好"级。这意味着近 20 年来云南省的土地生态环境保护与建设已取得了明显的成效，这也是云南省近年来大力实施生态文明建设排头兵战略的重要成效。

（2）土地利用生态友好度和生态友好度等级变化的区域差异性较大。从16个州（市）2000~2020年土地利用生态友好度和生态友好度等级的变化情况来看，玉溪市、保山市、丽江市、楚雄州、大理州和迪庆州土地利用生态友好度等级均由"低度友好"级提升至"中度友好"级；曲靖市、昭通市则由"不友好"级提升至"低度友好"级；其余8个州（市）虽保持"低度友好"或"中度友好"级没有发生等级上的变化，但生态友好度（D_{EF}）值已呈现逐渐增加的趋势。

再从129个县（市、区）近20年土地利用生态友好度和生态友好度等级来看，其变化情况较为复杂，大致可以分为以下五类（见表5-20）：①"不友好"级→"低度友好"级，涉及25个县（市、区），占云南省总县数的19.38%；②"低度友好"级→"中度友好"级，涉及36个县（市、区），占云南省总县数的27.91%；③保持"不友好"级（无变化），涉及7个县（区），占云南省总县数的5.43%；④保持"低度友好"级（无变化），涉及36个县（市、区），占云南省总县数的27.91%；⑤保持"中度友好"级（无变化），涉及25个县（市、区），占云南省总县数的19.38%。值得指出的是，上述保持"不友好"级、"低度友好"级和"中度友好"级而没有发生等级变化的68个县（市、区），其生态友好度（D_{EF}）值均呈现出逐渐增加的趋势，如表5-19所示。

表5-19 **2000年、2010年、2020年云南省分县土地利用生态友好度等级变化**

行政区	2000年生态友好度等级	2010年生态友好度等级	2020年生态友好度等级	2000年→2020年生态友好度等级变化
云南省	3. 低度友好	3. 低度友好	2. 中度友好	低度友好→中度友好
昆明市	3. 低度友好	3. 低度友好	3. 低度友好	保持"低度友好"级（无变化）
五华区	4. 不友好	3. 低度友好	3. 低度友好	不友好→低度友好
盘龙区	4. 不友好	3. 低度友好	3. 低度友好	不友好→低度友好
官渡区	4. 不友好	4. 不友好	3. 低度友好	不友好→低度友好
西山区	3. 低度友好	3. 低度友好	3. 低度友好	保持"低度友好"级（无变化）
东川区	4. 不友好	4. 不友好	4. 不友好	保持"不友好"级（无变化）
呈贡区	4. 不友好	4. 不友好	3. 低度友好	不友好→低度友好
晋宁区	3. 低度友好	3. 低度友好	3. 低度友好	保持"低度友好"级（无变化）
富民县	3. 低度友好	3. 低度友好	3. 低度友好	保持"低度友好"级（无变化）
宜良县	3. 低度友好	3. 低度友好	2. 中度友好	低度友好→中度友好

行政区	2000 年生态友好度等级	2010 年生态友好度等级	2020 年生态友好度等级	2000 年→2020 年生态友好度等级变化
石林县	3. 低度友好	3. 低度友好	3. 低度友好	保持"低度友好"级（无变化）
嵩明县	3. 低度友好	3. 低度友好	3. 低度友好	保持"低度友好"级（无变化）
禄劝县	3. 低度友好	3. 低度友好	3. 低度友好	保持"低度友好"级（无变化）
寻甸县	3. 低度友好	3. 低度友好	3. 低度友好	保持"低度友好"级（无变化）
安宁市	3. 低度友好	3. 低度友好	3. 低度友好	保持"低度友好"级（无变化）
曲靖市	4. 不友好	3. 低度友好	3. 低度友好	不友好→低度友好
麒麟区	3. 低度友好	3. 低度友好	3. 低度友好	保持"低度友好"级（无变化）
沾益区	3. 低度友好	3. 低度友好	3. 低度友好	保持"低度友好"级（无变化）
马龙区	3. 低度友好	3. 低度友好	3. 低度友好	保持"低度友好"级（无变化）
陆良县	4. 不友好	3. 低度友好	3. 低度友好	不友好→低度友好
师宗县	4. 不友好	3. 低度友好	3. 低度友好	不友好→低度友好
罗平县	4. 不友好	4. 不友好	4. 不友好	保持"不友好"级（无变化）
富源县	4. 不友好	4. 不友好	4. 不友好	保持"不友好"级（无变化）
会泽县	4. 不友好	3. 低度友好	3. 低度友好	不友好→低度友好
宣威市	4. 不友好	3. 低度友好	3. 低度友好	不友好→低度友好
玉溪市	3. 低度友好	2. 中度友好	2. 中度友好	低度友好→中度友好
红塔区	3. 低度友好	2. 中度友好	2. 中度友好	低度友好→中度友好
江川区	3. 低度友好	3. 低度友好	2. 中度友好	低度友好→中度友好
通海县	3. 低度友好	3. 低度友好	2. 中度友好	低度友好→中度友好
华宁县	4. 不友好	4. 不友好	3. 低度友好	不友好→低度友好
易门县	3. 低度友好	3. 低度友好	3. 低度友好	保持"低度友好"级（无变化）
峨山县	2. 中度友好	2. 中度友好	2. 中度友好	保持"中度友好"级（无变化）
新平县	2. 中度友好	2. 中度友好	2. 中度友好	保持"中度友好"级（无变化）
元江县	3. 低度友好	3. 低度友好	2. 中度友好	低度友好→中度友好
澄江市	3. 低度友好	3. 低度友好	3. 低度友好	保持"低度友好"级（无变化）
保山市	3. 低度友好	2. 中度友好	2. 中度友好	低度友好→中度友好
隆阳区	3. 低度友好	3. 低度友好	3. 低度友好	保持"低度友好"级（无变化）
施甸县	3. 低度友好	3. 低度友好	3. 低度友好	保持"低度友好"级（无变化）
龙陵县	3. 低度友好	3. 低度友好	2. 中度友好	低度友好→中度友好
昌宁县	2. 中度友好	2. 中度友好	2. 中度友好	保持"中度友好"（无变化）

行政区	2000年生态友好度等级	2010年生态友好度等级	2020年生态友好度等级	2000年→2020年生态友好度等级变化
腾冲市	2. 中度友好	2. 中度友好	2. 中度友好	保持"中度友好"（无变化）
昭通市	4. 不友好	3. 低度友好	3. 低度友好	不友好→低度友好
昭阳区	4. 不友好	4. 不友好	4. 不友好	保持"不友好"级（无变化）
鲁甸县	4. 不友好	4. 不友好	3. 低度友好	不友好→低度友好
巧家县	4. 不友好	4. 不友好	4. 不友好	保持"不友好"级（无变化）
盐津县	3. 低度友好	3. 低度友好	3. 低度友好	保持"低度友好"级（无变化）
大关县	4. 不友好	3. 低度友好	3. 低度友好	不友好→低度友好
永善县	4. 不友好	4. 不友好	4. 不友好	保持"不友好"级（无变化）
绥江县	3. 低度友好	3. 低度友好	3. 低度友好	保持"低度友好"级（无变化）
镇雄县	4. 不友好	4. 不友好	4. 不友好	保持"不友好"级（无变化）
彝良县	4. 不友好	3. 低度友好	3. 低度友好	不友好→低度友好
威信县	4. 不友好	3. 低度友好	3. 低度友好	不友好→低度友好
水富市	3. 低度友好	3. 低度友好	2. 中度友好	低度友好→中度友好
丽江市	3. 低度友好	2. 中度友好	2. 中度友好	低度友好→中度友好
古城区	3. 低度友好	3. 低度友好	3. 低度友好	保持"低度友好"级（无变化）
玉龙县	2. 中度友好	2. 中度友好	2. 中度友好	保持"中度友好"级（无变化）
永胜县	3. 低度友好	3. 低度友好	2. 中度友好	低度友好→中度友好
华坪县	3. 低度友好	2. 中度友好	2. 中度友好	低度友好→中度友好
宁蒗县	2. 中度友好	2. 中度友好	2. 中度友好	保持"中度友好"级（无变化）
普洱市	2. 中度友好	2. 中度友好	2. 中度友好	保持"中度友好"级（无变化）
思茅区	2. 中度友好	2. 中度友好	2. 中度友好	保持"中度友好"级（无变化）
宁洱县	2. 中度友好	2. 中度友好	2. 中度友好	保持"中度友好"级（无变化）
墨江县	3. 低度友好	2. 中度友好	2. 中度友好	低度友好→中度友好
景东县	2. 中度友好	2. 中度友好	2. 中度友好	保持"中度友好"级（无变化）
景谷县	2. 中度友好	2. 中度友好	2. 中度友好	保持"中度友好"级（无变化）
镇沅县	2. 中度友好	2. 中度友好	2. 中度友好	保持"中度友好"级（无变化）
江城县	3. 低度友好	2. 中度友好	2. 中度友好	低度友好→中度友好
孟连县	3. 低度友好	2. 中度友好	2. 中度友好	低度友好→中度友好
澜沧县	3. 低度友好	2. 中度友好	2. 中度友好	低度友好→中度友好
西盟县	3. 低度友好	3. 低度友好	3. 低度友好	保持"低度友好"级（无变化）

续表

行政区	2000 年生态友好度等级	2010 年生态友好度等级	2020 年生态友好度等级	2000 年→2020 年生态友好度等级变化
临沧市	3. 低度友好	3. 低度友好	3. 低度友好	保持"低度友好"级（无变化）
临翔区	3. 低度友好	3. 低度友好	2. 中度友好	低度友好→中度友好
凤庆县	3. 低度友好	3. 低度友好	3. 低度友好	保持"低度友好"级（无变化）
云县	4. 不友好	3. 低度友好	3. 低度友好	不友好→低度友好
永德县	4. 不友好	3. 低度友好	3. 低度友好	不友好→低度友好
镇康县	3. 低度友好	3. 低度友好	2. 中度友好	低度友好→中度友好
双江县	3. 低度友好	3. 低度友好	2. 中度友好	低度友好→中度友好
耿马县	3. 低度友好	3. 低度友好	3. 低度友好	保持"低度友好"级（无变化）
沧源县	3. 低度友好	2. 中度友好	2. 中度友好	低度友好→中度友好
楚雄州	3. 低度友好	3. 低度友好	2. 中度友好	低度友好→中度友好
楚雄市	3. 低度友好	2. 中度友好	2. 中度友好	低度友好→中度友好
双柏县	3. 低度友好	3. 低度友好	3. 低度友好	保持"低度友好"级（无变化）
牟定县	3. 低度友好	3. 低度友好	3. 低度友好	保持"低度友好"级（无变化）
南华县	2. 中度友好	2. 中度友好	2. 中度友好	保持"中度友好"级（无变化）
姚安县	2. 中度友好	2. 中度友好	2. 中度友好	保持"中度友好"级（无变化）
大姚县	3. 低度友好	2. 中度友好	2. 中度友好	低度友好→中度友好
永仁县	3. 低度友好	2. 中度友好	2. 中度友好	低度友好→中度友好
元谋县	4. 不友好	4. 不友好	3. 低度友好	不友好→低度友好
武定县	3. 低度友好	3. 低度友好	3. 低度友好	保持"低度友好"级（无变化）
禄丰市	2. 中度友好	2. 中度友好	2. 中度友好	保持"中度友好"级（无变化）
红河州	3. 低度友好	3. 低度友好	3. 低度友好	保持"低度友好"级（无变化）
个旧市	3. 低度友好	3. 低度友好	3. 低度友好	保持"低度友好"级（无变化）
开远市	3. 低度友好	3. 低度友好	3. 低度友好	保持"低度友好"级（无变化）
蒙自市	4. 不友好	3. 低度友好	3. 低度友好	不友好→低度友好
弥勒市	3. 低度友好	3. 低度友好	3. 低度友好	保持"低度友好"级（无变化）
屏边县	3. 低度友好	3. 低度友好	3. 低度友好	保持"低度友好"级（无变化）
建水县	3. 低度友好	3. 低度友好	3. 低度友好	保持"低度友好"级（无变化）
石屏县	3. 低度友好	3. 低度友好	3. 低度友好	保持"低度友好"级（无变化）
泸西县	4. 不友好	4. 不友好	3. 低度友好	不友好→低度友好
元阳县	3. 低度友好	3. 低度友好	3. 低度友好	保持"低度友好"级（无变化）

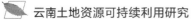

续表

行政区	2000 年生态友好度等级	2010 年生态友好度等级	2020 年生态友好度等级	2000 年→2020 年生态友好度等级变化
红河县	4. 不友好	3. 低度友好	3. 低度友好	不友好→低度友好
金平县	3. 低度友好	3. 低度友好	2. 中度友好	低度友好→中度友好
绿春县	3. 低度友好	3. 低度友好	3. 低度友好	保持"低度友好"级（无变化）
河口县	3. 低度友好	2. 中度友好	2. 中度友好	低度友好→中度友好
文山州	3. 低度友好	3. 低度友好	3. 低度友好	保持"低度友好"级（无变化）
文山市	4. 不友好	4. 不友好	3. 低度友好	不友好→低度友好
砚山县	4. 不友好	3. 低度友好	3. 低度友好	不友好→低度友好
西畴县	4. 不友好	3. 低度友好	3. 低度友好	不友好→低度友好
麻栗坡县	4. 不友好	3. 低度友好	3. 低度友好	不友好→低度友好
马关县	4. 不友好	3. 低度友好	3. 低度友好	不友好→低度友好
丘北县	3. 低度友好	3. 低度友好	3. 低度友好	保持"低度友好"级（无变化）
广南县	4. 不友好	3. 低度友好	3. 低度友好	不友好→低度友好
富宁县	3. 低度友好	3. 低度友好	2. 中度友好	低度友好→中度友好
西双版纳州	2. 中度友好	2. 中度友好	2. 中度友好	保持"中度友好"级（无变化）
景洪市	2. 中度友好	2. 中度友好	2. 中度友好	保持"中度友好"级（无变化）
勐海县	2. 中度友好	2. 中度友好	2. 中度友好	保持"中度友好"级（无变化）
勐腊县	2. 中度友好	2. 中度友好	2. 中度友好	保持"中度友好"级（无变化）
大理州	3. 低度友好	2. 中度友好	2. 中度友好	低度友好→中度友好
大理市	3. 低度友好	2. 中度友好	2. 中度友好	低度友好→中度友好
漾濞县	3. 低度友好	3. 低度友好	2. 中度友好	低度友好→中度友好
祥云县	3. 低度友好	3. 低度友好	3. 低度友好	保持"低度友好"级（无变化）
宾川县	3. 低度友好	3. 低度友好	2. 中度友好	低度友好→中度友好
弥渡县	3. 低度友好	3. 低度友好	2. 中度友好	低度友好→中度友好
南涧县	3. 低度友好	3. 低度友好	2. 中度友好	低度友好→中度友好
巍山县	3. 低度友好	3. 低度友好	2. 中度友好	低度友好→中度友好
永平县	3. 低度友好	2. 中度友好	2. 中度友好	低度友好→中度友好
云龙县	2. 中度友好	2. 中度友好	2. 中度友好	保持"中度友好"级（无变化）
洱源县	3. 低度友好	3. 低度友好	2. 中度友好	低度友好→中度友好
剑川县	2. 中度友好	2. 中度友好	2. 中度友好	保持"中度友好"级（无变化）
鹤庆县	3. 低度友好	3. 低度友好	3. 低度友好	保持"低度友好"级（无变化）

行政区	2000 年生态友好度等级	2010 年生态友好度等级	2020 年生态友好度等级	2000 年→2020 年生态友好度等级变化
德宏州	2. 中度友好	2. 中度友好	2. 中度友好	保持"中度友好"级（无变化）
瑞丽市	2. 中度友好	2. 中度友好	2. 中度友好	保持"中度友好"级（无变化）
芒市	3. 低度友好	2. 中度友好	2. 中度友好	低度友好→中度友好
梁河县	3. 低度友好	3. 低度友好	3. 低度友好	保持"低度友好"级（无变化）
盈江县	2. 中度友好	2. 中度友好	2. 中度友好	保持"中度友好"级（无变化）
陇川县	3. 低度友好	2. 中度友好	2. 中度友好	低度友好→中度友好
怒江州	2. 中度友好	2. 中度友好	2. 中度友好	保持"中度友好"级（无变化）
泸水市	2. 中度友好	2. 中度友好	2. 中度友好	保持"中度友好"级（无变化）
福贡县	2. 中度友好	2. 中度友好	2. 中度友好	保持"中度友好"级（无变化）
贡山县	3. 低度友好	3. 低度友好	2. 中度友好	低度友好→中度友好
兰坪县	2. 中度友好	2. 中度友好	2. 中度友好	保持"中度友好"级（无变化）
迪庆州	3. 低度友好	2. 中度友好	2. 中度友好	低度友好→中度友好
香格里拉市	3. 低度友好	2. 中度友好	2. 中度友好	低度友好→中度友好
德钦县	3. 低度友好	3. 低度友好	2. 中度友好	低度友好→中度友好
维西县	2. 中度友好	2. 中度友好	2. 中度友好	保持"中度友好"级（无变化）

二、土地利用经济可行度的变化特征

在研究期限（2000~2020 年）内，云南省和各地土地利用经济可行度和经济可行度等级发生了明显的变化（见表 5-20 和表 5-21），主要有以下两个变化特点：

（1）20 年间云南省土地利用经济可行度以较缓慢的趋势逐渐提高，经济可行度等级保持在"低度可行"级；但目前已接近"中度可行"级的下限值。2000 年云南省土地利用经济可行度平均为 69.22，到 2020 年增至 74.05，净增加值为 4.82，年均增幅 0.35%。这意味着近 20 年来云南省的经济建设取得了明显的成效，土地利用经济可行度（D_{EV}）值有了一定程度的增加。

（2）土地利用经济可行度和经济可行度等级变化的区域差异性较为显著。从 16 个州（市）2000~2020 年土地利用经济可行度和经济可行度等级的变化情况来看，曲靖市和大理州土地利用经济可行度等级均由"低度可行"级提升至"中度可行"级；怒江州和迪庆州则由"不可行"级提升至"低度可行"级；

其余 12 个州（市）虽保持"低度可行"或"中度可行"级没有发生等级上的变化，但经济可行度（D_{EV}）值已呈现逐渐增加之势。

就 129 个县（市、区）近 20 年土地利用经济可行度和经济可行度等级而言，其变化情况大致可以分为以下五类（见表 5-22）：①"不可行"级→"低度可行"级，涉及 16 个县（市），占全省总县数的 12.40%；②"低度可行"级→"中度可行"级，涉及 17 个县（市、区），占全省总县数的 13.18%；③保持"不可行"级（无变化），涉及 1 个县（即贡山县），占全省总县数的 0.77%；④保持"低度可行"级（无变化），涉及 79 个县（市、区），占全省总县数的 61.24%；⑤保持"中度可行"级（无变化），涉及 16 个县（市、区），占全省总县数的 12.40%。应指出，上述保持"不可行"级、"低度可行"级和"中度可行"级而没有发生等级上变化的 95 个县（市、区），其经济可行度（D_{EV}）值均呈现出逐渐增加之势，如表 5-21 所示。

表 5-20 2000~2020 年云南省县域土地利用生态友好度等级变化统计

土地利用生态友好度 等级变化类型	包括的县（市、区）
1. "不友好"级→ "低度友好"级	25 个县（市、区）：五华区、盘龙区、官渡区、呈贡区、陆良县、师宗县、会泽县、宣威市、华宁县、鲁甸县、大关县、彝良县、威信县、云县、永德县、元谋县、蒙自市、泸西县、红河县、文山市、砚山县、西畴县、麻栗坡县、马关县、广南县
2. "低度友好"级→ "中度友好"级	36 个县（市、区）：宜良县、红塔区、江川区、通海县、元江县、龙陵县、水富市、永胜县、华坪县、墨江县、江城县、孟连县、澜沧县、临翔区、镇康县、双江县、沧源县、楚雄市、大姚县、永仁县、金平县、河口县、富宁县、大理市、漾濞县、宾川县、弥渡县、南涧县、巍山县、永平县、洱源县、芒市、陇川县、贡山县、香格里拉市、德钦县
3. 保持"不友好" 级（无变化）	7 个县（区）：东川区、罗平县、富源县、昭阳区、巧家县、永善县、镇雄县
4. 保持"低度友好" 级（无变化）	36 个县（市、区）：西山区、晋宁区、富民县、石林县、嵩明县、禄劝县、寻甸县、安宁市、麒麟区、沾益区、马龙区、易门县、澄江市、隆阳区、施甸县、盐津县、绥江县、古城区、西盟县、凤庆县、耿马县、双柏县、牟定县、武定县、个旧市、开远市、弥勒市、屏边县、建水县、石屏县、元阳县、绿春县、丘北县、祥云县、鹤庆县、梁河县
5. 保持"中度友好" 级（无变化）	25 个县（市、区）：峨山县、新平县、昌宁县、腾冲市、玉龙县、宁蒗县、思茅区、宁洱县、景东县、景谷县、镇沅县、南华县、姚安县、禄丰市、景洪市、勐海县、勐腊县、云龙县、剑川县、瑞丽市、盈江县、泸水市、福贡县、兰坪县、维西县

表 5-21　2000 年、2010 年、2020 年云南省分县土地利用经济可行度等级变化

行政区	2000 年经济可行度等级	2010 年经济可行度等级	2020 年经济可行度等级	2000 年→2020 年经济可行度等级变化
云南省	3. 低度可行	3. 低度可行	3. 低度可行	保持"低度可行"级（无变化）
昆明市	2. 中度可行	2. 中度可行	2. 中度可行	保持"中度可行"级（无变化）
五华区	2. 中度可行	2. 中度可行	2. 中度可行	保持"中度可行"级（无变化）
盘龙区	2. 中度可行	2. 中度可行	2. 中度可行	保持"中度可行"级（无变化）
官渡区	2. 中度可行	2. 中度可行	2. 中度可行	保持"中度可行"级（无变化）
西山区	2. 中度可行	2. 中度可行	2. 中度可行	保持"中度可行"级（无变化）
东川区	3. 低度可行	3. 低度可行	3. 低度可行	保持"低度可行"级（无变化）
呈贡区	2. 中度可行	2. 中度可行	2. 中度可行	保持"中度可行"级（无变化）
晋宁区	2. 中度可行	2. 中度可行	2. 中度可行	保持"中度可行"级（无变化）
富民县	3. 低度可行	3. 低度可行	2. 中度可行	低度可行→中度可行
宜良县	2. 中度可行	2. 中度可行	2. 中度可行	保持"中度可行"级（无变化）
石林县	3. 低度可行	3. 低度可行	3. 低度可行	保持"低度可行"级（无变化）
嵩明县	2. 中度可行	2. 中度可行	2. 中度可行	保持"中度可行"级（无变化）
禄劝县	3. 低度可行	3. 低度可行	3. 低度可行	保持"低度可行"级（无变化）
寻甸县	3. 低度可行	3. 低度可行	3. 低度可行	保持"低度可行"级（无变化）
安宁市	2. 中度可行	2. 中度可行	2. 中度可行	保持"中度可行"级（无变化）
曲靖市	3. 低度可行	3. 低度可行	2. 中度可行	低度可行→中度可行
麒麟区	2. 中度可行	2. 中度可行	2. 中度可行	保持"中度可行"级（无变化）
沾益区	3. 低度可行	3. 低度可行	2. 中度可行	低度可行→中度可行
马龙区	3. 低度可行	3. 低度可行	3. 低度可行	保持"低度可行"级（无变化）
陆良县	3. 低度可行	3. 低度可行	2. 中度可行	低度可行→中度可行
师宗县	3. 低度可行	3. 低度可行	2. 中度可行	低度可行→中度可行
罗平县	3. 低度可行	3. 低度可行	2. 中度可行	低度可行→中度可行
富源县	3. 低度可行	2. 中度可行	2. 中度可行	低度可行→中度可行
会泽县	3. 低度可行	3. 低度可行	3. 低度可行	保持"低度可行"级（无变化）
宣威市	3. 低度可行	3. 低度可行	3. 低度可行	保持"低度可行"级（无变化）
玉溪市	2. 中度可行	2. 中度可行	2. 中度可行	保持"中度可行"级（无变化）
红塔区	2. 中度可行	2. 中度可行	2. 中度可行	保持"中度可行"级（无变化）
江川区	2. 中度可行	2. 中度可行	2. 中度可行	保持"中度可行"级（无变化）
通海县	2. 中度可行	2. 中度可行	2. 中度可行	保持"中度可行"级（无变化）

续表

行政区	2000 年经济可行度等级	2010 年经济可行度等级	2020 年经济可行度等级	2000 年→2020 年经济可行度等级变化
华宁县	3. 低度可行	3. 低度可行	2. 中度可行	低度可行→中度可行
易门县	3. 低度可行	3. 低度可行	2. 中度可行	低度可行→中度可行
峨山县	3. 低度可行	3. 低度可行	3. 低度可行	保持"低度可行"级（无变化）
新平县	3. 低度可行	3. 低度可行	3. 低度可行	保持"低度可行"级（无变化）
元江县	3. 低度可行	3. 低度可行	3. 低度可行	保持"低度可行"级（无变化）
澄江市	2. 中度可行	2. 中度可行	2. 中度可行	保持"中度可行"级（无变化）
保山市	3. 低度可行	3. 低度可行	3. 低度可行	保持"低度可行"级（无变化）
隆阳区	3. 低度可行	2. 中度可行	2. 中度可行	低度可行→中度可行
施甸县	3. 低度可行	3. 低度可行	3. 低度可行	保持"低度可行"级（无变化）
龙陵县	3. 低度可行	3. 低度可行	3. 低度可行	保持"低度可行"级（无变化）
昌宁县	3. 低度可行	3. 低度可行	3. 低度可行	保持"低度可行"级（无变化）
腾冲市	3. 低度可行	3. 低度可行	3. 低度可行	保持"低度可行"级（无变化）
昭通市	3. 低度可行	3. 低度可行	3. 低度可行	保持"低度可行"级（无变化）
昭阳区	2. 中度可行	2. 中度可行	2. 中度可行	保持"中度可行"级（无变化）
鲁甸县	3. 低度可行	3. 低度可行	3. 低度可行	保持"低度可行"级（无变化）
巧家县	3. 低度可行	3. 低度可行	3. 低度可行	保持"低度可行"级（无变化）
盐津县	3. 低度可行	3. 低度可行	3. 低度可行	保持"低度可行"级（无变化）
大关县	3. 低度可行	3. 低度可行	3. 低度可行	保持"低度可行"级（无变化）
永善县	3. 低度可行	3. 低度可行	3. 低度可行	保持"低度可行"级（无变化）
绥江县	3. 低度可行	3. 低度可行	3. 低度可行	保持"低度可行"级（无变化）
镇雄县	3. 低度可行	3. 低度可行	3. 低度可行	保持"低度可行"级（无变化）
彝良县	3. 低度可行	3. 低度可行	3. 低度可行	保持"低度可行"级（无变化）
威信县	3. 低度可行	3. 低度可行	3. 低度可行	保持"低度可行"级（无变化）
水富市	3. 低度可行	3. 低度可行	2. 中度可行	低度可行→中度可行
丽江市	3. 低度可行	3. 低度可行	3. 低度可行	保持"低度可行"级（无变化）
古城区	3. 低度可行	2. 低度可行	3. 低度可行	保持"低度可行"级（无变化）
玉龙县	3. 低度可行	3. 低度可行	3. 低度可行	保持"低度可行"级（无变化）
永胜县	3. 低度可行	3. 低度可行	3. 低度可行	保持"低度可行"级（无变化）
华坪县	3. 低度可行	3. 低度可行	3. 低度可行	保持"低度可行"级（无变化）
宁蒗县	4. 不可行	3. 低度可行	3. 低度可行	不可行→低度可行

续表

行政区	2000 年经济可行度等级	2010 年经济可行度等级	2020 年经济可行度等级	2000 年→2020 年经济可行度等级变化
普洱市	3. 低度可行	3. 低度可行	3. 低度可行	保持"低度可行"级（无变化）
思茅区	3. 低度可行	3. 低度可行	3. 低度可行	保持"低度可行"级（无变化）
宁洱县	3. 低度可行	3. 低度可行	3. 低度可行	保持"低度可行"级（无变化）
墨江县	3. 低度可行	3. 低度可行	3. 低度可行	保持"低度可行"级（无变化）
景东县	3. 低度可行	3. 低度可行	3. 低度可行	保持"低度可行"级（无变化）
景谷县	3. 低度可行	3. 低度可行	3. 低度可行	保持"低度可行"级（无变化）
镇沅县	4. 不可行	3. 低度可行	3. 低度可行	不可行→低度可行
江城县	4. 不可行	3. 低度可行	3. 低度可行	不可行→低度可行
孟连县	3. 低度可行	3. 低度可行	3. 低度可行	保持"低度可行"级（无变化）
澜沧县	4. 不可行	4. 不可行	3. 低度可行	不可行→低度可行
西盟县	4. 不可行	3. 低度可行	3. 低度可行	不可行→低度可行
临沧市	3. 低度可行	3. 低度可行	3. 低度可行	保持"低度可行"级（无变化）
临翔区	3. 低度可行	3. 低度可行	3. 低度可行	保持"低度可行"级（无变化）
凤庆县	3. 低度可行	3. 低度可行	3. 低度可行	保持"低度可行"级（无变化）
云县	3. 低度可行	3. 低度可行	3. 低度可行	保持"低度可行"级（无变化）
永德县	4. 不可行	3. 低度可行	3. 低度可行	不可行→低度可行
镇康县	4. 不可行	3. 低度可行	3. 低度可行	不可行→低度可行
双江县	3. 低度可行	3. 低度可行	3. 低度可行	保持"低度可行"级（无变化）
耿马县	3. 低度可行	3. 低度可行	3. 低度可行	保持"低度可行"级（无变化）
沧源县	3. 低度可行	3. 低度可行	3. 低度可行	保持"低度可行"级（无变化）
楚雄州	3. 低度可行	3. 低度可行	3. 低度可行	保持"低度可行"级（无变化）
楚雄市	3. 低度可行	3. 低度可行	3. 低度可行	保持"低度可行"级（无变化）
双柏县	3. 低度可行	3. 低度可行	3. 低度可行	保持"低度可行"级（无变化）
牟定县	3. 低度可行	3. 低度可行	3. 低度可行	保持"低度可行"级（无变化）
南华县	3. 低度可行	3. 低度可行	3. 低度可行	保持"低度可行"级（无变化）
姚安县	3. 低度可行	3. 低度可行	3. 低度可行	保持"低度可行"级（无变化）
大姚县	3. 低度可行	3. 低度可行	3. 低度可行	保持"低度可行"级（无变化）
永仁县	3. 低度可行	3. 低度可行	3. 低度可行	保持"低度可行"级（无变化）
元谋县	3. 低度可行	3. 低度可行	3. 低度可行	保持"低度可行"级（无变化）
武定县	3. 低度可行	3. 低度可行	3. 低度可行	保持"低度可行"级（无变化）

续表

行政区	2000年经济可行度等级	2010年经济可行度等级	2020年经济可行度等级	2000年→2020年经济可行度等级变化
禄丰市	3. 低度可行	3. 低度可行	3. 低度可行	保持"低度可行"级（无变化）
红河州	3. 低度可行	3. 低度可行	3. 低度可行	保持"低度可行"级（无变化）
个旧市	3. 低度可行	2. 中度可行	2. 中度可行	低度可行→中度可行
开远市	3. 低度可行	3. 低度可行	2. 中度可行	低度可行→中度可行
蒙自市	3. 低度可行	3. 低度可行	2. 中度可行	低度可行→中度可行
弥勒市	3. 低度可行	3. 低度可行	3. 低度可行	保持"低度可行"级（无变化）
屏边县	4. 不可行	3. 低度可行	3. 低度可行	不可行→低度可行
建水县	3. 低度可行	3. 低度可行	3. 低度可行	保持"低度可行"级（无变化）
石屏县	3. 低度可行	3. 低度可行	3. 低度可行	保持"低度可行"级（无变化）
泸西县	3. 低度可行	3. 低度可行	3. 低度可行	保持"低度可行"级（无变化）
元阳县	3. 低度可行	3. 低度可行	3. 低度可行	保持"低度可行"级（无变化）
红河县	3. 低度可行	3. 低度可行	3. 低度可行	保持"低度可行"级（无变化）
金平县	4. 不可行	3. 低度可行	3. 低度可行	不可行→低度可行
绿春县	4. 不可行	3. 低度可行	3. 低度可行	不可行→低度可行
河口县	3. 低度可行	3. 低度可行	3. 低度可行	保持"低度可行"级（无变化）
文山州	3. 低度可行	3. 低度可行	3. 低度可行	保持"低度可行"级（无变化）
文山市	3. 低度可行	3. 低度可行	3. 低度可行	保持"低度可行"级（无变化）
砚山县	3. 低度可行	3. 低度可行	3. 低度可行	保持"低度可行"级（无变化）
西畴县	3. 低度可行	3. 低度可行	3. 低度可行	保持"低度可行"级（无变化）
麻栗坡县	3. 低度可行	3. 低度可行	3. 低度可行	保持"低度可行"级（无变化）
马关县	3. 低度可行	3. 低度可行	3. 低度可行	保持"低度可行"级（无变化）
丘北县	4. 不可行	3. 低度可行	3. 低度可行	不可行→低度可行
广南县	4. 不可行	3. 低度可行	3. 低度可行	不可行→低度可行
富宁县	3. 低度可行	3. 低度可行	3. 低度可行	保持"低度可行"级（无变化）
西双版纳州	3. 低度可行	3. 低度可行	3. 低度可行	保持"低度可行"级（无变化）
景洪市	3. 低度可行	3. 低度可行	3. 低度可行	保持"低度可行"级（无变化）
勐海县	3. 低度可行	3. 低度可行	3. 低度可行	保持"低度可行"级（无变化）
勐腊县	3. 低度可行	3. 低度可行	3. 低度可行	保持"低度可行"级（无变化）
大理州	3. 低度可行	3. 低度可行	2. 中度可行	低度可行→中度可行
大理市	2. 中度可行	2. 中度可行	2. 中度可行	保持"中度可行"级（无变化）

续表

行政区	2000 年经济 可行度等级	2010 年经济 可行度等级	2020 年经济 可行度等级	2000 年→2020 年经济可行度 等级变化
漾濞县	3. 低度可行	3. 低度可行	3. 低度可行	保持"低度可行"级（无变化）
祥云县	3. 低度可行	3. 低度可行	2. 中度可行	低度可行→中度可行
宾川县	3. 低度可行	3. 低度可行	2. 中度可行	低度可行→中度可行
弥渡县	3. 低度可行	3. 低度可行	2. 中度可行	低度可行→中度可行
南涧县	3. 低度可行	3. 低度可行	3. 低度可行	保持"低度可行"级（无变化）
巍山县	3. 低度可行	3. 低度可行	3. 低度可行	保持"低度可行"级（无变化）
永平县	3. 低度可行	3. 低度可行	3. 低度可行	保持"低度可行"级（无变化）
云龙县	3. 低度可行	3. 低度可行	3. 低度可行	保持"低度可行"级（无变化）
洱源县	3. 低度可行	3. 低度可行	3. 低度可行	保持"低度可行"级（无变化）
剑川县	3. 低度可行	3. 低度可行	3. 低度可行	保持"低度可行"级（无变化）
鹤庆县	3. 低度可行	3. 低度可行	3. 低度可行	保持"低度可行"级（无变化）
德宏州	3. 低度可行	3. 低度可行	3. 低度可行	保持"低度可行"级（无变化）
瑞丽市	3. 低度可行	2. 中度可行	2. 中度可行	低度可行→中度可行
芒市	3. 低度可行	3. 低度可行	3. 低度可行	保持"低度可行"级（无变化）
梁河县	3. 低度可行	3. 低度可行	3. 低度可行	保持"低度可行"级（无变化）
盈江县	3. 低度可行	3. 低度可行	3. 低度可行	保持"低度可行"级（无变化）
陇川县	3. 低度可行	3. 低度可行	3. 低度可行	保持"低度可行"级（无变化）
怒江州	4. 不可行	3. 低度可行	3. 低度可行	不可行→低度可行
泸水市	3. 低度可行	3. 低度可行	3. 低度可行	保持"低度可行"级（无变化）
福贡县	4. 不可行	4. 不可行	3. 低度可行	不可行→低度可行
贡山县	4. 不可行	4. 不可行	4. 不可行	保持"不可行"级（无变化）
兰坪县	3. 低度可行	3. 低度可行	3. 低度可行	保持"低度可行"级（无变化）
迪庆州	4. 不可行	3. 低度可行	3. 低度可行	不可行→低度可行
香格里拉市	4. 不可行	3. 低度可行	3. 低度可行	不可行→低度可行
德钦县	4. 不可行	4. 不可行	3. 低度可行	不可行→低度可行
维西县	4. 不可行	3. 低度可行	3. 低度可行	不可行→低度可行

三、土地利用社会可接受度的变化特征

2000~2020 年，云南省和各地土地利用社会可接受度和社会可接受度等级

出现了明显的变化（见表 5-22 和表 5-23），主要有以下两个变化特点：

（1）20 年间云南省土地利用社会可接受度呈较明显的提升，尽管社会可接受度等级仍属"低度可接受"级，但已接近"中度可接受"级的下限，社会可接受度（D_{SA}）值增幅明显大于生态友好度（D_{EF}）和经济可行度（D_{EV}）的增幅。2000 年云南省土地利用社会平均可接受度为 60.12，到 2020 年增至 74.72，净增加值 14.60，年均增幅 1.21%。这表明，近 20 年来云南省土地利用社会效益得到了显著的提升。

（2）土地利用社会可接受度和社会可接受度等级的变化有着较大的区域差异性。从 16 个州（市）2000~2020 年土地利用社会可接受度和社会可接受度等级的变化情况来看，曲靖市、普洱市、临沧市、红河州、文山州、德宏州由"不可接受"级提升至"中度可接受"级；昭通市、丽江市、怒江州和迪庆州由"不可接受"级提升至"低度可接受"级；玉溪市、保山市、楚雄州、西双版纳州和大理州土地利用社会可接受度等级均由"低度可接受"级提升至"中度可接受"级；虽然昆明市保持"低度可接受"而没有发生等级上的变化，但社会可接受度（D_{SA}）值已呈现逐渐增加之势。

再就 129 个县（市、区）近 20 年土地利用社会可接受度和社会可接受度等级来看，其变化情况较为复杂，大致可以分为以下六类（见表 5-24）：①"很不可接受"级→"不可接受"级，涉及 1 个区，占云南省总县数的 0.77%；②"不可接受"级→"低度可接受"级，涉及 38 个县（市、区），占云南省总县数的 29.46%；③"不可接受"级→"中度可接受"级，涉及 39 个县（区），占云南省总县数的 30.23%；④"低度可接受"级→"中度可接受"级，涉及 35 个县（市、区），占云南省总县数的 27.13%；⑤保持"不可接受"级（无变化），涉及 2 个县，占云南省总县数的 1.55%；⑥保持"低度可接受"级（无变化），涉及 14 个县（市、区），占云南省总县数的 10.85%。值得指出的是，上述保持"不可接受"级和"低度可接受"级而没有发生等级上变化的 16 个县（市、区），其社会可接受度（D_{EF}）值实际上均呈现出逐渐增加之势，如表 5-23 所示。

表 5-22　2000~2020 年云南省县域土地利用经济可行度等级变化统计

土地利用经济可行度 等级变化类型	包括的县（市、区）
1."不可行"级→ "低度可行"级	16 个县（市）：宁蒗县、镇沅县、江城县、澜沧县、西盟县、永德县、镇康县、屏边县、金平县、绿春县、丘北县、广南县、福贡县、香格里拉市、德钦县、维西县

土地利用经济可行度 等级变化类型	包括的县（市、区）
2. "低度可行"级→ "中度可行"级	17 个县（市、区）：富民县、沾益区、陆良县、师宗县、罗平县、富源县、华宁县、易门县、隆阳区、水富市、个旧市、开远市、蒙自市、祥云县、宾川县、弥渡县、瑞丽市
3. 保持"不可行"级（无变化）	1 个县：贡山县
4. 保持"低度可行"级（无变化）	79 个县（市、区）：东川区、石林县、禄劝县、寻甸县、马龙区、会泽县、宣威市、峨山县、新平县、元江县、施甸县、龙陵县、昌宁县、腾冲市、鲁甸县、巧家县、盐津县、大关县、永善县、绥江县、镇雄县、彝良县、威信县、古城区、玉龙县、永胜县、华坪县、思茅区、宁洱县、墨江县、景东县、景谷县、孟连县、临翔区、凤庆县、云县、双江县、耿马县、沧源县、楚雄市、双柏县、牟定县、南华县、姚安县、大姚县、永仁县、元谋县、武定县、禄丰市、弥勒市、建水县、石屏县、泸西县、元阳县、红河县、河口县、文山市、砚山县、西畴县、麻栗坡县、马关县、富宁县、景洪市、勐海县、勐腊县、漾濞县、南涧县、巍山县、永平县、云龙县、洱源县、剑川县、鹤庆县、芒市、梁河县、盈江县、陇川县、泸水市、兰坪县
5. 保持"中度可行"级（无变化）	16 个县（市、区）：五华区、盘龙区、官渡区、西山区、呈贡区、晋宁区、宜良县、嵩明县、安宁市、麒麟区、红塔区、江川区、通海县、澄江市、昭阳区、大理市

表 5-23　2000 年、2010 年、2020 年云南省分县土地利用社会可接受度等级变化

行政区	2000 年社会 可接受度等级	2010 年社会 可接受度等级	2020 年社会 可接受度等级	2000 年→2020 年社会可接受度 等级变化
云南省	3. 低度可接受	3. 低度可接受	3. 低度可接受	保持"低度可接受"级（无变化）
昆明市	3. 低度可接受	3. 低度可接受	3. 低度可接受	保持"低度可接受"级（无变化）
五华区	5. 很不可接受	4. 不可接受	4. 不可接受	很不可接受→不可接受
盘龙区	4. 不可接受	4. 不可接受	3. 低度可接受	不可接受→低度可接受
官渡区	3. 低度可接受	3. 低度可接受	3. 低度可接受	保持"低度可接受"级（无变化）
西山区	3. 低度可接受	4. 低度可接受	3. 低度可接受	保持"低度可接受"级（无变化）
东川区	4. 不可接受	4. 不可接受	3. 低度可接受	不可接受→低度可接受
呈贡区	3. 低度可接受	3. 低度可接受	3. 低度可接受	保持"低度可接受"级（无变化）
晋宁区	3. 低度可接受	3. 低度可接受	3. 低度可接受	保持"低度可接受"级（无变化）
富民县	3. 低度可接受	3. 低度可接受	2. 中度可接受	低度可接受→中度可接受

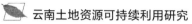
续表

行政区	2000年社会可接受度等级	2010年社会可接受度等级	2020年社会可接受度等级	2000年→2020年社会可接受度等级变化
宜良县	3. 低度可接受	3. 低度可接受	2. 中度可接受	低度可接受→中度可接受
石林县	3. 低度可接受	3. 低度可接受	2. 中度可接受	低度可接受→中度可接受
嵩明县	3. 低度可接受	3. 低度可接受	3. 低度可接受	保持"低度可接受"级（无变化）
禄劝县	4. 不可接受	3. 低度可接受	3. 低度可接受	不可接受→低度可接受
寻甸县	4. 不可接受	3. 低度可接受	3. 低度可接受	不可接受→低度可接受
安宁市	3. 低度可接受	3. 低度可接受	2. 中度可接受	低度可接受→中度可接受
曲靖市	4. 不可接受	3. 低度可接受	2. 中度可接受	不可接受→中度可接受
麒麟区	3. 低度可接受	3. 低度可接受	2. 中度可接受	低度可接受→中度可接受
沾益区	3. 低度可接受	3. 低度可接受	2. 中度可接受	低度可接受→中度可接受
马龙区	4. 不可接受	3. 低度可接受	2. 中度可接受	不可接受→中度可接受
陆良县	3. 低度可接受	3. 低度可接受	2. 中度可接受	低度可接受→中度可接受
师宗县	4. 不可接受	3. 低度可接受	2. 中度可接受	不可接受→中度可接受
罗平县	4. 不可接受	3. 低度可接受	2. 中度可接受	不可接受→中度可接受
富源县	4. 不可接受	3. 低度可接受	2. 中度可接受	不可接受→中度可接受
会泽县	4. 不可接受	3. 低度可接受	2. 中度可接受	不可接受→中度可接受
宣威市	4. 不可接受	3. 低度可接受	2. 中度可接受	不可接受→中度可接受
玉溪市	3. 低度可接受	3. 低度可接受	2. 中度可接受	低度可接受→中度可接受
红塔区	3. 低度可接受	3. 低度可接受	3. 低度可接受	保持"低度可接受"级（无变化）
江川区	3. 低度可接受	3. 低度可接受	3. 低度可接受	保持"低度可接受"级（无变化）
通海县	3. 低度可接受	3. 低度可接受	3. 低度可接受	保持"低度可接受"级（无变化）
华宁县	3. 低度可接受	3. 低度可接受	2. 中度可接受	低度可接受→中度可接受
易门县	3. 低度可接受	3. 低度可接受	2. 中度可接受	低度可接受→中度可接受
峨山县	3. 低度可接受	3. 低度可接受	2. 中度可接受	低度可接受→中度可接受
新平县	4. 不可接受	3. 低度可接受	2. 中度可接受	不可接受→中度可接受
元江县	4. 不可接受	3. 低度可接受	2. 中度可接受	不可接受→中度可接受
澄江市	3. 低度可接受	3. 低度可接受	2. 中度可接受	低度可接受→中度可接受
保山市	3. 低度可接受	3. 低度可接受	2. 中度可接受	低度可接受→中度可接受
隆阳区	3. 低度可接受	3. 低度可接受	2. 中度可接受	低度可接受→中度可接受
施甸县	3. 低度可接受	3. 低度可接受	2. 中度可接受	低度可接受→中度可接受
龙陵县	4. 不可接受	3. 低度可接受	2. 中度可接受	不可接受→中度可接受

续表

行政区	2000 年社会可接受度等级	2010 年社会可接受度等级	2020 年社会可接受度等级	2000 年→2020 年社会可接受度等级变化
昌宁县	3. 低度可接受	3. 低度可接受	2. 中度可接受	低度可接受→中度可接受
腾冲市	4. 不可接受	3. 低度可接受	2. 中度可接受	不可接受→中度可接受
昭通市	4. 不可接受	4. 不可接受	3. 低度可接受	不可接受→低度可接受
昭阳区	4. 不可接受	3. 低度可接受	3. 低度可接受	不可接受→低度可接受
鲁甸县	4. 不可接受	4. 不可接受	3. 低度可接受	不可接受→低度可接受
巧家县	4. 不可接受	4. 不可接受	3. 低度可接受	不可接受→低度可接受
盐津县	4. 不可接受	4. 不可接受	3. 低度可接受	不可接受→低度可接受
大关县	4. 不可接受	4. 不可接受	3. 低度可接受	不可接受→低度可接受
永善县	4. 不可接受	4. 不可接受	3. 低度可接受	不可接受→低度可接受
绥江县	4. 不可接受	4. 不可接受	3. 低度可接受	不可接受→低度可接受
镇雄县	4. 不可接受	4. 不可接受	3. 低度可接受	不可接受→低度可接受
彝良县	4. 不可接受	4. 不可接受	3. 低度可接受	不可接受→低度可接受
威信县	4. 不可接受	4. 不可接受	3. 低度可接受	不可接受→低度可接受
水富市	4. 不可接受	4. 不可接受	3. 低度可接受	不可接受→低度可接受
丽江市	4. 不可接受	3. 低度可接受	3. 低度可接受	不可接受→低度可接受
古城区	4. 不可接受	3. 低度可接受	3. 低度可接受	不可接受→低度可接受
玉龙县	3. 低度可接受	3. 低度可接受	2. 中度可接受	低度可接受→中度可接受
永胜县	4. 不可接受	3. 低度可接受	2. 中度可接受	不可接受→中度可接受
华坪县	3. 低度可接受	3. 低度可接受	2. 中度可接受	低度可接受→中度可接受
宁蒗县	4. 不可接受	4. 不可接受	3. 低度可接受	不可接受→低度可接受
普洱市	4. 不可接受	3. 低度可接受	2. 中度可接受	不可接受→中度可接受
思茅区	4. 不可接受	4. 不可接受	3. 低度可接受	不可接受→低度可接受
宁洱县	4. 不可接受	3. 低度可接受	2. 中度可接受	不可接受→中度可接受
墨江县	4. 不可接受	4. 不可接受	2. 中度可接受	不可接受→中度可接受
景东县	4. 不可接受	3. 低度可接受	2. 中度可接受	不可接受→中度可接受
景谷县	4. 不可接受	3. 低度可接受	2. 中度可接受	不可接受→中度可接受
镇沅县	4. 不可接受	3. 低度可接受	2. 中度可接受	不可接受→中度可接受
江城县	4. 不可接受	4. 不可接受	2. 中度可接受	不可接受→中度可接受
孟连县	4. 不可接受	4. 不可接受	2. 中度可接受	不可接受→中度可接受
澜沧县	4. 不可接受	4. 不可接受	2. 中度可接受	不可接受→中度可接受

续表

行政区	2000年社会可接受度等级	2010年社会可接受度等级	2020年社会可接受度等级	2000年→2020年社会可接受度等级变化
西盟县	4. 不可接受	4. 不可接受	3. 低度可接受	不可接受→低度可接受
临沧市	4. 不可接受	3. 低度可接受	2. 中度可接受	不可接受→中度可接受
临翔区	4. 不可接受	4. 不可接受	3. 低度可接受	不可接受→低度可接受
凤庆县	4. 不可接受	3. 低度可接受	2. 中度可接受	不可接受→中度可接受
云县	4. 不可接受	3. 低度可接受	2. 中度可接受	不可接受→中度可接受
永德县	4. 不可接受	3. 低度可接受	2. 中度可接受	不可接受→中度可接受
镇康县	4. 不可接受	3. 低度可接受	2. 中度可接受	不可接受→中度可接受
双江县	4. 不可接受	4. 不可接受	2. 中度可接受	不可接受→中度可接受
耿马县	4. 不可接受	3. 低度可接受	2. 中度可接受	不可接受→中度可接受
沧源县	4. 不可接受	4. 不可接受	2. 中度可接受	不可接受→中度可接受
楚雄州	3. 低度可接受	3. 低度可接受	2. 中度可接受	低度可接受→中度可接受
楚雄市	3. 低度可接受	3. 低度可接受	3. 低度可接受	保持"低度可接受"级（无变化）
双柏县	4. 不可接受	4. 不可接受	2. 中度可接受	不可接受→中度可接受
牟定县	3. 低度可接受	3. 低度可接受	2. 中度可接受	低度可接受→中度可接受
南华县	3. 低度可接受	3. 低度可接受	2. 中度可接受	低度可接受→中度可接受
姚安县	3. 低度可接受	3. 低度可接受	2. 中度可接受	低度可接受→中度可接受
大姚县	3. 低度可接受	3. 低度可接受	2. 中度可接受	低度可接受→中度可接受
永仁县	3. 低度可接受	3. 低度可接受	2. 中度可接受	低度可接受→中度可接受
元谋县	3. 低度可接受	3. 低度可接受	2. 中度可接受	低度可接受→中度可接受
武定县	4. 不可接受	3. 低度可接受	2. 中度可接受	不可接受→中度可接受
禄丰市	3. 低度可接受	3. 低度可接受	2. 中度可接受	低度可接受→中度可接受
红河州	4. 不可接受	3. 低度可接受	2. 中度可接受	不可接受→中度可接受
个旧市	4. 不可接受	3. 低度可接受	3. 低度可接受	不可接受→低度可接受
开远市	3. 低度可接受	3. 低度可接受	2. 中度可接受	低度可接受→中度可接受
蒙自市	4. 不可接受	3. 低度可接受	2. 中度可接受	不可接受→中度可接受
弥勒市	3. 低度可接受	3. 低度可接受	2. 中度可接受	低度可接受→中度可接受
屏边县	4. 不可接受	4. 不可接受	3. 低度可接受	不可接受→低度可接受
建水县	4. 不可接受	3. 低度可接受	2. 中度可接受	不可接受→中度可接受
石屏县	4. 不可接受	3. 低度可接受	2. 中度可接受	不可接受→中度可接受
泸西县	4. 不可接受	3. 低度可接受	2. 中度可接受	不可接受→中度可接受

行政区	2000 年社会可接受度等级	2010 年社会可接受度等级	2020 年社会可接受度等级	2000 年→2020 年社会可接受度等级变化
元阳县	4. 不可接受	4. 不可接受	3. 低度可接受	不可接受→低度可接受
红河县	4. 不可接受	4. 不可接受	3. 低度可接受	不可接受→低度可接受
金平县	4. 不可接受	4. 不可接受	3. 低度可接受	不可接受→低度可接受
绿春县	4. 不可接受	4. 不可接受	3. 低度可接受	不可接受→低度可接受
河口县	4. 不可接受	4. 不可接受	3. 低度可接受	不可接受→低度可接受
文山州	4. 不可接受	3. 低度可接受	2. 中度可接受	不可接受→中度可接受
文山市	4. 不可接受	3. 低度可接受	3. 低度可接受	不可接受→低度可接受
砚山县	4. 不可接受	3. 低度可接受	2. 中度可接受	不可接受→中度可接受
西畴县	4. 不可接受	4. 不可接受	3. 低度可接受	不可接受→低度可接受
麻栗坡县	4. 不可接受	4. 不可接受	3. 低度可接受	不可接受→低度可接受
马关县	4. 不可接受	3. 低度可接受	2. 中度可接受	不可接受→中度可接受
丘北县	4. 不可接受	4. 不可接受	2. 中度可接受	不可接受→中度可接受
广南县	4. 不可接受	4. 不可接受	3. 低度可接受	不可接受→低度可接受
富宁县	4. 不可接受	4. 不可接受	3. 低度可接受	不可接受→低度可接受
西双版纳州	3. 低度可接受	3. 低度可接受	2. 中度可接受	低度可接受→中度可接受
景洪市	3. 低度可接受	3. 低度可接受	3. 低度可接受	保持"低度可接受"级（无变化）
勐海县	3. 低度可接受	3. 低度可接受	2. 中度可接受	低度可接受→中度可接受
勐腊县	3. 低度可接受	3. 低度可接受	3. 低度可接受	保持"低度可接受"级（无变化）
大理州	3. 低度可接受	3. 低度可接受	2. 中度可接受	低度可接受→中度可接受
大理市	3. 低度可接受	3. 低度可接受	3. 低度可接受	保持"低度可接受"级（无变化）
漾濞县	3. 低度可接受	3. 低度可接受	2. 中度可接受	低度可接受→中度可接受
祥云县	3. 低度可接受	3. 低度可接受	2. 中度可接受	低度可接受→中度可接受
宾川县	3. 低度可接受	3. 低度可接受	2. 中度可接受	低度可接受→中度可接受
弥渡县	3. 低度可接受	4. 不可接受	2. 中度可接受	低度可接受→中度可接受
南涧县	4. 不可接受	4. 不可接受	2. 中度可接受	不可接受→中度可接受
巍山县	4. 不可接受	4. 不可接受	2. 中度可接受	不可接受→中度可接受
永平县	3. 低度可接受	3. 低度可接受	2. 中度可接受	低度可接受→中度可接受
云龙县	3. 低度可接受	3. 低度可接受	2. 中度可接受	低度可接受→中度可接受
洱源县	3. 低度可接受	3. 低度可接受	2. 中度可接受	低度可接受→中度可接受

续表

行政区	2000年社会可接受度等级	2010年社会可接受度等级	2020年社会可接受度等级	2000年→2020年社会可接受度等级变化
剑川县	4. 不可接受	3. 低度可接受	3. 低度可接受	不可接受→低度可接受
鹤庆县	4. 不可接受	3. 低度可接受	2. 中度可接受	不可接受→中度可接受
德宏州	4. 不可接受	3. 低度可接受	2. 中度可接受	不可接受→中度可接受
瑞丽市	3. 低度可接受	3. 低度可接受	3. 低度可接受	保持"低度可接受"级（无变化）
芒市	3. 低度可接受	3. 低度可接受	2. 中度可接受	低度可接受→中度可接受
梁河县	4. 不可接受	4. 不可接受	3. 低度可接受	不可接受→低度可接受
盈江县	3. 低度可接受	3. 低度可接受	2. 中度可接受	低度可接受→中度可接受
陇川县	4. 不可接受	3. 低度可接受	2. 中度可接受	不可接受→中度可接受
怒江州	4. 不可接受	4. 不可接受	3. 低度可接受	不可接受→低度可接受
泸水市	4. 不可接受	4. 不可接受	3. 低度可接受	不可接受→低度可接受
福贡县	4. 不可接受	4. 不可接受	4. 不可接受	保持"不可接受"级（无变化）
贡山县	4. 不可接受	4. 不可接受	4. 不可接受	保持"不可接受"级（无变化）
兰坪县	4. 不可接受	4. 不可接受	3. 低度可接受	不可接受→低度可接受
迪庆州	4. 不可接受	3. 低度可接受	3. 低度可接受	不可接受→低度可接受
香格里拉市	3. 低度可接受	3. 低度可接受	3. 低度可接受	保持"低度可接受"级（无变化）
德钦县	4. 不可接受	3. 低度可接受	3. 低度可接受	不可接受→低度可接受
维西县	4. 不可接受	3. 低度可接受	3. 低度可接受	不可接受→低度可接受

四、土地利用可持续度的变化特征

（一）土地利用总可持续度的变化

从2000~2020年云南省和各地土地利用总可持续度的变化情况（见表5-24）来看，可归纳为两个基本特点：

（1）近20年间（2000~2020年）云南省和各地土地利用总可持续度均有了一定程度的提升。2000~2020年云南省土地利用总可持续度（D_{OS}）值由66.24增至74.94，增加值为8.71，年均增幅为0.66%。16个州（市）土地利用总可持续度的变化状况有明显的差异，其总可持续度增加值在5.8~11.4，其中，曲靖市、保山市、昭通市、丽江市、普洱市、临沧市、红河州、文山州、大理州和德宏州增加值均略超过 10，其余 6 个州（市）总可持续度增加值相对较低，均低于 9。从 129 个县（市、区）近 20 年土地利用总可持续度的增加值来看，永善县、五华区、镇康县、彝良县、新平县、江城县、墨江县、马关县、西盟县、鹤庆县、澜沧县、罗平县、绿春县、师宗县、金平县、麻栗坡县、河口县、永德县、红河县、西畴县、广南县、凤庆县、永胜县、巧家县、绥江县、云县、元江县、会泽县、古城区、沧源县、屏边县、元阳县、永仁县、孟连县、禄劝县、陆良县、隆阳区、镇雄县、镇沅县、双江县、腾冲市、龙陵县、建水县、耿马县、砚山县、盐津县、宾川县、巍山县、威信县、南涧县、洱源县、陇川县、马龙区、泸西县、漾濞县、双柏县、永平县、峨山县、富源县均达 10以上，思茅区、泸水市、安宁市、楚雄市、嵩明县、官渡区、昭阳区、西山区、瑞丽市、勐腊县、晋宁区、福贡县、红塔区则低于 5，其余县（市、区）土地利用总可持续度的增加值为 5~10。

（2）土地利用总可持续度的增幅不大。从云南省整体来看，云南省近 20 年（2000~2020 年）土地利用总可持续度的年均增幅为 0.66%。各州（市）的年均增幅虽有差异，但总体上差异不大，16 个州（市）总可持续度的年均增幅在 0.4%~0.9%，最大为 0.91%（文山州），最小为 0.43%（昆明市）。从 129 个县（市、区）近 20 年土地利用总可持续度的年均增幅来看，永善县、五华区、彝良县、镇康县、西盟县、马关县、麻栗坡县、罗平县、澜沧县、绿春县、巧家县、墨江县、金平县、江城县、鹤庆县、永德县、红河县、广南县均达 1% 以上，通海县、思茅区、景洪市、泸水市、嵩明县、官渡区、安宁市、昭阳区、楚雄市、西山区、勐腊县、瑞丽市、晋宁区、福贡县、红塔区则低于 0.5%，其余县（市、区）土地利用总可持续度的年均增幅为 0.5%~1%。

表 5-24　2000~2020 年云南省县域土地利用社会可接受度等级变化统计

土地利用社会可接受度 等级变化类型	包括的县（市、区）
1. "很不可接受"级→ "不可接受"级	1 个区：五华区
2. "不可接受"级→ "低度可接受"级	38 个县（市、区）：盘龙区、东川区、禄劝县、寻甸县、昭阳区、鲁甸县、巧家县、盐津县、大关县、永善县、绥江县、镇雄县、彝良县、威信县、水富市、古城区、宁蒗县、思茅区、西盟县、临翔区、个旧市、屏边县、元阳县、红河县、金平县、绿春县、河口县、文山市、西畴县、麻栗坡县、广南县、富宁县、剑川县、梁河县、泸水市、兰坪县、德钦县、维西县

土地利用社会可接受度等级变化类型	包括的县（市、区）
3. "不可接受"级→"中度可接受"级	39个县（市、区）：马龙区、师宗县、罗平县、富源县、会泽县、宣威市、新平县、元江县、龙陵县、腾冲市、永胜县、宁洱县、墨江县、景东县、景谷县、镇沅县、江城县、孟连县、澜沧县、凤庆县、云县、永德县、镇康县、双江县、耿马县、沧源县、双柏县、武定县、蒙自市、建水县、石屏县、泸西县、砚山县、马关县、丘北县、南涧县、巍山县、鹤庆县、陇川县
4. "低度可接受"级→"中度可接受"级	35个县（市、区）：富民县、宜良县、石林县、安宁市、麒麟区、沾益区、陆良县、华宁县、易门县、峨山县、澄江市、隆阳区、施甸县、昌宁县、玉龙县、华坪县、牟定县、南华县、姚安县、大姚县、永仁县、元谋县、禄丰市、开远市、弥勒市、勐海县、漾濞县、祥云县、宾川县、弥渡县、永平县、云龙县、洱源县、芒市、盈江县
5. 保持"不可接受"级（无变化）	2个县：福贡县、贡山县
6. 保持"低度可接受"级（无变化）	14个县（市、区）：官渡区、西山区、呈贡区、晋宁区、嵩明县、红塔区、江川区、通海县、楚雄市、景洪市、勐腊县、大理市、瑞丽市、香格里拉市

（二）土地利用可持续度等级的变化

从2000~2020年云南省和各地土地利用总可持续度等级的变化情况（见表5-25）来看，主要有以下两个基本特点：

（1）云南省土地利用总可持续性等级在整体上没有变化，2000年、2010年和2020年均属于"低度可持续"等级，这是由于近20年土地利用综合可持续度的年均增幅不大。但对比表5-24和表5-25，2020年云南省整体的土地利用总可持续度已接近"中度可持续"这一级别，表明近20年的发展和建设有力地提升了土地利用总体可持续性程度，照此发展下去，云南省土地利用总可持续性等级必将有一个质的飞跃。

（2）土地利用总可持续性等级变化的区域差异性较大。从16个州（市）2000~2020年土地利用总可持续性等级的变化情况看，昭通市和文山州由"有条件可持续"级提升至"低度可持续"级；玉溪市、保山市、丽江市、普洱市、楚雄州、西双版纳州、大理州、德宏州由"低度可持续"级提升至"中度可持续"级；昆明市、曲靖市、临沧市、红河州、怒江州和迪庆州虽保持"低度可持续"而没有发生等级上的变化，但总可持续度（D_{os}）值已呈现一定程度的增加之势。

再从129个县（市、区）近20年土地利用社会可持续度和社会可持续度等级来看，其变化情况较为复杂，大致可以分为以下四类（见表5-26）：①"有条件可持续"级→"低度可持续"级，涉及30个县（市、区），占全省总县数的23.26%；②"低度可持续"级→"中度可持续"级，涉及50个县（市、区），占全省总县数的38.76%；③保持"低度可持续"级（无变化），涉及48个县（市、区），占全省总县数的37.21%；④保持"中度可持续"级（无变化），涉及1个区，占全省总县数的0.77%。值得注意的是，上述保持"低度可持续"级和"中度可持续"级而没有发生等级变化的49个县（市、区），其总可持续度（D_{OS}）值实际上均呈现出逐渐增加之势，如表5-25所示。

表5-25　2000年、2010年、2020年云南省分县土地利用总可持续度等级变化

行政区	2000年总可持续度等级	2010年总可持续度等级	2020年总可持续度等级	2000年→2020年总可持续度等级变化
云南省	3. 低度可持续	3. 低度可持续	3. 低度可持续	保持"低度可持续"级（无变化）
昆明市	3. 低度可持续	3. 低度可持续	3. 低度可持续	保持"低度可持续"级（无变化）
五华区	4. 有条件可持续	3. 低度可持续	3. 低度可持续	有条件可持续→低度可持续
盘龙区	3. 低度可持续	3. 低度可持续	3. 低度可持续	保持"低度可持续"级（无变化）
官渡区	3. 低度可持续	3. 低度可持续	3. 低度可持续	保持"低度可持续"级（无变化）
西山区	3. 低度可持续	3. 低度可持续	3. 低度可持续	保持"低度可持续"级（无变化）
东川区	4. 有条件可持续	4. 有条件可持续	3. 低度可持续	有条件可持续→低度可持续
呈贡区	3. 低度可持续	3. 低度可持续	3. 低度可持续	保持"低度可持续"级（无变化）
晋宁区	3. 低度可持续	3. 低度可持续	3. 低度可持续	保持"低度可持续"级（无变化）
富民县	3. 低度可持续	3. 低度可持续	3. 低度可持续	保持"低度可持续"级（无变化）
宜良县	3. 低度可持续	3. 低度可持续	2. 中度可持续	低度可持续→中度可持续
石林县	3. 低度可持续	3. 低度可持续	3. 低度可持续	保持"低度可持续"级（无变化）
嵩明县	3. 低度可持续	3. 低度可持续	3. 低度可持续	保持"低度可持续"级（无变化）
禄劝县	3. 低度可持续	3. 低度可持续	3. 低度可持续	保持"低度可持续"级（无变化）
寻甸县	3. 低度可持续	3. 低度可持续	3. 低度可持续	保持"低度可持续"级（无变化）
安宁市	3. 低度可持续	3. 低度可持续	2. 中度可持续	低度可持续→中度可持续
曲靖市	3. 低度可持续	3. 低度可持续	3. 低度可持续	保持"低度可持续"级（无变化）
麒麟区	3. 低度可持续	3. 低度可持续	2. 中度可持续	低度可持续→中度可持续
沾益区	3. 低度可持续	3. 低度可持续	2. 中度可持续	低度可持续→中度可持续

续表

行政区	2000 年总可持续度等级	2010 年总可持续度等级	2020 年总可持续度等级	2000 年→2020 年总可持续度等级变化
马龙区	3. 低度可持续	3. 低度可持续	3. 低度可持续	保持"低度可持续"级（无变化）
陆良县	3. 低度可持续	3. 低度可持续	2. 中度可持续	低度可持续→中度可持续
师宗县	3. 低度可持续	3. 低度可持续	3. 低度可持续	保持"低度可持续"级（无变化）
罗平县	4. 有条件可持续	3. 低度可持续	3. 低度可持续	有条件可持续→低度可持续
富源县	3. 低度可持续	3. 低度可持续	3. 低度可持续	保持"低度可持续"级（无变化）
会泽县	4. 有条件可持续	3. 低度可持续	3. 低度可持续	有条件可持续→低度可持续
宣威市	3. 低度可持续	3. 低度可持续	3. 低度可持续	保持"低度可持续"级（无变化）
玉溪市	3. 低度可持续	3. 低度可持续	2. 中度可持续	低度可持续→中度可持续
红塔区	2. 中度可持续	2. 中度可持续	2. 中度可持续	保持"中度可持续"级（无变化）
江川区	3. 低度可持续	3. 低度可持续	2. 中度可持续	低度可持续→中度可持续
通海县	3. 低度可持续	3. 低度可持续	2. 中度可持续	低度可持续→中度可持续
华宁县	3. 低度可持续	3. 低度可持续	3. 低度可持续	保持"低度可持续"级（无变化）
易门县	3. 低度可持续	3. 低度可持续	2. 中度可持续	低度可持续→中度可持续
峨山县	3. 低度可持续	3. 低度可持续	2. 中度可持续	低度可持续→中度可持续
新平县	3. 低度可持续	3. 低度可持续	2. 中度可持续	低度可持续→中度可持续
元江县	3. 低度可持续	3. 低度可持续	2. 中度可持续	低度可持续→中度可持续
澄江市	3. 低度可持续	3. 低度可持续	2. 中度可持续	低度可持续→中度可持续
保山市	3. 低度可持续	3. 低度可持续	2. 中度可持续	低度可持续→中度可持续
隆阳区	3. 低度可持续	3. 低度可持续	2. 中度可持续	低度可持续→中度可持续
施甸县	3. 低度可持续	3. 低度可持续	3. 低度可持续	保持"低度可持续"级（无变化）
龙陵县	3. 低度可持续	3. 低度可持续	2. 中度可持续	低度可持续→中度可持续
昌宁县	3. 低度可持续	3. 低度可持续	2. 中度可持续	低度可持续→中度可持续
腾冲市	3. 低度可持续	2. 中度可持续	2. 中度可持续	低度可持续→中度可持续
昭通市	4. 有条件可持续	3. 低度可持续	3. 低度可持续	有条件可持续→低度可持续
昭阳区	3. 低度可持续	3. 低度可持续	3. 低度可持续	保持"低度可持续"级（无变化）
鲁甸县	4. 有条件可持续	3. 低度可持续	3. 低度可持续	有条件可持续→低度可持续
巧家县	4. 有条件可持续	3. 低度可持续	3. 低度可持续	有条件可持续→低度可持续
盐津县	4. 有条件可持续	3. 低度可持续	3. 低度可持续	有条件可持续→低度可持续
大关县	4. 有条件可持续	3. 低度可持续	3. 低度可持续	有条件可持续→低度可持续
永善县	4. 有条件可持续	4. 有条件可持续	3. 低度可持续	有条件可持续→低度可持续

续表

行政区	2000年总可持续度等级	2010年总可持续度等级	2020年总可持续度等级	2000年→2020年总可持续度等级变化
绥江县	4. 有条件可持续	3. 低度可持续	3. 低度可持续	有条件可持续→低度可持续
镇雄县	4. 有条件可持续	4. 有条件可持续	3. 低度可持续	有条件可持续→低度可持续
彝良县	4. 有条件可持续	3. 低度可持续	3. 低度可持续	有条件可持续→低度可持续
威信县	4. 有条件可持续	3. 低度可持续	3. 低度可持续	有条件可持续→低度可持续
水富市	3. 低度可持续	3. 低度可持续	3. 低度可持续	保持"低度可持续"级（无变化）
丽江市	3. 低度可持续	3. 低度可持续	2. 中度可持续	低度可持续→中度可持续
古城区	3. 低度可持续	3. 低度可持续	3. 低度可持续	保持"低度可持续"级（无变化）
玉龙县	3. 低度可持续	3. 低度可持续	2. 中度可持续	低度可持续→中度可持续
永胜县	3. 低度可持续	3. 低度可持续	2. 中度可持续	低度可持续→中度可持续
华坪县	3. 低度可持续	3. 低度可持续	2. 中度可持续	低度可持续→中度可持续
宁蒗县	3. 低度可持续	3. 低度可持续	3. 低度可持续	保持"低度可持续"级（无变化）
普洱市	3. 低度可持续	3. 低度可持续	2. 中度可持续	低度可持续→中度可持续
思茅区	3. 低度可持续	3. 低度可持续	3. 低度可持续	保持"低度可持续"级（无变化）
宁洱县	3. 低度可持续	3. 低度可持续	2. 中度可持续	低度可持续→中度可持续
墨江县	3. 低度可持续	3. 低度可持续	3. 低度可持续	保持"低度可持续"级（无变化）
景东县	3. 低度可持续	3. 低度可持续	2. 中度可持续	低度可持续→中度可持续
景谷县	3. 低度可持续	3. 低度可持续	2. 中度可持续	低度可持续→中度可持续
镇沅县	3. 低度可持续	3. 低度可持续	2. 中度可持续	低度可持续→中度可持续
江城县	3. 低度可持续	3. 低度可持续	2. 中度可持续	低度可持续→中度可持续
孟连县	3. 低度可持续	3. 低度可持续	2. 中度可持续	低度可持续→中度可持续
澜沧县	3. 低度可持续	3. 低度可持续	3. 低度可持续	保持"低度可持续"级（无变化）
西盟县	4. 有条件可持续	3. 低度可持续	3. 低度可持续	有条件可持续→低度可持续
临沧市	3. 低度可持续	3. 低度可持续	3. 低度可持续	保持"低度可持续"级（无变化）
临翔区	3. 低度可持续	3. 低度可持续	3. 低度可持续	保持"低度可持续"级（无变化）
凤庆县	4. 有条件可持续	3. 低度可持续	3. 低度可持续	有条件可持续→低度可持续
云县	3. 低度可持续	3. 低度可持续	3. 低度可持续	保持"低度可持续"级（无变化）
永德县	4. 有条件可持续	3. 低度可持续	3. 低度可持续	有条件可持续→低度可持续
镇康县	4. 有条件可持续	3. 低度可持续	3. 低度可持续	有条件可持续→低度可持续
双江县	3. 低度可持续	3. 低度可持续	3. 低度可持续	保持"低度可持续"级（无变化）
耿马县	3. 低度可持续	3. 低度可持续	3. 低度可持续	保持"低度可持续"级（无变化）

续表

行政区	2000年总可持续度等级	2010年总可持续度等级	2020年总可持续度等级	2000年→2020年总可持续度等级变化
沧源县	3. 低度可持续	3. 低度可持续	2. 中度可持续	低度可持续→中度可持续
楚雄州	3. 低度可持续	3. 低度可持续	2. 中度可持续	低度可持续→中度可持续
楚雄市	3. 低度可持续	3. 低度可持续	2. 中度可持续	低度可持续→中度可持续
双柏县	3. 低度可持续	3. 低度可持续	3. 低度可持续	保持"低度可持续"级（无变化）
牟定县	3. 低度可持续	3. 低度可持续	3. 低度可持续	保持"低度可持续"级（无变化）
南华县	3. 低度可持续	3. 低度可持续	2. 中度可持续	低度可持续→中度可持续
姚安县	3. 低度可持续	3. 低度可持续	2. 中度可持续	低度可持续→中度可持续
大姚县	3. 低度可持续	3. 低度可持续	2. 中度可持续	低度可持续→中度可持续
永仁县	3. 低度可持续	3. 低度可持续	2. 中度可持续	低度可持续→中度可持续
元谋县	3. 低度可持续	3. 低度可持续	3. 低度可持续	保持"低度可持续"级（无变化）
武定县	3. 低度可持续	3. 低度可持续	3. 低度可持续	保持"低度可持续"级（无变化）
禄丰市	3. 低度可持续	3. 低度可持续	2. 中度可持续	低度可持续→中度可持续
红河州	3. 低度可持续	3. 低度可持续	3. 低度可持续	保持"低度可持续"级（无变化）
个旧市	3. 低度可持续	3. 低度可持续	3. 低度可持续	保持"低度可持续"级（无变化）
开远市	3. 低度可持续	3. 低度可持续	3. 低度可持续	保持"低度可持续"级（无变化）
蒙自市	3. 低度可持续	3. 低度可持续	3. 低度可持续	保持"低度可持续"级（无变化）
弥勒市	3. 低度可持续	3. 低度可持续	3. 低度可持续	保持"低度可持续"级（无变化）
屏边县	4. 有条件可持续	3. 低度可持续	3. 低度可持续	有条件可持续→低度可持续
建水县	3. 低度可持续	3. 低度可持续	3. 低度可持续	保持"低度可持续"级（无变化）
石屏县	3. 低度可持续	3. 低度可持续	3. 低度可持续	保持"低度可持续"级（无变化）
泸西县	3. 低度可持续	3. 低度可持续	3. 低度可持续	保持"低度可持续"级（无变化）
元阳县	4. 有条件可持续	3. 低度可持续	3. 低度可持续	有条件可持续→低度可持续
红河县	4. 有条件可持续	3. 低度可持续	3. 低度可持续	有条件可持续→低度可持续
金平县	4. 有条件可持续	3. 低度可持续	3. 低度可持续	有条件可持续→低度可持续
绿春县	4. 有条件可持续	3. 低度可持续	3. 低度可持续	有条件可持续→低度可持续
河口县	3. 低度可持续	3. 低度可持续	2. 中度可持续	低度可持续→中度可持续
文山州	4. 有条件可持续	3. 低度可持续	3. 低度可持续	有条件可持续→低度可持续
文山市	4. 有条件可持续	3. 低度可持续	3. 低度可持续	有条件可持续→低度可持续
砚山县	4. 有条件可持续	3. 低度可持续	3. 低度可持续	有条件可持续→低度可持续
西畴县	4. 有条件可持续	3. 低度可持续	3. 低度可持续	有条件可持续→低度可持续

行政区	2000 年总可持续度等级	2010 年总可持续度等级	2020 年总可持续度等级	2000 年→2020 年总可持续度等级变化
麻栗坡县	4. 有条件可持续	3. 低度可持续	3. 低度可持续	有条件可持续→低度可持续
马关县	4. 有条件可持续	3. 低度可持续	3. 低度可持续	有条件可持续→低度可持续
丘北县	4. 有条件可持续	3. 低度可持续	3. 低度可持续	有条件可持续→低度可持续
广南县	4. 有条件可持续	3. 低度可持续	3. 低度可持续	有条件可持续→低度可持续
富宁县	3. 低度可持续	3. 低度可持续	3. 低度可持续	保持"低度可持续"级（无变化）
西双版纳州	3. 低度可持续	3. 低度可持续	2. 中度可持续	低度可持续→中度可持续
景洪市	3. 低度可持续	3. 低度可持续	2. 中度可持续	低度可持续→中度可持续
勐海县	3. 低度可持续	3. 低度可持续	2. 中度可持续	低度可持续→中度可持续
勐腊县	3. 低度可持续	3. 低度可持续	2. 中度可持续	低度可持续→中度可持续
大理州	3. 低度可持续	3. 低度可持续	2. 中度可持续	低度可持续→中度可持续
大理市	3. 低度可持续	3. 低度可持续	2. 中度可持续	低度可持续→中度可持续
漾濞县	3. 低度可持续	3. 低度可持续	3. 低度可持续	保持"低度可持续"级（无变化）
祥云县	3. 低度可持续	3. 低度可持续	2. 中度可持续	低度可持续→中度可持续
宾川县	3. 低度可持续	3. 低度可持续	2. 中度可持续	低度可持续→中度可持续
弥渡县	3. 低度可持续	3. 低度可持续	2. 中度可持续	低度可持续→中度可持续
南涧县	3. 低度可持续	3. 低度可持续	3. 低度可持续	保持"低度可持续"级（无变化）
巍山县	3. 低度可持续	3. 低度可持续	2. 中度可持续	低度可持续→中度可持续
永平县	3. 低度可持续	3. 低度可持续	2. 中度可持续	低度可持续→中度可持续
云龙县	3. 低度可持续	3. 低度可持续	2. 中度可持续	低度可持续→中度可持续
洱源县	3. 低度可持续	3. 低度可持续	2. 中度可持续	低度可持续→中度可持续
剑川县	3. 低度可持续	3. 低度可持续	2. 中度可持续	低度可持续→中度可持续
鹤庆县	3. 低度可持续	3. 低度可持续	3. 低度可持续	保持"低度可持续"级（无变化）
德宏州	3. 低度可持续	3. 低度可持续	2. 中度可持续	低度可持续→中度可持续
瑞丽市	3. 低度可持续	2. 中度可持续	2. 中度可持续	低度可持续→中度可持续
芒市	3. 低度可持续	3. 低度可持续	2. 中度可持续	低度可持续→中度可持续
梁河县	3. 低度可持续	3. 低度可持续	3. 低度可持续	保持"低度可持续"级（无变化）
盈江县	3. 低度可持续	3. 低度可持续	2. 中度可持续	低度可持续→中度可持续
陇川县	3. 低度可持续	3. 低度可持续	2. 中度可持续	低度可持续→中度可持续
怒江州	3. 低度可持续	3. 低度可持续	3. 低度可持续	保持"低度可持续"级（无变化）
泸水市	3. 低度可持续	3. 低度可持续	3. 低度可持续	保持"低度可持续"级（无变化）

续表

行政区	2000 年总可持续度等级	2010 年总可持续度等级	2020 年总可持续度等级	2000 年→2020 年总可持续度等级变化
福贡县	3. 低度可持续	3. 低度可持续	3. 低度可持续	保持"低度可持续"级（无变化）
贡山县	4. 有条件可持续	3. 低度可持续	3. 低度可持续	有条件可持续→低度可持续
兰坪县	3. 低度可持续	3. 低度可持续	3. 低度可持续	保持"低度可持续"级（无变化）
迪庆州	3. 低度可持续	3. 低度可持续	3. 低度可持续	保持"低度可持续"级（无变化）
香格里拉市	3. 低度可持续	3. 低度可持续	3. 低度可持续	保持"低度可持续"级（无变化）
德钦县	3. 低度可持续	3. 低度可持续	3. 低度可持续	保持"低度可持续"级（无变化）
维西县	3. 低度可持续	3. 低度可持续	2. 中度可持续	低度可持续→中度可持续

表 5-26　2000~2020 年云南省县域土地利用总可持续度等级变化统计

土地利用总可持续度等级变化类型	包括的县（市、区）
1."有条件可持续"级→"低度可持续"级	30 个县（市、区）：五华区、东川区、罗平县、会泽县、鲁甸县、巧家县、盐津县、大关县、永善县、绥江县、镇雄县、彝良县、威信县、西盟县、凤庆县、永德县、镇康县、屏边县、元阳县、红河县、金平县、绿春县、文山市、砚山县、西畴县、麻栗坡县、马关县、丘北县、广南县、贡山县
2."低度可持续"级→"中度可持续"级	50 个县（市、区）：宜良县、安宁市、麒麟区、沾益区、陆良县、江川区、通海县、易门县、峨山县、新平县、元江县、澄江市、隆阳区、龙陵县、昌宁县、腾冲市、玉龙县、永胜县、华坪县、宁洱县、景东县、景谷县、镇沅县、江城县、孟连县、沧源县、楚雄市、南华县、姚安县、大姚县、永仁县、禄丰市、河口县、景洪市、勐海县、勐腊县、大理市、祥云县、宾川县、弥渡县、巍山县、永平县、云龙县、洱源县、剑川县、瑞丽市、芒市、盈江县、陇川县、维西县
3. 保持"低度可持续"级（无变化）	48 个县（市、区）：盘龙区、官渡区、西山区、呈贡区、晋宁区、富民县、石林县、嵩明县、禄劝县、寻甸县、马龙区、师宗县、富源县、宣威市、华宁县、施甸县、昭阳区、水富市、古城区、宁蒗县、思茅区、墨江县、澜沧县、临翔区、云县、双江县、耿马县、双柏县、牟定县、元谋县、武定县、个旧市、开远市、蒙自市、弥勒市、建水县、石屏县、泸西县、富宁县、漾濞县、南涧县、鹤庆县、梁河县、泸水市、福贡县、兰坪县、香格里拉市、德钦县
4. 保持"中度可持续"级（无变化）	1 个区：红塔区

本章参考文献

［1］云南省土地管理局，云南省土地利用现状调查领导小组办公室 . 云南土地资源 ［M］. 昆明：云南科技出版社，2000.

［2］杨子生，李云辉，邹忠，等 . 中国西部大开发云南省土地资源开发利用规划研究 ［M］. 昆明：云南科技出版社，2003.

［3］杨子生，赵乔贵，辛玲 . 云南土地资源 ［M］. 北京：中国科学技术出版社，2014.

［4］云南省第三次全国国土调查领导小组办公室，云南省自然资源厅，云南省统计局 . 云南省第三次全国国土调查主要数据公报 ［N］. 云南日报，2021-12-22（8）.

［5］杨子生，刘彦随 . 中国山区生态友好型土地利用研究 ［M］. 北京：中国科学技术出版社，2007.

［6］杨子生，刘彦随，贺一梅，等 . 山区县域土地利用生态友好性评价原理、方法及实践 ［J］. 自然资源学报，2008，23（4）：600-611.

［7］赵舒 . 金沙江中游区脱贫攻坚期间土地利用可持续度的时空变化研究——以云南省禄劝彝族苗族自治县为例 ［D］. 云南财经大学硕士学位论文，2022.

［8］Yang Renyi, Du Wanying, Yang Zisheng. Spatiotemporal Evolution and Influencing Factors of Urban Land Ecological Security in Yunnan Province ［J］. Sustainability, 2021 (13)：2936.

［9］云南省发展和改革委员会，云南省自然资源厅，云南省森林和草原局 . 云南省重要生态系统保护和修复重大工程总体规划（2021-2035年）［EB/OL］. http：//lcj. yn. gov. cn/html/2021/fazhanguihua_1202/64715. html，2021-12-02.

［10］Kai Xu, Zisheng Yang. Research on the Value of Land Ecological Service in Yunnan Province Based on the Perspective of Spatial Pattern ［J］. Sustainability, 2022 (14)：10805.

第六章
云南土地利用存在问题与可持续利用主导措施体系

在前述土地利用可持续性综合评价基础上，结合云南省土地资源自然特点和利用现状分析以及其他方面的调查资料，并充分考虑云南省社会经济发展状况、巩固脱贫攻坚成果与乡村振兴战略要求，综合分析土地资源开发利用中的主要问题与矛盾，确定云南省土地资源开发利用的战略指导思想与方针，进而构建省域土地可持续利用主导措施体系。

第一节　土地资源开发利用中存在的主要问题

客观地分析和揭示当前土地资源开发利用中存在的主要问题和矛盾，是合理制定土地利用战略指导思想、方针和措施体系的基础和依据。基于云南省土地利用现状分析和土地利用可持续性评价结果，云南省目前土地资源开发利用中存在的主要问题和矛盾集中于以下六个方面：

一、土地利用结构不够合理，土地利用率有待进一步提高

据本次遥感影像解译结果，按《土地管理法》中的三大地类归并，全省2020年农用地、建设用地、未利用地（即"其他用地"）占土地总面积的比例分别为83.16%、3.38%、13.47%。从总体上来看，目前土地利用结构还不够合理，表现在以下三个方面：一是部分州（市）农用地占比还不高，农用地资源开发利用尚有一定的空间和潜力。昭通市、文山州、红河州、昆明市、曲靖市农用地（包括遥感影像解译分类系统中的耕地、林地、草地、水域）占比均低于80%，自然条件较好的保山市、普洱市也低于全省平均水平，强化这些州（市）农用地资源开发利用不仅必要且具有重要意义。二是建设用地占比总体

不高，明显低于全国平均水平。本次遥感影像解译2020年云南省建设用地占比为3.38%；2019年第三次全国国土调查云南省建设用地占比为3.39%，明显低于同期全国平均建设用地占比4.30%的水平。本次遥感影像解译的2020年各州（市）建设用地占比差异较大，文山州、临沧市、西双版纳州、丽江市、普洱市、怒江州、迪庆州建设用地占比均在3%以下，其中怒江州和迪庆州建设用地占比均低于1%，意味着这些州（市）由于发展缓慢，城镇和工矿用地明显不足；同时，公路用地、水工建筑用地和沟渠等用地占比较小，基础设施和公共设施用地不足，影响了社会经济发展，需要适度增加建设用地。三是未利用地占比略显偏大，土地利用率有待进一步提高。本次遥感影像解译2020年全省其他用地（亦即"未利用地"）占比达13.47%，明显偏高，意味着目前开发利用程度低甚至尚未开发利用的荒山荒地尚有一定规模，需要进一步开展深入的调查评价和综合规划，合理地开发利用后备土地资源，进一步提高总体土地利用率。从各州（市）来看，曲靖市、红河州、文山州、昭通市、临沧市、昆明市、保山市、怒江州、迪庆州、大理州其他用地占比均在11%以上，其中曲靖市、红河州、文山州、昭通市和临沧市其他用地占比达15.5%~23.4%，尚有一定的后备资源可供开发利用。

二、耕地数量减少，总体质量不高，陡坡垦殖现象突出，影响省域耕地保有量目标

20年来，云南省土地利用变化的重要特征之一是耕地呈现较为明显的减少。第三章的分析表明，从本次遥感解译云南省三期（2000年、2010年和2020年）耕地面积变化（见表6-1）来看，近20年来全省耕地总面积净减少了11.52万公顷，净减率2.09%，其中，水田净减少4.52万公顷，旱地净减少7.00万公顷。

表6-1 遥感解译云南省2000年和2020年耕地面积的对比

年份	耕地总面积（万公顷）	水田（万公顷）	旱地面积（万公顷）
2000	551.08	135.91	415.17
2020	539.56	131.39	408.17
净增（+）减（−）面积	−11.52	−4.52	−7.00
净增（+）减（−）比例（%）	−2.09	−3.33	−1.68

三次全国土地调查结果[1-3]亦体现了云南耕地明显减少的特征（见表6-2）：第一次全国土地详查2000年变更调查，全省耕地总面积为633.97万公顷，到2009年第二次全国土地调查汇总时，全省耕地总面积减至624.39万公顷，净减少9.58万公顷，净减率为1.51%；再到2019年第三次全国国土调查时，云南省耕地总面积又减至539.55万公顷，与2000年变更调查相比，净减少94.42万公顷，净减率达14.89%。

表6-2　云南省三次全国土地调查耕地面积的对比

年份		耕地总面积（万公顷）	水田（万公顷）	旱地面积（万公顷）
第一次全国土地详查2000年变更调查		633.97	156.69	477.28
第二次全国土地调查（2009年）		624.39	144.81	479.57
第三次全国国土调查（2019年）		539.55	99.14	440.41
2000年变更调查与2019年第三次国土调查比较	净增（+）减（-）面积	-94.42	-57.55	-36.87
	净增（+）减（-）比例（%）	-14.89	-36.73	-7.72

注：全国土地调查时将耕地分为水田、水浇地和旱地3个二级类，这里将"水浇地"并入"旱地"进行分析。

从耕地内部变化情况来看，水田作为耕地中条件较好、质量较高的"精华"部分，不仅其占比远低于质量较差的旱地，而且其减少幅度远远大于旱地；从本次遥感解译云南省三期耕地面积变化情况来看，20年来，水田减幅3.33%，约为旱地减幅（1.68%）的2倍；再从三次全国土地调查结果来看，第一次全国土地详查2000年变更调查数与2019年第三次国土调查数相比，水田减幅达36.73%，约为旱地减幅（7.72%）的5倍。水田面积的快速减少，意味着耕地总体质量的相应降低。

总体上来看，山地多、平地少的基本地形特征[4-6]决定了云南省不仅可耕地有限，而且耕地质量不高。加之因人口增长和各类建设加快等原因导致的水田快速减少，又使耕地总体质量逐渐降低，因此，目前云南省耕地总体质量不高。据国土资源部2017年12月发布的《2016年全国耕地质量等别更新评价主要数据成果》[7]，云南省1~8等耕地（属优等和高等）面积仅占总耕地面积的9.15%，9~15等耕地（属中等和低等）面积则占了总耕地面积的90.85%，耕地质量平均等别为10.49，总体耕地质量明显低于全国平均水平，如表6-3所示。

表6-3　云南省耕地质量与全国的对比

表6-3　云南省耕地质量与全国的对比

地区	1~8等耕地面积占比（%）	9~15等耕地面积占比（%）
全国	29.49	70.51
云南省	9.15	90.85

资料来源：国土资源部.2016年全国耕地质量等别更新评价主要数据成果的公告［N］.中国国土资源报，2017-12-27.

云南省耕地质量不高的特点还可以从耕地坡度分级面积得到体现（见表6-4）。据第三次全国国土调查[3]，云南省≤2°的耕地为60.55万公顷，仅占全省耕地的11.22%；2°~6°耕地63.77万公顷，占比为11.82%；6°~15°耕地167.75万公顷，占比为31.10%；15°~25°耕地146.89万公顷，占比为27.22%；>25°耕地100.59万公顷，占比为18.64%。也就是说，76.96%的耕地分布于6°以上、容易发生明显水土流失的山区，其中15°以上、容易发生严重水土流失的山区耕地达45.86%，25°以上、容易发生极严重水土流失、需要实施生态退耕的山区陡坡耕地达18.64%。

表6-4　第三次全国国土调查云南省耕地坡度分级面积

耕地坡度分级	≤2°	2°~6°	6°~15°	15°~25°	>25°
面积（万公顷）	60.55	63.77	167.75	146.89	100.59
比例（%）	11.22	11.82	31.10	27.22	18.64

资料来源：云南省第三次全国国土调查领导小组办公室，云南省自然资源厅，云南省统计局.云南省第三次全国国土调查主要数据公报［N］.云南日报，2021-12-22（8）.

耕地面积的明显减少、总体质量的逐渐下降，加之陡坡耕地亟须有计划地实施生态退耕，必然明显地影响到边疆山区省份的粮食综合生产能力和省域粮食安全，进而影响到全省土地资源可持续利用与经济社会的可持续发展大计。

三、农村建设用地出现随着农村人口的减少而显著增加的奇特现象，农村人均建设用地规模远远超过了国家标准

第一次全国土地详查2000年变更调查至2019年第三次全国国土调查数据汇总的19年间，全省建设用地快速增加（见表6-5），由66.00万公顷增至130.02万公顷，净增加64.02万公顷，增幅达97.00%，这在很大程度上满足了人口增长、城镇化水平提高和总体经济社会发展的需求。在各类建设用地中，

增速较大的是城镇用地和村庄用地（也称农村居民点用地），19 年来分别净增加 16.69 万公顷和 32.93 万公顷，增幅分别达 319.42% 和 78.65%。公路用地增速亦较快，近 19 年来净增加 12.37 万公顷，增幅达 165.94%，表明公路建设（尤其是高速公路建设）显著加快，为各地经济社会发展提供了基础保障。通过对比近 19 年来城乡人口结构变化和城镇与村庄用地变化状况，可以得出的一个重要特征就是农村建设用地规模并没有随着农村人口规模的减少而减少，恰恰相反，农村建设用地规模出现了随着农村人口规模的减少而显著增加的现象。这也是当前土地利用中的重要问题和矛盾。

表 6-5 "一调"至"三调"云南省建设用地变化状况

地类	第一次全国土地详查 2000 年变更调查（万公顷）	第二次全国土地调查（2009 年）（万公顷）	第三次全国国土调查（2019 年）（万公顷）	2000 年变更调查与 2019 年第三次国土调查比较	
				净增减面积（万公顷）	增减幅度（%）
建设用地合计	66.00	85.68	130.02	64.02	97.00
1. 城镇村及工矿用地	57.10	76.04	107.37	50.27	88.03
（1）城镇用地	5.23	14.01	21.92	16.69	319.42
（2）村庄用地	41.87	50.98	74.80	32.93	78.65
（3）采矿用地	6.45	8.90	8.60	2.15	33.43
（4）风景名胜及特殊用地	3.56	2.16	2.05	−1.51	−42.45
2. 交通运输用地	8.34	9.00	21.50	13.16	157.80
（1）铁路用地	0.65	0.56	1.23	0.58	88.19
（2）公路用地	7.45	7.95	19.82	12.37	165.94
（3）机场用地	0.23	0.46	0.40	0.17	74.84
（4）港口码头用地	0.00	0.02	0.02	0.02	339.11
（5）管道运输用地	0.00	0.01	0.03	0.03	—
3. 水利设施用地	0.56	0.64	1.15	0.59	105.86
水工建筑用地	0.56	0.64	1.15	0.59	105.86

分析表明，尽管城镇用地增幅最大，云南省城镇用地规模从 2000 年的 5.23 万公顷增至 2019 年的 21.92 万公顷，约净增了 3.2 倍，但城镇人口也从 2000 年的 990.6 万人增至 2019 年的 2376.2 万人，约净增了 1.4 倍。从城镇人均建设用地来看，云南省第一次全国土地详查 2000 年变更调查时平均为 52.8 平方米/人，到 2009 年第二次全国土地调查时增至 90.1 平方米/人，再到 2019 年第三

次全国国土调查时略提升至 92.2 平方米/人。对比住房和城乡建设部 2011 年出版的《城市用地分类与规划建设用地标准》[8]（GB 50137—2011），云南省及省内各州（市）城镇用地的增加基本上符合住房和城乡建设部规定的规划人均城市建设用地面积标准。然而，农村建设用地规模则出现了很反常的情况（见表 6-6）：云南省农村人口规模从 2000 年的 3250.2 万人减至 2019 年的 2482.1 万人，减幅为 23.63%；但同期农村居民点用地面积却从 41.87 万公顷增至 74.80 万公顷，增幅达 78.65%。相应地，同期农村人均建设用地规模从 128.8 平方米/人增至 301.4 平方米/人，增幅达 133.93%。对比国家制定的村镇规划标准[9]，目前云南省农村人均建设用地规模远远超过了国家标准，表明农村地区空心村、一户多宅等问题已较为突出，亟须开展村庄用地综合整治，并进行科学规划和管理。

表 6-6　云南省三次全国土地调查城镇和农村人均建设用地的对比

指标	2000 年	2009 年	2019 年	2000 年比 2019 年净增（＋）减（－）	
				净增减值	增减比例（％）
城镇用地面积（万公顷）	5.23	14.01	21.92	16.69	319.42
城镇人口（万人）	990.6	1554.1	2376.2	1385.6	139.88
城镇人均建设用地（平方米/人）	52.8	90.1	92.2	39.5	74.85
农村居民点用地面积（万公顷）	41.87	50.98	74.80	32.93	78.65
农村人口（万人）	3250.2	3016.9	2482.1	−768.1	−23.63
农村人均建设用地（平方米/人）	128.8	169.0	301.4	172.5	133.93

四、部分生态脆弱区存在森林覆盖率偏低、石漠化和水土流失严重等突出的土地生态环境问题

近 20 年来，云南省重视生态环境保护与建设，确立了"生态立省、环境优先"战略，坚决打赢"湖泊革命"攻坚战，实施"森林云南"建设与"七彩云南"保护行动，大力推进国土绿化、退耕还林还草、大然林保护、公益林建设、防护林体系建设、草原生态修复、石漠化综合治理、水土流失综合治理、湿地保护修复、生物多样性保护、矿山生态修复等重点生态工程，推动了全省生态环境持续向好，质量明显提升，生态服务功能逐步增强，西南生态安全屏障得到巩固[10]。然而，以金沙江为主的干热河谷区、滇东南喀斯特石漠化区、部分

高原湖泊区等生态脆弱区目前仍存在着森林覆盖率偏低、石漠化和水土流失严重等较为突出的土地生态环境问题。

从本次遥感解译结果来看，金沙江干热河谷区、滇东南喀斯特区2020年森林覆盖率明显偏低。例如，金沙江干热河谷区的元谋县、东川区、巧家县、昭阳区、鲁甸县2020年森林覆盖率均在20%以下，滇东和东南喀斯特地区的罗平县、师宗县、陆良县、富源县、泸西县、弥勒市、蒙自市、广南县、丘北县、红河县、文山市、砚山县、西畴县等2020年森林覆盖率在15%~30%，远远低于全省和全国平均水平。加之部分地区森林质量不高、结构不合理、以次生林为主，纯林比例大，林分退化问题突出[10]，因而森林的生态保护功能还较弱。

云南是我国石漠化非常严重的省份之一。自2008年国家实施石漠化治理试点以来，云南省共65个县实施了石漠化综合治理工程，通过实施林草植被恢复、坡耕地整治与修复、小型水利水保配套工程等措施，石漠化土地扩张趋势得到了有效遏制。但总体上看，目前云南省石漠化治理形势依然严峻。国家林业和草原局2018年12月发布的《中国·岩溶地区石漠化状况公报》[11]显示，截至2016年底，云南石漠化土地面积达235.2万公顷，占全国石漠化土地总面积的23.4%，石漠化规模仅次于贵州省（247万公顷），居全国第二位；此外，尚有潜在石漠化土地面积204.2万公顷，占全国潜在石漠化土地总面积的13.9%，潜在石漠化仅次于贵州（363.8万公顷）、广西（267.0万公顷）、湖北（249.2万公顷），居全国第四位。另据《云南省重要生态系统保护和修复重大工程总体规划（2021-2035年）》[10]，目前云南省石漠化面积304.3万公顷，其中，中重度以上石漠化面积达159.7万公顷，石漠化治理任务还很艰巨。

云南是全国水土流失最为严重的省份之一。尽管20年来通过退耕还林还草、坡耕地治理、小流域治理等水土保持重点工程，使水土流失规模得到了一定的控制，但总体上全省水土流失面广、量大的态势尚未得到根本的扭转，局部地区甚至还有加重趋势。据2020年全国水土流失动态监测结果[12]，云南省水土流失面积达100616平方千米，占土地总面积的25.54%。其中，"强烈及以上"水土流失面积达19306平方千米，占19.19%。水土流失治理形势依然严峻。

五、多种自然灾害频繁出现，影响土地利用效果

云南是自然灾害多发的省份，干旱、洪涝、风雹、低温冷冻以及滑坡、泥石流等地质灾害每年都在一定程度上发生，往往对农业生产和土地利用造成较大的影响和危害，甚至还危及群众生命和财产安全。

从农业自然灾害情况来看，《中国统计年鉴》相关资料统计[13-26]，2007~2020

年云南省农作物受灾面积合计 1884.30 万公顷, 年均农作物受灾面积达 134.59 万公顷, 占同期农作物总播种面积的 20.01%。也就是说, 平均每年有 1/5 的农作物遭受各类自然灾害的影响。其中, 2007~2020 年农作物因灾而绝收的面积达 259.41 万公顷, 年均绝收面积达 18.53 万公顷。有的年份灾情特别严重, 如 2010 年, 云南省农作物受灾面积达 321.50 万公顷, 占该年农作物总播种面积的 49.94%, 其中, 农作物因灾绝收面积达 90.87 万公顷, 占该年农作物总播种面积的 14.12%。就各灾种而言, 农作物受灾面积以旱灾最多, 其他灾种依次为水灾 (含地质灾害、台风)、低温冷冻 (含雪灾)、风雹灾害 (见表 6-7 和表 6-8)。统计表明, 全省 2007~2020 年农作物因旱灾而受灾面积占总受灾面积比例达 61.47%, 水灾、低温冷冻和风雹灾害造成的农作物受灾面积比例分别为 15.43%、14.79%、8.31%。

表 6-7　2007~2020 年云南省农业自然灾害情况　　　　单位: 万公顷

年份	农作物受灾面积合计		旱灾		水灾 (含地质灾害、台风)		风雹灾害		低温冷冻 (含雪灾)	
	受灾	绝收	受灾	绝收	受灾	绝收	受灾	绝收	受灾	绝收
2007	144.80	13.90	70.30	4.50	45.00	6.00	16.50	1.70	13.00	1.70
2008	145.97	18.92	47.50	4.20	12.06	1.30	12.46	2.23	73.95	11.19
2009	166.75	17.41	103.67	7.30	15.47	2.83	9.03	1.08	38.58	6.20
2010	321.50	90.87	295.72	88.17	16.76	1.82	6.28	0.63	2.74	0.25
2011	198.93	25.96	123.05	20.74	10.76	1.70	14.11	0.87	51.01	2.65
2012	157.83	14.24	107.27	10.67	39.05	2.62	7.25	0.78	4.26	0.17
2013	123.11	16.17	80.74	9.77	12.61	1.69	18.52	3.70	11.24	1.01
2014	88.20	8.70	33.20	1.90	28.30	4.10	15.70	1.90	11.00	0.80
2015	102.83	11.16	51.49	4.79	23.16	4.20	11.20	1.38	16.98	0.79
2016	86.85	10.70	4.77	0.19	24.49	4.49	15.81	2.55	41.78	3.47
2017	40.66	5.00	10.20	0.49	22.65	3.09	6.54	1.30	1.27	0.12
2018	27.48	4.61	—	—	17.11	3.41	3.35	0.57	7.02	0.63
2019	156.89	12.27	143.29	10.23	8.03	1.22	3.81	0.50	1.76	0.32
2020	122.50	9.50	87.17	3.39	15.22	2.84	16.02	2.92	4.06	0.35
合计	1884.30	259.41	1158.37	166.34	290.70	41.31	156.58	22.11	278.65	29.65
年平均	134.59	18.53	82.74	11.88	20.76	2.95	11.18	1.58	19.90	2.12

注: "—"表示缺数据。

资料来源:《中国统计年鉴 (2008-2021)》。

表6-8　2007~2020年云南省农作物受灾面积比例

年份	农作物总播种面积（万公顷）	农作物受灾面积占总播种面积比例（%）				
		合计	旱灾	水灾（含地质灾害、台风）	风雹灾害	低温冷冻和雪灾
2007	580.19	24.96	12.12	7.76	2.84	2.24
2008	605.62	24.10	7.84	1.99	2.06	12.21
2009	634.39	26.29	16.34	2.44	1.42	6.08
2010	643.73	49.94	45.94	2.60	0.98	0.43
2011	666.75	29.84	18.46	1.61	2.12	7.65
2012	692.04	22.81	15.50	5.64	1.05	0.62
2013	714.82	17.22	11.30	1.76	2.59	1.57
2014	719.44	12.26	4.61	3.93	2.18	1.53
2015	718.56	14.31	7.17	3.22	1.56	2.36
2016	678.66	12.80	0.70	3.61	2.33	6.16
2017	679.08	5.99	1.50	3.34	0.96	0.19
2018	689.08	3.99	—	2.48	0.49	1.02
2019	693.89	22.61	20.65	1.16	0.55	0.25
2020	698.97	17.53	12.47	2.18	2.29	0.58
合计	9415.22	20.01	12.30	3.09	1.66	2.96
年平均	672.52	20.01	12.30	3.09	1.66	2.96

注："—"表示缺数据。

资料来源：《中国统计年鉴（2008-2021）》。

从地质灾害情况来看，云南作为中国西南地区典型的山区省份，"山高坡陡石头多，出门就爬坡"的山区地形特征决定了其先天地质和生态基础脆弱的特点，长期以来地质灾害频发，每年都出现滑坡、泥石流等多种地质灾害，对局部土地生态系统造成毁灭性破坏，严重影响土地利用，甚至危及人民生命和财产安全。据《中国统计年鉴》[13-27]，2006~2020年云南省共计发生地质灾害7530处，其中，滑坡5037处，占比为66.89%；崩塌1048处，占比为13.92%；泥石流1087处，占比为14.44%；地面塌陷131处，占比为1.74%，其他227处，占比为3.01%。在近15年地质灾害中，尤以2007年和2008年最为严重（见表6-9），分别发生地质灾害1154处、1035处。2006~2020年云南省地质灾害造成人员伤亡共计1577人，年均105人，其中死亡人数合计714人，年均48人；2006~2020年直接经济损失合计518086万元，年均34539万元。

表 6-9　2006~2020 年云南省地质灾害情况

年份	发生地质灾害数量（处）					人员伤亡（人）		直接经济损失（万元）
	合计	滑坡	崩塌	泥石流	地面塌陷	合计	其中：死亡人数	
2006	281	210	39	22	1	89	44	8335
2007	1154	784	126	161	23	226	114	27522
2008	1035	870	73	70	8	224	94	109679
2009	442	341	28	54	10	97	37	13118
2010	812	559	95	133	11	277	102	30760
2011	346	234	43	53	4	50	17	27565
2012	571	318	70	102	33	145	46	29282
2013	424	83	245	69	9	105	69	51672
2014	424	245	83	69	9	105	69	51672
2015	516	328	63	99	15	44	26	32101
2016	460	285	83	88	1	63	26	68676
2017	338	247	48	36	2	57	20	13385
2018	235	183	14	33	3	23	8	18214
2019	117	81	14	20	1	35	28	8944
2020	375	269	24	78	1	37	14	27161
合计	7530	5037	1048	1087	131	1577	714	518086
年平均	502.0	335.8	69.9	72.5	8.7	105	48	34539

资料来源：《中国统计年鉴（2007-2021）》。

从自然灾害总体人口受灾和直接经济损失情况（见表 6-10）来看，《中国统计年鉴》相关资料统计[15-26]，2009~2020 年云南省受灾人口合计达 18324.7 万人次，年均 1527.1 万人次；死亡人口（含失踪）合计 2426 人，年均 202 人；直接经济损失合计 2159.95 亿元，年均 180.00 亿元。

表 6-10　2009~2020 年云南省人口受灾和直接经济损失情况

年份	人口受灾		直接经济损失（亿元）
	受灾人口（万人次）	死亡人口（含失踪）（人）	
2009	2247.9	163	107.85
2010	3119.6	234	344.60
2011	2163.2	114	191.20

续表

年份	人口受灾		直接经济损失（亿元）
	受灾人口（万人次）	死亡人口（含失踪）（人）	
2012	1760.0	242	164.20
2013	1984.2	179	154.20
2014	1414.8	942	444.20
2015	1279.2	104	141.90
2016	1168.7	131	131.00
2017	629.0	110	76.60
2018	480.2	64	162.90
2019	949.4	70	102.10
2020	1128.5	73	139.20
合计	18324.7	2426	2159.95
年平均	1527.1	202	180.00

资料来源：《中国统计年鉴（2010-2021）》。

六、目前土地利用可持续性程度总体不高

上述这些重大问题从根本上直接或间接影响着土地利用可持续性水平。加之其他多种因素的影响，目前云南省土地利用可持续性程度总体还不高。如前文所述，尽管 20 年里（2000～2020 年）云南省和各地土地利用总可持续度均有了一定程度的提升，省域土地利用总可持续度（D_{os}）值由 66.24 增至 74.94，但增幅不大，20 年里云南省整体土地利用总可持续度的年均增幅为 0.66%，各州（市）的年均增幅在 0.4%～0.9%，因此，2000～2020 年省域土地利用总可持续性等级在整体上均属"低度可持续"等级，其基本表现是生态友好性、经济可行性和社会可接受性有着明显的不足或缺陷，土地开发利用活动已对生态环境造成了一定的影响和破坏，经济效益和社会效益不高，迫切需要在云南省范围内因地制宜地采取切实有效的生态环境措施、经济措施或综合措施，稳步提高土地利用的生态友好性程度、经济可行性程度和社会可接受性程度。

第二节　土地资源开发利用中肩负的重大战略任务

云南土地资源开发利用，一方面，要在保护资源与环境基础上承担着保障各业生产和发展经济、满足省域群众生活和社会发展需求的战略任务；另一方面，云南作为集"边疆、民族、山区、欠发达"为一体的省份，其土地资源开发利用还肩负着建设西南生态屏障、保障山区省份粮食安全、巩固拓展脱贫攻坚成果和实施乡村振兴战略、维护边疆民族地区社会稳定等重大战略任务。

一、基本战略任务

按一般的理解，土地利用是人类为了生产和生活的目的而进行的经济活动，其最终目标是获取最佳的经济效益、社会效益和生态效益。从这个视角出发，云南土地资源开发利用的基本战略任务应该包括三个方面：

（一）保障各业生产，发展省域经济

发展是硬道理。从根本上来讲，云南土地资源开发利用的根本目的在于保障省域各业生产的合理安排和实施，大力发展全省经济，最大限度地提高云南省经济发展水平和城乡群众收入水平，获取最佳的经济效益。

（二）满足人民生活和社会发展需求

土地利用的最终目的是为了满足人类生活的多种需求和社会发展的需求。因此，云南土地资源开发利用既要求产出丰富多样的各类产品，又要合理布局城乡居民生活设施，最大限度满足云南省城乡群众日益发展的物质生活和文化需求，获取最佳的社会效益。

（三）切实维护全省人民生存和发展的基础——资源与环境

可持续发展是当今世界各国共同追求的基本理念，是指导各地经济社会发展和资源开发利用的基本准则。因此，在云南省土地资源开发利用中，必须要切实加强生态环境保护，一切土地资源开发利用活动都必须要遵守"生态立省、环境优先"的战略方针，确保省域生态良好、环境健康、资源可持续利用，以此获取最佳的生态效益，保障云南省经济社会可持续发展。

二、特殊战略任务

（一）承担着长江等六大江河上游区生态保护与西南生态屏障建设的重任

云南是我国生态安全屏障的源头性地区，地处长江、伊洛瓦底江、怒江、澜沧江、红河和珠江六大水系的源头或上游。其中，省域内的金沙江为长江上源，独龙江为伊洛瓦底江源头，怒江出国境后称为萨尔温江进入太平洋，澜沧江出国境后流经缅、老、越、柬、泰等国称为湄公河进入太平洋，南盘江为珠江上源。这一独特的区位优势和自然生态环境对于全国乃至东南亚地区的生态安全和经济社会发展有着重大制约作用[28]。同时，云南特殊的地理位置、多样的地形地貌、复杂的气候等自然环境条件，孕育了极为丰富的生物资源，使云南拥有"动植物王国"的美誉，不仅是我国乃至世界的天然基因库，更是我国西南乃至东南亚的生态安全屏障[29]。保护好长江等六大江河源头或上游区生态环境，建设好我国西南生态安全屏障，是云南的责任和义务[29]。国家高度重视云南生态环境保护和生态文明建设，习近平总书记明确要求云南努力成为我国生态文明建设排头兵，筑牢国家西南生态安全屏障[30]。这既是云南省土地资源开发利用中肩负的重大战略任务，也是全省土地资源可持续开发利用和经济社会可持续发展的基础，切实需要因地制宜地实施生态友好型土地利用方式，走保护与开发"双赢"之路。

（二）承担着保障山区省份粮食安全、维护边疆民族地区社会稳定的重任

云南是拥有25个少数民族的边疆多民族山区省份，"民以食为天"，解决"吃饭"问题是维护边疆民族地区社会稳定的最基础保障。习近平总书记指出："粮食安全是国家安全的重要基础"，"要牢牢把住粮食安全主动权"，"保障粮食安全是一个永恒的课题"[31]。2022年中央一号文件《关于做好2022年全面推进乡村振兴重点工作的意见》提出牢牢守住保障国家粮食安全和不发生规模性返贫两条底线[32]，这也是中国"三农问题"的两条主线。

土地资源（尤其耕地）是保障粮食安全的基础和支撑，因此，"严守18亿亩耕地红线"一直是中国国家安全和土地资源保护管理的首要战略目标。地处西南边疆山区的云南，山地高原占土地总面积的94%，平地仅占6%，相应地，一方面，在省域粮食安全赖以支撑的耕地资源中可耕地数量有限；另一方面，

以质量低劣、单产低下的坡耕地为主，陡坡耕地和高海拔耕地占了相当比重，制约着省域粮食生产能力的提升。加之工业化、城镇化进程加快和经济快速发展，使部分原本稀缺的耕地资源不可逆转地非农化、非粮化利用，导致耕地资源保护、粮食安全与经济建设矛盾冲突更趋突出。因此，云南土地资源开发利用需要聚焦边疆山地高原区粮食安全与土地资源可持续利用战略体系，着力边疆山地高原粮食综合生产能力系统提升，着力边疆山地高原耕地资源"数量保护+质量提升+生态修复"综合体系建设，为国家层面的边疆山地高原粮食安全战略以及可持续发展提供基础支撑。

（三）承担着边疆山区巩固拓展脱贫攻坚成果、实施乡村振兴战略的重任

在"十三五"时期的全国脱贫攻坚战中，云南拥有88个国家级贫困县，是全国贫困县最多的边疆山区省份。2020年底脱贫攻坚取得了全面胜利。然而，必须要看到，相当一部分脱贫户基本生活有了保障，但收入水平仍然不高，脱贫基础还比较脆弱；一些边缘户还不稳定，稍遇到点风险变故就有可能致贫。因此，国家要求"十四五"期间要把巩固拓展脱贫攻坚成果作为重大任务，牢牢守住不发生规模性返贫底线，接续推动脱贫地区全面发展和乡村全面振兴[33]。

针对云南脱贫人口数量多、脱贫地区发展基础较弱、防止规模性返贫压力大的实际，需要紧盯产业与就业帮扶，这是提升脱贫户收入、实现巩固脱贫成果与乡村振兴有效衔接的根本途径。在脱贫攻坚中，产业帮扶是脱贫的根本路径，发展产业是实现脱贫的根本之策；在乡村振兴战略中，产业兴旺是实现乡村振兴的首要要求，是乡村振兴的物质基础。实现巩固拓展脱贫攻坚成果同乡村振兴有效衔接，发展壮大特色产业至关重要。

未来省域土地资源的开发利用事关全省产业帮扶大局，需要切实按照可持续开发利用战略的要求，科学规划，统筹各业生产和城乡发展，合理布局特色产业用地，大力夯实巩固脱贫成果和乡村振兴的产业基础。

第三节　土地资源可持续利用战略的主导措施体系

依据我国国情国策和重大发展战略以及云南省经济社会发展"十四五"规划与2035年远景目标，基于云南省土地资源自然特点以及利用特征、存在的主

要问题和所承担的战略重任，省域未来土地资源可持续利用战略的主导性措施体系包括以下六个方面：

一、合理划定三条控制线，统筹布局生态、农业、城镇功能空间

合理划定生态保护红线、永久基本农田、城镇开发边界三条控制线是国土空间规划的重点内容，需要落实最严格的生态环境保护制度、耕地保护制度和节约用地制度，将三条控制线作为调整区域经济结构、规划区域产业发展、推进省域城镇化不可逾越的红线，夯实云南省可持续发展基础。

在具体划定中，要以资源环境承载能力评价和国土空间开发适宜性评价为基础，科学有序地统筹布局生态、农业、城镇等功能空间，强化底线约束，优先保障生态安全、粮食安全、国土安全[34]。

（一）生态保护红线

生态保护红线，是指在生态空间范围内具有特殊重要生态功能、必须强制性严格保护的区域，按照生态功能进行划定。优先将具有重要水源涵养、生物多样性维护、水土保持等功能的生态功能极重要区域，以及生态极敏感脆弱的水土流失、石漠化等区域划入生态保护红线。

（二）永久基本农田

永久基本农田，是指为保障国家粮食安全和重要农产品供给，实施永久特殊保护的耕地，按照保质保量要求进行划定。基于耕地现状分布，根据耕地质量、粮食作物种植情况、土壤污染状况，在严守耕地红线基础上，将达到质量要求的耕地依法划入永久基本农田。

（三）城镇开发边界

城镇开发边界，是指在一定时期内因城镇发展需要，可以集中进行城镇开发建设、以城镇功能为主的区域边界，涉及城市、建制镇以及各类开发区等，按照集约适度、绿色发展要求进行划定。在划定中，应以城镇开发建设现状为基础，综合考虑资源承载能力、人口分布、经济布局、城乡统筹、城镇发展阶段和发展潜力，框定总量，限定容量，防止城镇无序蔓延。科学预留一定比例的留白区，为未来发展留有开发空间。

省域各地要认真统筹生产、生活、生态"三生"空间，切实针对云南区域定位、发展格局、自然资源、交通水系脉络、地形地貌等特点，优化区域国土

空间结构和布局，合理确定生态保护红线、永久基本农田、城镇开发边界等控制线总体格局，增强国土空间规划的环境合理性和协调性。明确区域内国土空间开发保护格局，对所有国土空间用途进行统一管制。合理配置国土空间要素，优化城乡布局，统筹安排基础设施和公共服务设施，加强防灾减灾体系建设，提升城乡综合承载力和公共服务能力[35]。

二、严格控制耕地总量，大力提升耕地总体质量

耕地是土地资源的"精华"，是区域粮食安全的基础保障。保护耕地，既要确保耕地保有量不减少，更要提升耕地总体质量，保障粮食和其他农产品综合生产能力不断提升。

（一）严格控制耕地总量，切实落实耕地占补平衡

切实落实 2022 年中央一号文件《中共中央　国务院关于做好二〇二二年全面推进乡村振兴重点工作的意见》提出的落实"长牙齿"的耕地保护硬措施[32]，严格控制耕地总量，切实落实耕地占补平衡。应采取以下八项措施：一是按照耕地和永久基本农田、生态保护红线、城镇开发边界的顺序，统筹划定落实三条控制线，把耕地保有量和永久基本农田保护目标任务足额带位置逐级分解下达，由中央和地方签订耕地保护目标责任书，作为刚性指标实行严格考核、一票否决、终身追责；二是分类明确耕地用途，严格落实耕地利用优先序，耕地主要用于粮食和棉、油、糖、蔬菜等农产品及饲草饲料生产，永久基本农田重点用于粮食生产，高标准农田原则上全部用于粮食生产；三是引导新发展林果业上山上坡，鼓励利用"四荒"资源，不与粮争地；四是落实和完善耕地占补平衡政策，建立补充耕地立项、实施、验收、管护全程监管机制，确保补充可长期稳定利用的耕地，实现补充耕地产能与所占耕地相当；五是改进跨省域补充耕地国家统筹管理办法；六是加大耕地执法监督力度，严厉查处违法违规占用耕地从事非农建设；七是强化耕地用途管制，严格管控耕地转为其他农用地；八是稳妥有序开展农村乱占耕地建房专项整治试点。

（二）多措并举，大力提升耕地总体质量

持续推进省域耕地质量提升，对保障云南省粮食和重要农产品稳产保供和质量安全、促进农业持续增产和农民持续增收具有重要意义。切实落实好《云南省"十四五"耕地质量提升规划》[36]，着力在高标准农田建设、耕地质量提升行动、绿色农田建设等方面下功夫。

1. 大力推进高标准农田建设

优先支持粮食生产功能区、粮食生产重点县、制种基地、现代农业产业园等区域，依据《高标准农田建设通则》（GB/T 30600）等标准规范，建设集中连片、旱涝保收、节水高效、宜机作业、稳产高产、生态友好的高标准农田，统筹抓好农田配套设施建设和地力提升，提升粮食产能和油料、糖料、蔬菜等重要农产品生产能力。

2. 积极开展耕地质量提升行动

一是大力推进秸秆还田，增施有机肥，绿肥种植还田，豆粮复合种植，增加土壤有机质，改善耕层结构，提高土壤肥力；二是积极开展绿色技术联合攻关和集成应用，研发绿色高效功能性肥料等绿色投入品，推广适用土壤改良培肥、节水节肥节药、废弃物循环利用等农业绿色生产技术。

3. 推动绿色农田建设

一是在适宜地区有序推广保护性耕作，减少土壤扰动，降低土壤裸露，防止土壤侵蚀；二是在水土流失易发区，合理修筑岸坡防护、沟道治理、坡面防护等设施，提高水土保持和防洪能力；三是因地制宜推行土壤改良生态沟渠、田间道路和农田林网等工程措施，集成推广绿色高质高效技术。

三、稳步推进全域土地综合整治，着力农村建设用地整治

全域土地综合整治是以科学规划为前提，以乡镇为基本实施单元，整体开展农用地整理、建设用地整理和乡村生态、文化保护修复，对闲置、利用低效、生态退化及环境破坏的区域实施国土空间综合治理的系统工程[37]。全域土地综合整治涉及生产、生活和生态"三大空间"，包括农用地整治、建设用地整治、乡村生态保护修复和历史文化保护等多项内容，是新型的土地整治模式，也是20世纪80年代开展土地整治以来进一步发展到现阶段的产物。全域土地综合整治旨在针对乡村耕地碎片化、空间布局无序化、自然资源利用低效化、生态质量低质化等综合性问题，通过全域规划、整体设计、综合治理、多措并举，用"内涵综合、目标综合、手段综合、效益综合"的综合性整治手段，整体推进农用地整理、建设用地整理和乡村生态保护修复，从而优化生产、生活、生态空间布局，促进耕地保护和土地节约集约利用，改善农村人居环境[38,39]，对于提升乡村土地利用可持续性水平、助力乡村振兴战略具有重要现实意义，是当今推动乡村振兴和实现城乡融合发展的重要手段和必然途径。[40]

在开展试点、取得经验的基础上，各地要因地制宜地稳步推进全域土地综合整治，顺应乡村发展规律和演变趋势，根据当地经济社会发展状况、区域特

色、资源禀赋等，针对不同村庄类型确定差异化整治措施。总体上，要以统筹解决当地农村耕地碎片化、空间布局无序化、土地利用低效化（尤其宅基地闲置化、村庄空心化）、生态系统质量退化等问题为出发点，以打造乡村集约高效的生产空间、宜居适度的生活空间和山清水秀的生态空间为落脚点。

针对前述云南省农村人均建设用地规模远远超标、空心村和一户多宅等问题较为突出的实际，高度重视村庄用地综合整治，着力开展农村建设用地整理，合理统筹农户住宅建设、产业发展、公共服务、基础设施等各类建设用地，有序开展农村宅基地、工矿废弃地以及其他低效闲置建设用地整理，优化农村建设用地结构布局，提升农村建设用地使用效益和集约化水平，大力支持农村新产业新业态融合发展用地，助力乡村振兴。

同时，积极推进农用地整理。适应发展现代农业的需要，统筹推进低效林草地和园地整理、农田基础设施建设、现有耕地提质改造，适度增加耕地数量，大力提高耕地质量，积极改善农田生态环境。

此外，要按照山水林田湖草系统治理的要求，结合当地农村人居环境整治，优化调整生态用地布局，保护和恢复乡村生态功能，维护生物多样性，提高防御自然灾害能力，保持乡村自然景观和农村风貌；充分挖掘乡村自然和文化资源，保持乡村特有的乡土文化，注重传统农耕文化传承，保护历史文脉。

四、强化重要脆弱生态系统保护和修复，筑牢国家西南生态安全屏障

云南地处我国西南部，拥有独特的高原山地环境，是我国自然条件最复杂、全球生物多样性最丰富、我国西部生态环境最敏感、保护和发展矛盾最突出的区域之一，是我国西南生态安全屏障和生物多样性宝库。目前土地生态环境问题较为突出[41]，一方面需要强化重要脆弱生态系统保护和修复，另一方面也要切实落实好《云南省生态文明建设排头兵规划（2021-2025 年）》确定的各项建设措施，进一步筑牢国家西南生态安全屏障。

（一）强化重要脆弱生态系统保护和修复

1. 金沙江等干热河谷区生态保护和修复措施

云南干热河谷主要分布于金沙江、怒江、元江、澜沧江及其主要支流。这些区域人多地少，且多为坡耕地，土地垦殖指数高、人为活动频繁。原始天然林过度砍伐形成的次生天然林退化严重，林分质量差，森林覆盖率较低，森林保土蓄水能力低。水土流失面积 243.39 万公顷，占土地总面积的 32%，是云南

省水土流失最为严重的区域。此外，石漠化土地面积 80.38 万公顷，占云南省石漠化土地总面积的 26.4%[10]，土地石漠化比较严重。干热河谷区蒸发强度大，严重干旱缺水，生态用水保障难度大。干热河谷区生态保护和修复措施主要有以下两项：①科学推进金沙江等干热河谷区造林绿化和岸线生态修复，持续推进干热河谷、高寒山地生态治理，保护天然林，建设长江防护林，综合开展退化林修复、封山育林、人工造林、森林抚育。②采取退耕还林、退牧还草、退化草原生态修复、石漠化综合治理、水土保持、土地综合治理等措施，大力推广旱区集水节水技术，恢复受损地区生态系统。

2. 滇东、滇东南石漠化区生态保护和修复措施

该区地处云南东南部，是典型的喀斯特地区，涉及昆明、曲靖、红河、文山、玉溪 5 个州（市）34 个县（市、区）。这里地表干旱缺水问题突出，植被分布受岩溶环境和海拔高度等多方面制约，树种结构单一，森林群落结构简单，局部区域呈逆向演替趋势。因陡坡耕种、乱砍滥伐、过度放牧、采矿等生产活动造成生态系统破坏，加剧了石漠化和水土流失。监测结果显示，该区域水土流失面积 251.3 万公顷，占土地总面积的 30%，水土流失严重；同时，石漠化土地面积 136.62 万公顷，占云南省石漠化土地总面积的 43.7%[10]，石漠化极为严重，生态脆弱性极高，土壤一旦流失，生态恢复重建难度极大。本区需要切实以推动岩溶地区生态系统的自然恢复为导向，加大石漠化综合防治和治理力度、遏制石漠化扩展趋势。生态保护和修复措施主要有以下五项：①全面加强对区内石灰山灌草丛、喀斯特湿地、常绿阔叶林等重要及脆弱生态系统的保护和修复；②开展人工造林种草、封山育林育草、退耕还林还草、退化草原生态修复，恢复林草植被；③加强湿地保护和修复；④采取天然林保护、退化林修复、森林抚育、外来入侵植物防控等措施，精准提升森林质量，促进森林正向演替，提升源头区水源涵养功能；⑤实施坡改梯、小型水利水保工程，开展土地综合整治、石漠化和水土流失综合防治。

3. 高原湖泊区生态保护和修复措施

省域内的湖泊多处于海拔 1280~3400 米的高原面上，均属高原淡水湖泊，多为半封闭型。面积超过 30 平方千米的湖泊有 9 个，被称为"九大高原湖泊"，隶属三大水系，其中滇池、程海和泸沽湖属长江水系，抚仙湖、杞麓湖、异龙湖、星云湖和阳宗海属珠江水系，洱海属澜沧江水系。九大高原湖泊湖面面积 9.87 万公顷，作为天然大水库，在调蓄洪水、保障供水、调节气候、维护环境等方面发挥着重要的作用[10]，被誉为"高原明珠"。然而，九湖流域人口负荷大，围湖开发强度大，农业面源污染重，截污治污不到位，各类环境污染负荷剧增，清水入湖难，湖泊生态环境受到破坏。切实需要全面贯彻落实省委、省

政府关于推进"湖泊革命"攻坚战的决策部署[42,43]，把加强湖泊保护治理摆在全省生态文明建设的突出位置抓紧抓实，像保护眼睛一样保护好九大高原湖泊。其生态保护和修复措施主要有以下五项：①退还湖泊生态空间，尤其是退出湖边房屋、设施，建立湖滨生态带，并严格落实九大高原湖泊一级、二级、三级保护区空间分级管控，严控开发利用强度；②减轻人为干扰，在湖滨生态带外侧，建立湖泊保护缓冲带，控制污染排放，减轻污染负荷；彻底转变"环湖造城、环湖布局"的发展模式，合理框定城镇开发边界，优化城镇空间布局和村庄发展布局，逐步恢复湖滨缓冲带生态环境功能；③调整湖泊流域农业结构，建设有机绿色产业带，减轻农业面源污染；同时将绿色农业导向贯穿于九大高原湖泊流域农业发展全过程，推动流域农业发展从传统农业向生态农业转变；④强化污染防治，大力实施环湖城镇截污治污全覆盖行动、农村人居环境整治提升行动，精准制定污染防控措施；⑤严格管控湖泊流域空间，严格管控生态保护红线，促进生产空间集约高效、生活空间宜居适度、生态空间山清水秀。

（二）切实落实好《云南省生态文明建设排头兵规划》确定的各项建设措施，进一步筑牢国家西南生态安全屏障

努力成为我国生态文明建设排头兵，筑牢国家西南生态安全屏障，是国家赋予云南省的重大历史使命。2016 年 10 月，云南省委、省政府制定印发了《云南省生态文明建设排头兵规划（2016-2020 年）》；2020 年 5 月，云南省制定了《云南省创建生态文明建设排头兵促进条例》[44]；2021 年 3 月，云南省生态文明建设排头兵工作领导小组办公室印发了《云南省努力成为生态文明建设排头兵 16 条重点措施》[45]。自 2016 年以来，云南省生态文明建设排头兵工作取得历史性突破[46]。为了进一步推进省域生态文明建设排头兵工作，云南省委、省政府于 2022 年 5 月制定了《云南省生态文明建设排头兵规划（2021-2025 年）》[30]，围绕构建生态文明体系，明确争当全国生态文明建设排头兵目标、主要任务和重大举措，切实提升生态环境治理体系和治理能力现代化水平，全面形成绿色发展方式和生活方式，推动生态保护、环境质量、资源利用等走在全国前列，是"十四五"时期乃至更长时期全省加强生态文明建设、实现人与自然和谐共生的现代化的宏伟蓝图，旨在推动生态文明建设排头兵取得新进展，开启绿美云南建设新征程。未来需要切实落实好《云南省生态文明建设排头兵规划》确定的各项建设措施，争当绿色低碳循环发展排头兵、深入打好污染防治攻坚战排头兵、生物多样性保护排头兵、生态安全体系建设排头兵、生态文化体系建设排头兵、生态环境治理体系和治理能力现代化排头兵，最大限度地筑牢国家西南生态安全屏障。

五、强化自然灾害综合防治，提升土地资源开发利用效率

云南是一个干旱、洪涝、风雹、低温霜冻、地质灾害等多种自然灾害频发、易发、多发的省份，素有"无灾不成年"之说。这些自然灾害对土地利用的影响非常显著，不仅造成粮食减产、影响粮食安全，还造成交通、水利等基础设施和房屋损毁，甚至危及人民生命财产安全。为此，需要切实强化自然灾害综合防治，建立起完善的防灾减灾体系，将更多的资金投入到地质灾害防治、水旱灾害防治等防灾减灾体系建设中，为各业生产和人民群众生命财产安全筑起坚实的防线。

（一）强化地质灾害防治，减轻危害和损失

云南是我国地质灾害危害最重的省份，滑坡、泥石流、地面塌陷、地面沉降、地裂缝是云南地质灾害常见类型。其中，滑坡、泥石流灾害点多面广、活动强烈、突发性强，是造成生命财产损失、制约经济社会发展的主要灾种。长期以来，地质灾害严重制约了云南省经济和社会的发展，对局部土地生态系统往往造成毁灭性破坏，防治难度大。

1. 进一步强化云南省地质环境保护

根据《云南省地质环境保护条例》[47]规定，地质环境保护包括地质环境影响评价，地质环境监测，地质灾害防治，矿山、工程、水文等地质环境治理，地质遗迹和古生物化石保护，坚持预防为主、避让与治理相结合和谁开发谁保护、谁破坏谁治理的原则来进行。县级以上人民政府应当将地质环境保护纳入国民经济和社会发展计划，按照国家和省的有关规定，安排与地质灾害防治任务相适应的经费。县级以上自然资源行政主管部门应当组织开展区域地质环境调查评价，建立地质灾害预警系统和地质环境调查信息查询系统，加强地质环境保护的宣传和科普教育。还规定，勘查、开采矿产资源应当保护矿山地质环境，矿山地质环境保护设施应当与矿山建设主体工程同时设计、同时施工、同时投入使用。基于各种地质灾害频发、易发、多发的实际，云南省各地应深入贯彻落实云南省地质环境保护的相关规定，进一步完善相关政策和法规，积极强化省域地质环境保护，最大限度地减轻各类地质灾害。

2. 科学编制地质灾害防治规划，依法依规开展地质灾害防治

云南省级、州（市）级和县级自然资源行政主管部门依法制定地质灾害防治规划，科学划定地质灾害易发区、地质灾害危险区，并合理地制定相应的防治措施。

云南省自然资源厅于 2022 年 8 月制定了《云南省地质灾害防治"十四五"规划（2021-2025 年）》[48]。根据该规划，云南省地质灾害高易发区主要分布于滇西三江流域高山峡谷区、大盈江流域、滇东北高原峡谷区、哀牢山和无量山等地区，面积 17.88 万平方千米，占云南省总面积的 45.38%；地质灾害中易发区主要分布于滇中高原西部和南部地区、怒江下游等地区，面积 13.46 万平方千米，占云南省总面积的 34.15%；地质灾害低易发区主要分布于滇中高原的盆地区、滇东及滇东南的低山丘陵岩溶区和滇南宽谷盆地地区，面积 8.07 万平方千米，占云南省总面积的 20.47%。"十四五"期间，云南省划定了 6 个地质灾害重点防治区：滇西边缘德钦—福贡—泸水—盈江重点防治区，滇西北永平—大理—丽江重点防治区，滇中北部金沙江中上游重点防治区，滇东北金沙江中下游重点防治区，滇西南重点防治区，滇中南红河—哀牢山重点防治区。此外，近年来发生强震的地震灾区亦属地质灾害重点防治的区段。此外，各种工程建设、资源开发活动大多在地质环境较为脆弱的山区开展，致使地质灾害及其隐患的发生发展呈上升态势。已建在建公路、铁路、水利水电工程、矿山开采区、景区景点等重要工程活动区需要做好地质灾害防治工作。

各州（市）和县级政府要及时组织自然资源等有关部门按照《云南省州（市）、县（市、区）地质灾害防治"十四五"规划编制指南》，结合地方地质灾害实际情况，制定各级地质灾害防治"十四五"规划，依法依规、科学合理地防治区域地质灾害。

3. 强化地质灾害的科学防治

（1）要推进隐患识别和风险调查评价。主要行动措施是：加强地质灾害隐患遥感识别；全面推进地质灾害风险普查；开展地质灾害隐患、风险动态巡查排查；开展专项调查和危险性评估。

（2）要提升地质灾害监测预警水平。主要行动措施是：继续完善群测群防监测预警网络；继续加强群专结合监测预警；持续推进地质灾害气象风险预警预报；探索推行"隐患点+风险区"双控模式。

（3）要稳步推进综合治理与避险搬迁。主要行动措施是：稳步推进分级分类工程治理；积极推进地质灾害避险搬迁；重点区域探索地质环境综合整治；治理工程管理与维护。

（4）要提升地质灾害风险防范能力。主要行动措施是：完善地质灾害防治技术支撑体系；加强地质灾害调查装备保障能力；广泛开展宣传培训与应急演练；推动社会力量参与防灾减灾。

（5）要提高信息化水平和科技创新能力。主要行动措施是：建设完善地质灾害风险管理数据库；加强地质灾害信息化系统的更新集成与服务；加强地质灾害防治关键技术科研攻关；加强地质灾害防治人才队伍建设。

（6）要提升地质灾害防治管理水平。主要行动措施是：推进法规政策体系建设；依法依规履行职责；完善防灾减灾机制；加强资金监管及绩效考核。

（二）科学谋划省域水旱灾害防御体系建设

水旱灾害是云南省最为严重的自然灾害，对农业生产和人民生命财产的危害严重，造成损失较大。水旱灾害防御关系到人民生命财产安全和区域粮食安全、经济安全、社会安全，必须精准把握新阶段水旱灾害防御新要求，聚焦保障人民生命财产安全，锻长板、补短板、固底板，不断提高水旱灾害防御能力和水平。为此，"十四五"期间需要科学谋划好省域水旱灾害防御体系建设。

未来时期的水旱灾害防御，要坚持建重于防、防重于抢、抢重于救，坚持依法防控、科学防控，加快完善各大流域防洪减灾工程体系，全面提升水旱灾害防御现代化能力，牢牢守住水旱灾害风险防控底线，坚决保障重要基础设施安全和经济社会发展重点工作安全。主要举措有以下四项：一是要强化预报、预警、预演、预案"四预"措施以及实时雨水情况信息的监测和分析研判，完善水旱灾害预警发布机制，开展水工程调度模拟预演，细化完善江河洪水调度方案和超标洪水防御预案；二是要依法科学精细调度水工程，抓好水库安全度汛、山洪灾害防御等重点难点和薄弱环节，充分发挥水工程防洪减灾效益；三是要密切监视旱情发展变化，加强抗旱水源统一管理和调度，确保供水安全和粮食安全；四是要强化科技引领，推进建立流域洪水"空天地"一体化监测系统，建设数字流域，为防洪调度指挥提供科学的决策支持。

（三）推进全省自然灾害防治体系和防治能力现代化建设

积极推进全省自然灾害防治体系和防治能力现代化建设，是新时期云南省综合防灾减灾救灾的核心要求。

根据《云南省"十四五"综合防灾减灾救灾规划》[49]，推进云南省自然灾害防治体系现代化建设主要举措包括六个方面：一是健全防灾减灾救灾协调机制，充分发挥省自然灾害应急管理委员会对防灾减灾救灾工作全过程的统筹指导和综合协调作用，强化部门优势互补、职责分工明确、责任无缝衔接的统分结合管理模式，衔接好自然灾害"防—减—救"责任链，形成整体合力。二是健全灾害信息共享发布机制，完善多方参与的会商机制，加强灾害趋势和灾情会商研判，确保灾情上报及时、准确、规范；推进涉灾部门灾害信息互联互通，实时共享动态灾情数据；健全突发事件预警信息发布系统，及时发布灾害信息，积极回应社会关切。三是健全综合应急救援力量体系，形成多层次、强有力的应急救援队伍体系；优化应急救援指挥体系，统筹各方救援应急力量，建立协同高效的应急救援指挥调度模式；健全应急救援装备体系，加大先进适用装备和各类救援救灾特种装备的配备力度。四是健全综合减灾社会治理体系，规范社会力量安全有序参与救援救灾行动，实现灾害应对需求与社会资源的有效对接；发展安全应急产业，加速形成以企业为主体，高校、科研院所等各类创新主体协同联动、产学研用深度融合的创新格局。五是健全科普宣传教育长效机制，形成全省应急文化建设新格局。建立健全支持应急文化产业发展的政策措施，推进各类防灾减灾救灾科普场馆建设，广泛普及防灾减灾救灾常识和技能。充分利用全国防灾减灾日、国际减灾日、全国消防日、世界气象日等时间节点，组织形式多样的防灾减灾救灾主题宣传活动。推动将防灾减灾救灾知识纳入国民教育体系，加大教育普及力度。六是深化应急管理交流合作机制，完善云南省防灾减灾救灾区域协同联动机制，提高灾害联防联控和协同响应能力；加强与周边地区在灾害监测预警、应急力量调配、应急救援物资保障、应急救援演练、联动处置突发事件等合作，加快建设辐射川滇黔的应急救援基地。

在推进全省自然灾害防治能力现代化建设方面，《云南省"十四五"综合防灾减灾救灾规划》[49]也提出了六项主要举措：一是摸清灾害隐患底数，提升综合监测预警能力。主要是全面完成第一次全国自然灾害综合风险普查，摸清全省灾害风险隐患底数，查明重点地区抗灾救灾能力；推动完善地震、地质、气象、水旱以及森林草原火灾等分类监测网络，探索开展多灾种和灾害链综合监测；着力破除数据壁垒，有效汇聚、整合涉灾部门的基础监测数据，运用大数据、云计算、人工智能等现代科技手段，开展灾害综合风险会商和研判，探索开展灾害快速评估和综合评估。二是强化风险源头治理，提升灾害工程防御能力。主要是实施重要生态系统保护和修复重大工程，恢复森林、河湖、水库、湿地、草原等生态系统功能；加强林区和牧区防火基础设施建设；发挥人工影响天气作业在抗旱防雹、生态保护和修复中的积极作用；系统推进城市防洪排涝设施建设，加强城市河湖系统治理，提升内涝治理能力和水平。三是加强巨灾风险应对，提升救灾救援应急能力。主要是建立健全应对重大自然灾害的综合应急现场指挥协调、救援联动、调查评估、物资保障、联合演练机制，提升现场指挥科学化、规范化、标准化和数字化水平。四是织密基层治理网络，提升城乡灾害应急能力。主要是加强基层社区灾害风险网格化管理，开展常态化隐患排查治理；构建基层灾害治理平台；整合优化现行分灾种建立的灾害信息员队伍；推进乡镇（街道）、村（社区）应急力量建设。五是完善储备调度机制，提升救灾物资保障能力。主要是建立健全省级储备和各地储备相互补充、政府储备和社会储备相互衔接、实物储备和协议储备相互结合的多元储备体系，提高储备效能；建立短缺应急救灾物资紧急生产、采购、征用、配送制度，提高应急救灾物资产能保障能力；提升应急救灾物资储备数字化水平。六是加强科技数字赋能，提升综合减灾支撑能力。主要是建立安全可靠的空天地一体化应急通信保障网络，强化政务专网通信保障，常备自组网应急通信系统，提高极端条件下通信网络应急支撑能力。构建基于物联网技术的综合协同、灵敏可靠的城市智能感知体系；开发运用智能无人装备，增强重特大灾害事故抢险救援能力。

六、构建可持续山区土地资源开发利用框架体系，提升土地利用可持续性水平

基于山区土地可持续利用的概念、内涵和可持续性评价标准，结合国内外土地资源开发利用的经验教训、云南土地利用可持续性评价结果以及存在问题的分析，按照上述相关学科理论、我国法律法规和政策规定、国家和有关部门规划的要求，这里构筑了山区可持续土地资源开发利用的基本框架体系（见表6-11）。该体系包括三条基本原则（即生态友好性或生态可持续性、经济可行性或经济可持续性、社会可接受性或社会可持续性）以及9项内容和15个具体行动措施。这些原则、内容和措施实际上是相互紧密联系、相辅相成的有机整体，是一个庞大的系统工程。就三条基本原则而言，生态友好性处于基础地位，它是经济可行性和社会可接受性的前提；经济可行性则是核心，强调生态友好性就是为了实现经济可行性；而社会可接受性则是根本目的和归宿[50]。每一原则包含若干项内容，而这些内容又需要通过若干个行动措施来实现。大多数行动措施的目标都不是单一的，而是同时包含了生态、经济和社会多方面的目标，例如，实行多种经营和多样化土地利用、发展多功能农业，一方面可以保护和发展生物多样性（尤其是生态系统多样性和物种多样性）（生态可持续性目标和生态效益），另一方面可极大地增加经济收入、确保经济安全和风险最小（经济可持续性目标和经济效益），此外，它可使土地产出品多样化，从而丰富人们的物质生活（社会可持续性目标和社会效益）。每一个措施的内涵又是很丰富的，包含了非常复杂的原理、方法和技术体系，甚至还涉及国家政策、法律法规等诸多方面。例如，实施陡坡耕地退耕还林（草）措施就是一项非常复杂、庞大的系统工程，不仅包含了退耕还林（草）的基本原理、方法和技术体系，还涉及国家退耕还林（草）政策、相关法规建设，整项工作牵涉到诸多部门和千家万户。因此，山区土地资源可持续开发利用战略的实施，不可能只是自然资源行政管理部门的事，需要各级政府和各个部门密切配合、全社会共同参与。

表 6-11　山区可持续土地资源开发利用的基本框架体系

基本原则	主要内容体系	行动措施体系
生态友好性（或生态可持续性）	（1）维护土地资源质量，尤其维护土地生产能力，防止土地退化（包括土壤侵蚀、沙漠化、次生盐碱化、土壤污染等各类退化现象），保障土地生产性能的可持续性	（1）实施≥25°陡坡耕地的退耕还林（草）工程，提高地面植被覆盖率，防止水土流失，改善生态环境 （2）实施<25°缓坡耕地的"坡改梯"工程，变"三跑田"（跑土、跑水、跑肥）为"三保田"（保土、保水、保肥），发展梯田农业 （3）按土地生态适宜性原则合理开发和绿化荒山荒地，进行美丽山川建设，确保土地生态安全 （4）积极应用生物技术防治病虫害，减少农药使用量，以保护环境、降低生产成本、避免食物和水污染 （5）种植豆科作物和绿肥，秸秆还田，积制农家有机肥料，利用牲畜粪肥，尽力减少化肥施用量，以便保持土壤结构、改良土壤质地和不良性状、提高土壤肥力、维护土地生产能力、避免土壤和水污染 （6）实行多种经营和多样化土地利用，发展多功能农业，从而发展农业生物多样性、增加经济收入、提供多样化农产品 （7）优化区域土地利用结构和布局，发挥土地资源优势和开发利用潜力，获取最佳综合效益 （8）加强永久基本农田保护与高标准农田建设，确保当代人和子孙后代的基本"口粮田" （9）坚持土地数量、质量与生态有机结合，科学开发、复垦和整理土地，合理增加土地有效利用面积和产出率，建设良性土地生态环境 （10）进一步发展作物轮作、复种、间作、套种制度，以保护和发展生物多样性、增加总产量和经济收入、促进农产品多样化 （11）大力兴修水利，发展灌溉农业，提升耕地有效灌溉率，以提高单产、增加土地产出率，实现旱涝保收 （12）山区和干旱少水区立足于发展"五小"水利工程（即小水池、小水沟、小水窖、小水井、小水塘），发展节水农业和旱作农业，确保稳产 （13）继承精耕细作的优良传统，改良土壤，培肥地力，提高单产，维护食物安全 （14）积极选育地方优良作物品种，保护和发展农业生物多样性，提高单产，增加土地产出率，确保食物安全和品质 （15）发扬优秀传统耕作模式，避免对农业机械的过分依赖，以维护土壤结构、质地和物理性能，降低生产成本，增加产量和收益
	（2）保护土地生态条件，尤其是地表水与地下水的水循环和土壤性状，防止水污染和土壤肥力下降	
	（3）保护和发展土地系统的生物多样性，包括生态系统多样性（或称景观多样性）、物种多样性和遗传多样性（或基因多样性）	
经济可行性（或经济可持续性）	（1）维护土地生产率和产量的长期可持续性	
	（2）降低生产成本，确保土地利用者的长期可获利性	
	（3）实现山区群众的充分就业和增加收入，尤其要根除农村的贫困现象	
	（4）降低农业生产风险，避免因"天灾人祸"而导致土地开发经营失败、全家人流离失所甚至无法继续生存	
社会可接受性（或社会可持续性）	（1）持续不断地提供充足而可靠的农产品（特别是粮食）和其他土地产出品，满足人类社会的需要。尤其确保食物安全	
	（2）维护土地利用活动的公平性，既要做到代际平等，即要为后代人保护资源基础，保护他们从土地资源开发利用中获得收益的机会和权利，避免那些导致生态环境退化而使将来生产成本或环境治理成本增加的土地利用活动；又要做到代内平等，即土地资源开发利用和生产活动的收益在区域之间、社会集团之间、农户之间要公正而平等地进行分配	

本章参考文献

［1］云南省土地管理局，云南省土地利用现状调查领导小组办公室．云南土地资源［M］．昆明：云南科技出版社，2000．

［2］杨子生，赵乔贵，辛玲．云南土地资源［M］．北京：中国科学技术出版社，2014．

［3］云南省第三次全国国土调查领导小组办公室，云南省自然资源厅，云南省统计局．云南省第三次全国国土调查主要数据公报［N］．云南日报，2021-12-22（8）．

［4］杨子生，李云辉，邹忠，等．中国西部大开发云南省土地资源开发利用规划研究［M］．昆明：云南科技出版社，2003．

［5］《云南农业地理》编写组．云南农业地理［M］．昆明：云南人民出版社，1981．

［6］云南省农业区划委员会办公室．云南省不同气候带和坡度的土地面积［M］．昆明：云南科技出版社，1987．

［7］国土资源部．关于发布2016年全国耕地质量等别更新评价主要数据成果的公告［EB/OL］．http：//g. mnr. gov. cn/201712/t20171226_1711147. html，2017-12-21．

［8］住房和城乡建设部．GB 50137—2011：城市用地分类与规划建设用地标准［S］．北京：中国建筑工业出版社，2011．

［9］建设部，国家质量监督检验检疫总局．GB50188-2007：镇规划标准［S］．北京：中国建筑工业出版社，2007．

［10］云南省发展和改革委员会，云南省自然资源厅，云南省森林和草原局．云南省重要生态系统保护和修复重大工程总体规划（2021-2035年）［EB/OL］．http：//lcj. yn. gov. cn/html/2021/fazhanguihua_1202/64715. html，2021-12-02．

［11］国家林业和草原局．中国·岩溶地区石漠化状况公报［EB/OL］．http：//www. forestry. gov. cn/main/304/20181214/161609692184868. html，2018-12-14．

［12］水利部．中国水土保持公报（2020年）［EB/OL］．http：//www. mwr. gov. cn/sj/tjgb/zgstbcgb/202109/P020210930404712500983. pdf，2021-09-30．

［13］国家统计局．中国统计年鉴-2007［M］．北京：中国统计出版社，2007．

［14］国家统计局．中国统计年鉴-2008［M］．北京：中国统计出版社，2008．

［15］国家统计局．中国统计年鉴-2009［M］．北京：中国统计出版社，2009．

［16］国家统计局．中国统计年鉴-2010［M］．北京：中国统计出版社，2010．

［17］国家统计局．中国统计年鉴-2011［M］．北京：中国统计出版社，2011．

［18］国家统计局．中国统计年鉴-2012［M］．北京：中国统计出版社，2012．

［19］国家统计局．中国统计年鉴-2013［M］．北京：中国统计出版社，2013．

［20］国家统计局．中国统计年鉴-2014［M］．北京：中国统计出版社，2014．

［21］国家统计局．中国统计年鉴-2015［M］．北京：中国统计出版社，2015．

［22］国家统计局．中国统计年鉴-2016［M］．北京：中国统计出版社，2016．

［23］国家统计局．中国统计年鉴-2017［M］．北京：中国统计出版社，2017．

［24］国家统计局．中国统计年鉴-2018［M］．北京：中国统计出版社，2018．

［25］国家统计局．中国统计年鉴-2019［M］．北京：中国统计出版社，2019．

［26］国家统计局．中国统计年鉴-2020［M］．北京：中国统计出版社，2020．

［27］国家统计局．中国统计年鉴-2021［M］．北京：中国统计出版社，2021．

［28］赵绍敏．云南省争当生态文明建设排头兵研究报告［J］．红河探索，2010（2）：7-13．

［29］胡晓蓉．描绘彩云之南新画卷——云南努力成为生态文明建设排头兵综述［N］．云南日报，2021-01-13（1-2）．

［30］中共云南省委，云南省人民政府．云南省生态文明建设排头兵规划（2021-2025年）［N］．云南日报，2022-06-06（4）．

［31］习近平．论"三农"工作［M］．北京：中央文献出版社，2022．

［32］中共中央，国务院．中共中央　国务院关于做好二〇二二年全面推进乡村振兴重点工作的意见［N］．人民日报，2022-02-23（1、6）．

［33］中共中央，国务院．中共中央　国务院关于实现巩固拓展脱贫攻坚成果同乡村振兴有效衔接的意见［N］．人民日报，2021-03-23（1-2）．

［34］中共中央办公厅，国务院办公厅．关于在国土空间规划中统筹划定落实三条控制线的指导意见［N］．人民日报，2019-11-02（4-5）．

［35］中共云南省委，云南省人民政府．关于建立全省国土空间规划体系并监督实施的意见［J］．云南省人民政府公报，2020（9）：3-7．

［36］云南省农业农村厅．云南省"十四五"耕地质量提升规划（2021-2025年）［EB/OL］．http：//www. yn. gov. cn/ztgg/ynghgkzl/sjqtgh/zxgh/202202/t20220217_236547. html，2022-02-14．

［37］王维锦，李彬，喻军，等．全域土地综合整治存在的问题及对策［J］．现代农业科技，2022（14）：212-214．

［38］广西自然资源厅国土空间生态修复处．全域土地综合整治 助推八桂乡村振兴：解读《关于开展全域土地综合整治助推乡村振兴的意见》［J］．南方国土资源，2020（8）：20-23．

［39］自然资源部．关于开展全域土地综合整治试点工作的通知［EB/OL］．http：//www. gov. cn/zhengce/zhengceku/2019/12/18/content_5462127. htm，2019-12-18．

［40］许恒周．全域土地综合整治助推乡村振兴的机理与实施路径［J］．贵州社会科学，2021（5）：144-152．

［41］Kai Xu，Zisheng Yang. Research on the Value of Land Ecological Service in Yunnan Province Based on the Perspective of Spatial Pattern［J］. Sustainability，2022（14）：10805．

［42］中共云南省委，云南省人民政府．关于"湖泊革命"攻坚战的实施意见［N］．云南日报，2021-10-17（4）．

［43］Qiuju Wu，Renyi Yang，Zisheng Yang. A Study on the Rationality of Land Use Change in the Dianchi Basin During the Last 40 Years Under the Background of Lake Revolution［J］. Sustainability，2022（14）：11479．

［44］云南省第十三届人民代表大会. 云南省创建生态文明建设排头兵促进条例［N］.云南日报，2020-05-21（5）.

［45］云南省生态文明建设排头兵工作领导小组办公室. 云南省努力成为生态文明建设排头兵 16 条重点措施［EB/OL］. https：//www. weihengag. com/home/article/detail/id/9266.html，2021-04-06.

［46］李承韩. 我省生态文明建设排头兵工作取得历史性突破［N］. 云南日报，2021-04-29（2）.

［47］云南省第九届人民代表大会常务委员会. 云南省地质环境保护条例［EB/OL］.https：//china. findlaw. cn/jingjifa/huanjinbaohu/flfg/62909. html，2012-12-27.

［48］云南省自然资源厅. 云南省地质灾害防治"十四五"规划（2021-2025 年）［EB/OL］. http：//dnr. yn. gov. cn/html/2022-8/102349_1. html，2022-08-30.

［49］云南省人民政府办公厅. 云南省"十四五"综合防灾减灾救灾规划［EB/OL］.http：//www. yn. gov. cn/zwgk/zcwj/zxwj/202204/t20220406_240190. html，2022-04-06.

［50］杨子生，刘彦随. 中国山区生态友好型土地利用研究［M］. 北京：中国科学技术出版社，2007.